U0532179

河南师范大学校优势特色学科资助成果

"牧野论丛"
河南师范大学 马克思主义

中国特色社会主义文化底蕴研究

ZHONGGUO TESE SHEHUI ZHUYI
WENHUA DIYUN YANJIU

冯思淇 著

中国社会科学出版社

图书在版编目(CIP)数据

中国特色社会主义文化底蕴研究 / 冯思淇著 . —北京：中国社会科学出版社，2017.5

（牧野论丛）

ISBN 978-7-5161-9685-4

Ⅰ.①中… Ⅱ.①冯… Ⅲ.①中国特色社会主义—文化事业—研究 Ⅳ.①G12

中国版本图书馆 CIP 数据核字（2017）第 005097 号

出 版 人	赵剑英
责任编辑	朱华彬
责任校对	张爱华
责任印制	张雪娇

出 版	中国社会科学出版社
社 址	北京鼓楼西大街甲 158 号
邮 编	100720
网 址	http://www.csspw.cn
发 行 部	010-84083685
门 市 部	010-84029450
经 销	新华书店及其他书店
印 刷	北京君升印刷有限公司
装 订	廊坊市广阳区广增装订厂
版 次	2017 年 5 月第 1 版
印 次	2017 年 5 月第 1 次印刷
开 本	710×1000 1/16
印 张	15.25
插 页	2
字 数	211 千字
定 价	68.00 元

凡购买中国社会科学出版社图书，如有质量问题请与本社营销中心联系调换
电话：010-84083683
版权所有　侵权必究

河南师范大学马克思主义"牧野论丛"编辑委员会

主　任：马福运

委　员：蒋占峰　李　翔　张　峰　吴广飞
　　　　余保刚　冯思淇　姚广利　张兴华

《河南师范大学马克思主义"牧野论丛"》简介

马克思主义理论学科的建设与发展，对于发展中国特色哲学社会科学、做好党的意识形态工作、发展 21 世纪中国马克思主义、落实党和国家的路线方针政策，具有重要的理论意义和现实价值。自 2005 年马克思主义理论一级科学建立以来，特别是党的十八大以来，在全国众多专家学者的共同努力下，学术交流活动频繁，学术涉猎范围广泛，学术研究成果丰硕，马克思主义理论学科呈现出大发展大繁荣的喜人态势。在此大背景下，河南师范大学马克思主义学院决定从 2017 年开始，陆续推出河南师范大学马克思主义"牧野论丛"，以期为进一步发展繁荣马克思主义理论学科贡献微薄力量。

河南师范大学马克思主义学院成立于 2011 年，其前身是成立于 1951 年的平原师范学院马列主义教研室，1986 年设置为政治理论教学研究部，2001 年与学校德育教研室合并，设置为社会科学教学部，2007 年更名为思想政治理论教学研究部，2011 年正式更名为马克思主义学院。学院主要承担马克思主义理论学科建设和全校本科生、研究生的思想政治理论课教学任务。现有专职教师 52 人，1 人入选"教育部新世纪优秀人才支持计划"，1 人入选教育部"思想政治教育杰出青年人才"培育计划，1 人获得"全国高校思想政治理论课年度影响力人物"提名，1 人入选 2015 年"全国思想政治理论课优秀中青年教师择优资助计划"。学院目前拥有马克思主义理论一级硕士学位点和马克思主义理论河南省重点学科，设有河南省青少年问题研究中心、河南省少年儿童组织与思想意识教育研究中心和中国共产党革命精神与中原红色文化资源研究中心三个科研平台。近5年来，在《马克思主义研究》《社会主义研究》《人民日报》《光明日报》等重要学术刊物发表论文300余篇，其中被《新华文摘》、人大复印报刊资料等转载20余篇；获批国家社科基金项目11项（其中重点项目2项），教育部项目18项（其中教育部高校示范马克思主义学院和优秀教学科研团队项目1项）。

  该丛书的作者均为河南师范大学马克思主义学院中青年教师，他们潜心马克思主义理论教学和研究，以上专著是他们几年来学术研究的结晶。我们相信，本丛书的出版一定会激励学院教师更加努力地开展马克思主义理论相关研究，推动马克思主义理论学科建设与高校思想政治理论课创新。当然，由于他们还很年轻，专著中一定会有许多不足之处，敬请读者批评指正。

目　录

导　论 …………………………………………………………（1）
　　一　国内外研究述评 …………………………………（1）
　　二　研究意义 …………………………………………（20）
　　三　研究方法 …………………………………………（21）
　　四　创新点及不足之处 ………………………………（22）
第一章　中国特色社会主义文化底蕴的理论阐释 …………（24）
　第一节　文化及其社会作用 ……………………………（24）
　　一　文化及相关概念 …………………………………（24）
　　二　文化的社会作用 …………………………………（31）
　第二节　理论与文化的关系 ……………………………（32）
　　一　文化对理论创造和理论武装的意义 ……………（33）
　　二　理论对文化发展的作用 …………………………（36）
　第三节　中国特色社会主义的文化特征 ………………（41）
　　一　崇高的社会理想和价值观 ………………………（42）
　　二　深沉的民族精神和鲜明的民族风格 ……………（48）
　　三　科学的指导思想和理论基础 ……………………（50）
　　四　理性务实的思想方法和思想路线 ………………（53）
　第四节　中国特色社会主义文化底蕴的意义 …………（57）
　　一　增强了国家的国际影响力 ………………………（58）
　　二　提升了实现中国梦的文化软实力 ………………（60）
　　三　强化了执政党的意识形态话语权和领导权 ……（61）

第二章 中国特色社会主义对优秀传统文化的继承和创新 （63）

第一节 继承和发展传统文化中的社会理想 （64）
- 一 小康和大同的社会理想 （64）
- 二 和谐、和平的社会价值观 （70）

第二节 继承和创新传统文化中的重要思想 （76）
- 一 崇德向善的道德情操 （76）
- 二 家国同构的爱国主义 （85）
- 三 民惟邦本的民本思想 （88）
- 四 自强不息和革故鼎新的精神 （94）

第三节 继承和提升传统文化中的思维方式 （101）
- 一 整体性思维方式 （102）
- 二 辩证思维方式 （104）

第三章 中国特色社会主义对红色文化的传承和发展 （108）

第一节 传承和发展红色精神 （108）
- 一 革命精神 （109）
- 二 创业精神 （113）

第二节 继承和发扬党的优良传统 （117）
- 一 密切联系群众 （118）
- 二 艰苦奋斗 （126）
- 三 批评与自我批评 （132）

第三节 坚持和遵循基本思想原则 （139）
- 一 独立自主 （139）
- 二 实事求是 （146）
- 三 马克思主义中国化 （153）

第四章 中国特色社会主义对西方现代文化的吸纳和借鉴 （159）

第一节 学习和吸纳西方现代化理论 （159）
- 一 现代化理论 （160）

二　现代性特征 …………………………………（168）
　第二节　吸收和借鉴现代思想观念 ………………（172）
　　一　自由平等人权观念 …………………………（172）
　　二　民主法治原则 ………………………………（183）
　　三　科学精神 ……………………………………（197）
　　四　市场意识 ……………………………………（205）
结语　强化中国特色社会主义的文化底蕴 ………（214）
参考文献 ……………………………………………（217）
后记 …………………………………………………（232）

导　论

中国特色社会主义的文化底蕴，是指中国特色社会主义中所蕴含的价值取向、思想观念、思维方式等深层因素的渊源、特点以及具有的精神力量。目前学界对这个问题的研究已经取得一些成果，但尚不够系统、深入。本书探讨对中国特色社会主义的形成、发展和内容产生重大影响的文化因素，以及中国特色社会主义对这些文化因素的融合提升和所呈现出的文化特征，具有重要的理论价值和实践意义。

一　国内外研究述评

（一）国内研究述评

目前，国内对中国特色社会主义的研究成果很多，可谓汗牛充栋。在 CNKI 中国知网上的文献搜索显示，以"中国特色社会主义"为篇名的共 22431 篇文献，其数量逐年递增。对中国特色社会主义的研究归纳起来大致主要集中在：什么是中国特色社会主义、中国特色社会主义的发展历程及其历史经验、中国特色社会主义道路、中国特色社会主义理论体系、中国特色社会主义制度以及中国特色社会主义经济、政治、文化、社会、生态等方面。有的从全球化视角研究中国特色社会主义，有的从科学社会主义视角研究。随着中国快速发展，中国崛起已成为国内外有识之士的共识，许多学者开始把目光转向文化，探讨中国特色社会主义成功的文化因素。但就目前来看，关于中国特色社会主义的文化底蕴、文化价值方面的研究还很薄弱，有影响的专著还很少。

1. 中国特色社会主义的文化底蕴

有的论者从价值角度研究。有论者认为中国特色社会主义是一种价值，"社会主义是价值基础上思潮、运动和制度的统一"，提出中国特色社会主义价值是"以现实为依据，以唯物史观和剩余价值学说等为理论基础，坚持以人为本、以社会为本、以劳动为本，以实现'人的自由全面发展'为终极价值目标，是一个涉及政治、经济、社会、文化、生态等人的关系价值和意义的理论体系"①。有论者提出了中国特色社会主义的价值目标，即国家富强、民族振兴、社会和谐和人民幸福，并分析了四者的相互关系。② 有的学者探讨了改革开放以来推动中国发展的精神因素，分析了有哪些精神动力、精神品质和精神境界，强调中华文明在大国崛起中的重要作用，提出进行精神资源整合与文明重建，未来世界应有中国独特的价值贡献。③

有的论者从中西文化比较的角度研究。有论者把中国特色社会主义看作是对中西文化的整合，指出人类文化性发端于自然性的人口生产，西方文化是以人口生产力为主导的类型，其核心理念是"权益竞争基础上的个体图强"，中华文化是以人口生产关系为主导的类型，核心理念是"差别有序基础上的整体协作"。而社会主义理论源于对西方文化的批判扬弃，其价值追求与中华文化相通，成为中国共产党人选择并坚持社会主义方向的重要社会心理基础；中国特色社会主义是"对两种文化的整合"，在全球化背景下采取市场体制，是对传统文化缺陷的补足。有的论者认为中国特色社会主义对西方近代文化与对中国传统文化不同，只是批判创新而不是

---

① 胡振良：《中国特色社会主义首先是一种价值》，《探索与争鸣》2013年第8期。
② 冯务中：《中国特色社会主义的价值目标》，《山东社会科学》2010年第12期。
③ 童世骏：《中国发展的精神因素》，上海人民出版社2008年版。

简单结合。①

  有的论者从中国传统文化角度研究。有论者分阶段总结了改革开放以来建设中国特色社会主义对中国传统文化的扬弃和创新，指出这对马克思主义的中国化和中国文化的现代化产生了双重作用：一方面，既坚持了科学社会主义的基本原则，又根据我国实际和时代特征赋予其鲜明的中国特色，开辟了中国特色社会主义道路，形成了中国特色社会主义理论体系；另一方面，推动了中国文化从传统向现代的转型，使我们这个历史悠久的文明古国大踏步赶上时代前进潮流，迎来中华民族和中华文明伟大复兴的光明前景。中国特色社会主义对中国传统文化的扬弃和创新启示我们：应从历史与现实、当今与未来、中国与世界的广阔视野审视和评估传统文化的价值，超越激进和保守的二元对立；尊重社会主义文化发展的内在规律，全面认识和辨析传统文化的优长缺失，构建以马克思主义为指导与中国文化多样性发展的和谐关系。中国特色社会主义对中国传统文化的扬弃和创新的未来趋势：一是当代中国先进文化与中国优秀传统文化的有机结合；二是马克思主义与中国优秀传统文化的全面整合；三是构建古今中外文化有序选择和创新机制。② 有论者认为，传统文化在中国特色社会主义发展中发挥了重要的作用。中国的现代化既不是对传统文化的彻底否定，也不是对传统文化的简单复归，而是在充分鉴别基础上的扬弃和创新。在当前，应充分认识和发掘中华传统文化的现代价值，努力建设社会主义先进文化，为中国特色社会主义事业提供不竭的精神动力和智力源泉。以爱国主义为核心的中华民族精神为中国道路提供了精神动力，"中庸""和而不同"的思维方法为构建和谐社会提供了辩证的思维方式，整体观为建设社会主义市场经济提供了有益的价值取向。应认真鉴

---

  ① 余金成：《中国特色社会主义的文化解读》，《科学社会主义》2009年第2期。
  ② 转引自上海市邓小平理论和"三个代表"重要思想研究中心《关键抉择：上海市纪念改革开放三十周年理论研讨会文集》，上海人民出版社2008年版，第56—64页。

别、审慎选择、积极整合、勇于创新、保持民族性、体现时代性。① 有的论者以中国人对大同理想、小康社会、社会主义、现代化和和谐社会的追求为主线，从古代、近代到现代，挖掘中国特色社会主义中关于传统理想的文化资源。② 有的论者把中国特色社会主义共同理想的传统文化资源归纳为"民本"和"和谐"两部分。③ 还有的论者认为，马克思主义和儒家思想有契合之处，提出建立一种"儒家社会主义"④。不过，作为封建社会的意识形态的儒家学说，从根本上不适应现代社会，中国特色社会主义不可能使儒学复兴，把儒学政治化是错误的。但儒学中蕴含着普适的价值、伦理道德和行为准则，深刻影响广大群众思想和日常生活。对儒学应辩证地看待，区分意识形态的儒学和作为一个学派的儒学，意识形态的儒学不可能在中国复兴，但作为一个学派、思想体系有其合理之处，应发挥其积极作用。

有的论者从文化精神的角度研究。有论者概括了中国共产党的文化精神，包括毛泽东思想、邓小平理论、"三个代表"重要思想、科学发展观在内的理性精神；解放思想、实事求是、与时俱进、求真务实的哲学精神；"靠科学吃饭""科技是第一生产力""科教兴国""人才强国"的科学精神；人民民主、民主制度化法制化、以法治国、人民民主是社会主义的生命的民主精神；"为人民服务""三个有利于""促进人的全面发展""以人为本"的人文精神；"四个有所"、"就是要有创造性"、创新是"进步灵魂""不竭动力""生机源泉"、"走中国特色自主创新道路"的创新精

---

① 欧阳康、张冉：《中华传统文化：中国特色社会主义道路的文化资源》，《江汉论坛》2009年第6期。
② 董四代：《传统理想与中国特色社会主义文化资源》，中央编译出版社2011年版，第96—145页。
③ 王红艳：《中国特色社会主义共同理想的传统文化渊源》，《山西高等学校社会科学学报》2009年第11期。
④ 王达三：《马克思与孔夫子"握手"》，转引自中华战略文化论坛丛书编委会《社会主义核心价值观与中华战略文化》，时事出版社2010年版，第254页。

神六个方面。①

2. 中国特色社会主义道路的文化底蕴

近年来，学界对中国特色社会主义道路的文化底蕴进行了探讨，主要集中在以下几个方面。

有些论者阐释了中国特色社会主义道路没有离开人类文明发展大道。有论者从中国特色社会主义道路的比较研究中得出了这是一条追求文明进步的新路的结论。有论者认为，中国特色社会主义道路既超越了掠夺和战争的资本主义现代化，走一条通过和平发展实现社会主义现代化的道路；又超越了苏联模式，使社会主义朝着与本国具体实际、时代特征紧密结合起来的更加健康的方向发展的道路。② 有论者从文化视角分析了中国人民选择中国特色社会主义道路的必然性，认为中国人民从"文化上的冲突和选择"中产生了"对近代文明的追求"，在对封建主义和资本主义的批判中，"通过对文化的反思和再创造"，"把人类文明发展的积极成果与中国社会发展要求相结合，找到它们在中国生长发育的形式，体现出中国特色"③，突出了走中国特色社会主义道路是一种文化选择的结果。有学者概括了中国特色社会主义道路的价值内涵，即科学发展、和谐发展与和平发展。④ 有的论者概括了中国特色社会主义道路中蕴含的价值目标，即经济价值目标是实现经济大发展和全体人民共同富裕；主体价值目标是实现人民真正当家做主；文化价值目标是实现文化大繁荣；社会价值目标是实现社会和谐。⑤ 有论者从现代性视角看待中国特色社会主义道路，认为中国特色社会主义道路的选

---

① 周荫祖：《论中国共产党的文化精神》，《南京社会科学》2011年第10期。

② 徐崇温：《中国特色社会主义道路是人类追求文明进步的新路》，《理论参考》2012年第10期。

③ 董四代、刘文华：《对中国特色社会主义的文化思考》，《天津市财贸管理干部学院学报》1999年第4期。

④ 杨静：《中国特色社会主义发展道路的价值诉求》，《理论界》2011年第3期。

⑤ 李承宗、张宗良、谢翠蓉：《论中国特色社会主义道路的价值目标》，《湘潭大学学报》（哲学社会科学版）2009年第1期。

择、探索、开辟和发展，始终与现代性在中国的历史境遇相耦合。因为追求现代性，我们选择了中国特色社会主义道路；因为反思现代性，我们需要建构一种新的现代性。坚持和拓展中国特色社会主义道路，需要我们在超越传统现代性的基础上，合理安置工具理性与价值理性，走合规律性与合目的性高度契合的科学发展之路。①还有的论者分析了中国特色社会主义道路取得巨大成果的同时，也出现了西方现代化过程中出现过的通病，如工具主义、个人主义、享乐主义的盛行、物欲横流、人伦精神失落、信仰危机、道德滑坡现象严重、贫富差距拉大、各类社会矛盾问题越来越突出等。反思现代性，应当把以人为本、实现人的自由全面发展作为中国特色社会主义道路发展的最高旨归。②

3. 中国特色社会主义理论体系的文化底蕴

党的十七大报告提出"中国特色社会主义理论体系"这一命题之后，理论界取得了一系列研究成果，研究了中国特色社会主义理论体系的形成起点和发展过程、科学内涵及基本特征、主题及其价值取向、范畴及框架和基本内容，取得了一系列成果。有些论者还从文化的角度研究中国特色社会主义理论体系。

有些论者笼统地论述了中国特色社会主义理论体系的文化底蕴。有的论者认为，马克思主义学说创立于西方，列宁主义学说创立于俄国，毛泽东思想是马克思列宁主义同中国革命和建设具体实践相结合的产物。中国特色社会主义理论体系也需要不断吸收和借鉴人类创造的一切优秀文明成果。要古为今用、洋为中用。③有论者认为，中国特色社会主义理论体系从人类文明的进程来认识社会主义，把社会主义视为文明发展的结果，强调社会主义必须继承包

---

① 夏兴有：《现代性的历史境遇与中国特色社会主义道路的拓展》，《中共中央党校学报》2013年第1期。
② 郭小说：《中国特色社会主义道路发展旨归》，《实事求是》2013年第3期。
③ 周忠轩：《中国特色社会主义理论体系需要优秀传统文化支撑》，《学习时报》2012年7月9日第3版。

括资本主义文明成果在内的人类已有的文明成果，在继承的基础上实现对资本主义的超越。①

有些论者从中国优秀传统文化的角度研究中国特色社会主义理论体系。有的论者认为，借鉴和吸收中国优秀传统文化是在新的时代条件下建设中国特色社会主义的必然要求和正确选择，对构建和谐社会、社会主义核心价值体系建设、道德建设和党的建设意义重大。中国优秀的传统文化是中国特色社会主义理论体系的重要思想渊源。中国特色社会主义理论体系以新的理论成果丰富和发展了中国优秀传统文化。如"实事求是、与时俱进、求真务实"是对"贵在力行，重在履事""循名责实，重效致用""实干兴邦"等中国传统的优秀文化的继承和发展，构建社会主义和谐社会对崇尚和谐传统的继承和发展，"民本"和"人本"主义思想、义利观和荣辱观在中国特色社会主义理论体系中得到继承和发展。② 有的论者认为，马克思主义与中国优秀传统文化相结合是形成中国特色社会主义理论体系的重要途径；在全球化背景下，以传统文化为根，筑中华民族之魂。"经世致用"思想，凝结成中国特色社会主义理论体系的精髓，传统的民本思想积淀成中国特色社会主义理论体系的价值取向，"厚德载物"的精神特质成就了中国特色社会主义理论体系的开放性和包容性。秉承"和为贵"思想，构建社会主义和谐社会；革故鼎新，继续深化改革、扩大开放；崇尚德治，确立亘古通今的社会主义核心价值观；刚健有为、与时俱进，积极推进中国特色社会主义事业，在实践中丰富和发展中国特色社会主义理论体系。③ 有论者讨论了传统文化在中国特色社会主义理论体系发

---

① 秦刚：《中国特色社会主义理论体系对社会主义的坚持和发展》，《社会主义研究》2011年第2期。

② 李贵忠：《中国特色社会主义理论体系与中国优秀传统文化的关系》，《内蒙古师范大学学报》（哲学社会科学版）2011年第5期。

③ 陈海英：《中国特色社会主义理论体系与中国传统文化》，《保定学院学报》2013年第3期。

展中的作用。有的论者认为,中国传统文化源远流长,历史悠久。它以各种形态传承至今,流播广泛,影响深远,已经渗透到人民群众的社会活动和日常生活中,构成了中国特色社会主义理论体系形成的文化渊源、发展的内源性动力、实现大众化的纽带。① 有的论者认为传统文化作为中国特色社会主义理论体系发展的内源性动力,可以促进中国特色社会主义理论体系不断创新,推动中国特色社会主义理论体系可持续发展,加快中国特色社会主义理论体系对世界优秀文化的整合;作为中国特色社会主义理论体系大众化的纽带,可以促进大众对中国特色社会主义理论体系的认同,促进理论的传播,培养大众理论兴趣和学习习惯,提出大众的理论素养。② 有论者认为,马克思主义来到中国后因为融入了中国元素、变换了中国面孔,才被广泛接受和认同,从而得以有效地指导中国革命和建设取得胜利。中国特色社会主义理论体系生长于中国这片沃土,必然要对中国优秀传统文化加以吸纳、继承和发展,从而被赋予鲜明的中国魅力、中国风格、中国气派。脱离了中国优秀传统文化的滋养,中国特色社会主义理论体系就不可能枝繁叶茂、保持强大的生命力。中国特色社会主义理论体系科学地继承和发展了中国优秀传统文化。它运用马克思主义的立场、观点和方法,对中国传统文化中有进步意义的成分科学地加以阐发,使当代马克思主义与中国优秀传统文化相得益彰、相映生辉。但中国传统文化是在长期的农耕社会、封建专制的大背景下产生和发展起来的,由于受不同历史时期政治、经济、科技和社会发展的局限,有积极因素,也有不少消极因素。比如官本位、特权思想、重农抑商、不患寡而患不均、忽视个人权利、推崇人治,等等。这些糟粕至今影响甚广、危害匪浅,成为影响社会和谐稳定、滋生消极腐败和不正之风的重要根

---

① 徐剑雄:《论传统文化在中国特色社会主义理论体系发展中的作用》,《当代世界与社会主义》2011年第1期。
② 徐剑锋:《渊源、动力、纽带:传统文化与中国特色社会主义理论体系》,《理论经纬》2010年,第00期。

源。应融汇古今、辩证扬弃。① 有论者认为中国传统文化是中国特色社会主义理论体系的基础，中国特色社会主义理论体系体现了传统文化中的自强不息与厚德载物精神、人本精神、和合精神、大一统传统、崇德向善的民族品德。② 有的论者探讨了中国传统文化是中国特色社会主义理论体系的文化底蕴：一是包括小康、和谐等文化资源；二是求实思想；三是包括爱国主义、追求真理、自强不息、厚德载物的民族精神。有的论者认为，中国特色社会主义理论体系植根于民族文化沃土、强调文化多元融合、明确先进文化方向、强调不断进行文化创新，鲜明地体现人类解放的文化维度。③ 有论者认为，中国特色社会主义理论体系传承了中华民族优秀文化基因，因而具有中华民族文化特质。它的民族文化特质主要表现在兼容并包的结构特质、与时俱进的发展特质、相反相成的思维特质、自强不息的生命特质方面。④

有些论者研究了中国特色社会主义理论体系的三大组成部分的文化底蕴。

第一，关于邓小平理论的文化底蕴。有论者探讨了邓小平理论的文化渊源、文化价值体系和文化功能，认为对中国传统文化的批判和继承是邓小平理论的文化渊源。邓小平用马克思主义的立场、观点和方法廓清了传统价值观所造成的混乱：针对中国传统的"重义轻利"思想，邓小平指出贫穷不是社会主义，社会主义的根本任务就是要摆脱贫穷，实现全民族的共同富裕；依据辩证唯物主义观点，突破了传统的经济思想对中国经济发展的束缚；突破了传

---

① 周忠轩：《中国特色社会主义理论体系需要优秀传统文化支撑》，《学习时报》2012年7月9日第3版。

② 许青春：《中国特色社会主义理论体系的传统文化基础研究》，博士学位论文，山东大学，2012年，第55—63页。

③ 刘晓楠：《中国特色社会主义理论体系的文化视野》，《中共中央党校学报》2013年第2期。

④ 赵传海：《中国特色社会主义理论体系的民族文化特质》，《学习论坛》2013年第2期。

统思维的直线性和两极性，避免"姓社姓资"的纠缠。该文认为生产力标准、共产主义理想、效益观和文艺观是邓小平理论的文化价值体系，邓小平理论具有感召力、发挥能动理性的功能和精神支柱的功能。① 有的论者认为邓小平理论蕴含着丰富的中国优秀的传统文化，体现了中国传统的哲学智慧。主要体现为"忧以天下"的历史责任感、"自强不息"的进取精神、"和而不同"的思维方法和"革故鼎新"的革新思想。② 有的论者分析了邓小平理论的文化特性，认为邓小平理论是反思与探索精神的统一，主张反思历史，总结经验教训，大胆探索，寻求历史发展规律；是包容性与排异性的统一，基于人类文明共性及利益互惠性，主张包容；基于意识形态的对立性，强调中国特色；是继承性与创造性的统一，通过继承创立理论体系，通过创新解决中国建设社会主义的根本问题；是稳定性与变易性的统一，强调党的指导思想、政治、经济、人心的稳定，稳中求变，以实现社会的持续、协调发展；是理想与现实性统一，规划了中国的未来蓝图，指出了实现蓝图的途径；是民族性与世界性的统一，立足于中国国情，体现了鲜明的民族性，但在其理论源头、形成过程及现实影响方面又具有丰富的世界性。③ 有论者认为，小康社会是邓小平在西方文明的影响下，提出的中国实现现代化的历史课题，以传统理想判断资本主义，要通过现代化实现社会主义理想，体现了现代化新的时代要求。④

第二，关于"三个代表"重要思想的文化底蕴。有的论者分析了"三个代表"重要思想的文化特征，认为"三个代表"重要思想的提出体现了经济全球化条件下社会主义文化自觉。"三个代

---

① 郭新和：《论邓小平理论的文化意蕴》，《求实》2000年第5期。
② 朱艾雨、胡传法：《邓小平理论的中国传统文化意蕴》，《钦州学院学报》2007年第4期。
③ 章征科：《邓小平理论的文化特性研究》，《河南师范大学学报》（哲学社会科学版）2001年第2期。
④ 武夷樵：《全面建设小康社会的历史文化底蕴和现代化内涵》，《前沿》2004年第12期。

表"的重要论断是一个相互联系、相互促进、互为因果的文化有机整体。其中有关"中国特色"的价值取向和"与时俱进"的理论品质则集中体现了文化的民族性和时代性相统一的原则。① 有的论者认为,"三个代表"重要思想在文化内涵上做到了"四个统一",即在对待马克思主义的指导思想上做到坚持与发展相统一,在对待中国传统文化上做到传承与创新相统一,在对待外来文化上做到吸收与批判相统一,在社会主义文化发展结构上做到"唱响主旋律"与"允许多样化"相统一。② 有论者认为,"三个代表"重要思想体现了党的文化精神,包括理性精神、哲学精神、科学精神、民主精神、人文精神和创新精神。③ 有的论者认为,"三个代表"重要思想体现了科学和道德的文化精神。④ 如把"依法治国"和"以德治国"相结合,就是区别了道德与法律的功能作用,把中国传统重视道德修养、法制思想和现代法治思想有机结合。⑤

第三,关于科学发展观的文化底蕴。科学发展观的第一要义是发展,核心是以人为本,基本要求是全面协调可持续发展,根本方法是统筹兼顾。有论者指出,科学发展观的传统文化渊源包括中国古代儒家的"大学之道"的人才观、中国古代道家的"道法自然"的自然观、中国传统文化所强调的"小康大同"的社会观、中国传统文化的"天人合一"的科学观。⑥ 有的论者认为,科学发展观具有文化价值论基础,它纠正了片面理想主义造成的价值偏颇,弥补了纯粹市场经济造成的价值缺憾,构建了全新的文化价值结

---

① 朱人求:《全球化背景下的社会主义文化自觉——"三个代表"的文化哲学诠释》,《中共福建省委党校学报》2003年第10期。
② 彭海堂:《"三个代表"重要思想的价值观解读》,《三峡大学学报》(人文社会科学版)2003年第2期。
③ 周荫祖:《"三个代表"与党的文化精神》,《求实》2002年第3期。
④ 蒋国林:《"三个代表"中的文化精神》,《社会科学报》2002年3月7日第4版。
⑤ 郭树芹:《依法治国与以德治国的文化意义》,《人大研究》2001年第6期。
⑥ 查有梁:《科学发展观的文化渊源》,《中华文化论坛》2006年第4期。

构。① 有的论者认为，科学发展观从时代性、实践性出发，把文化的核心要素嵌入整个社会发展的方方面面，实现了经济与文化的有机融合，科技与人文的视界统一；是在批判资本主义文化价值观的基础上，以社会主义核心价值体系引领社会发展。科学发展观一改以往重科技指标、轻人文因素，重经济增长、轻经济政治和文化协调发展的做法，在实践中遵循全面发展的理念。科学发展观基于马克思主义，对西方人本文化积极扬弃。和谐文化是贯穿科学发展观的一根红线，把"平等"和"发展"上升到从未有过的历史高度，赋予和谐文化新的生命力。② 还有论者认为，科学发展观展现了中华文明，是对中国传统文化中的人本思想、和合思想和天人合一思想的继承和创新。科学发展观关注人的价值，把马克思主义人文精神提升到新的境界。科学发展观传递文化理念，为建构科学发展的制度文化提供了根本遵循。③ 有的人讨论了以人为本的马克思主义人学底蕴和现实意义，其中认为"人"指的是现实的具体的人，而不是抽象的人；所谓"本"就是根本、目的，以人为本的基本要求是高度重视人的价值、尊严、主体地位、利益和需求，但不是人类中心主义。④ 有的论者认为"人"包括社会全体成员和人民两层含义，"本"主要是指发展的指导思想，要确保人民当家做主的主人翁地位，以实现人民的根本利益和人的自由全面发展，这是经济和社会建设的出发点、目的和标准。有的论者主张对"以人为本"的理解应该坚持马克思主义世界观、历史观和价值观的统一。⑤ 有的论者指出，科学发展观中的以人为本与传统文化中的以

---

① 周军:《论科学发展观的文化学基础》,《学术交流》2005年第9期。
② 张谨:《科学发展观的文化意蕴》,《学术交流》2011年第10期。
③ 王真等:《科学发展观的文化蕴涵》,《解放军报》2006年9月14日第6版。
④ 葛英杰:《以人为本的马克思主义人学底蕴探析》,《辽宁医学院学报》(社会科学版)2009年第8期。
⑤ 陈尚志:《准确把握以人为本的科学内涵》,《北京大学学报》(哲学社会科学版)2005年第2期。

民为本和西方的人文主义是不同的,是对两者的借鉴和发展。① 有学者概括了以人为本的世界意义,认为以人为本是世界各国各民族共同的思想资源,是中国共产党对马克思的实践人学思想的坚持,是对中国传统民本思想和党的为人民服务宗旨的整合和提升,同时借鉴了西方人本主义思潮的积极成果,体现了全人类共同的历史走向,是对世界和人类发展的巨大贡献。②

4. 中国特色社会主义制度的文化底蕴

中国特色社会主义制度在社会各个领域形成一个相互衔接、相互联系、相互影响和相互作用的制度体系,包括根本制度、基本制度和具体制度三个层次。主要是根本政治制度即人民代表大会制度,基本政治制度即中国共产党领导的多党合作和政治协商制度、民族区域自治制度和基层群众自治制度,基本经济制度即以公有制为主体、多种所有制经济共同发展,中国特色社会主义法律体系,还包括经济体制、政治体制、文化体制、社会体制在内的各项具体制度。

关于中国特色社会主义制度的价值内涵。有的论者认为,中国特色社会主义制度是中国共产党领导中国人民在社会主义革命和建设实践中创造的成果。这一制度体系的建立和完善遵循了科学社会主义的基本原则,体现了社会主义的基本价值取向,具有鲜明的中国特色,彰显了独具特色的价值意义。具体体现在:解放和发展生产力,实现共同富裕;维护人民的主体地位和根本利益;维护公平正义、促进社会和谐;促进人的自由全面发展。③ 有的论者认为,中国特色社会主义制度的基本价值包括人民民主的政治价值、公平正义的社会价值、共同富裕的经济价值、社会和谐的综合价值,以此来调整和规范各种社会关系。④ 有的论者认为,中国特色社会主

---

① 韩庆祥:《关于以人为本的若干重要问题》,《哲学研究》2005年第2期。
② 张奎良:《以人为本的世界历史意义》,《天津社会科学》2006年第3期。
③ 朱颖原:《中国特色社会主义制度的价值取向》,《当代世界与社会主义》2012年第3期。
④ 程竹汝:《论中国特色社会主义制度的基本价值》,《晋阳学刊》2014年第1期。

义制度从形成到确立和发展，无不是源于文化的推动。价值观的变迁、思想的大解放开启了改革开放的进程，从而带来了中国特色社会主义制度的成长。从这个意义上说，文化是制度生命力的源泉，只有文化及其合乎时代的发展才能保有制度持续性的创造力。该文还认为，看待"中国特色"，应该有更宽广的视野。它不是对文化传统的妥协，也不是在学习其他民族文明成果变了味时的借口。所谓"不符合中国国情"，也需要辩证地对待。包括文化传统在内的国情也是在发展变化的，其中一些落后的因素也需要改变。①

关于中国特色社会主义制度的文化特征。有的学者认为，中国特色社会主义制度体现了辩证的"应变精神""求实精神""求同存异""和而不同"的"和同"文化传统，具有鲜明的中国特色。② 有学者提出中国特色社会主义制度的价值统一性，即解放发展生产力与改善人民生活相统一，集体主义与以人为本相统一，公平与效率相统一，独立自主与积极借鉴先进成果相统一。③ 有的论者研究其中具体制度的文化渊源。有论者探讨了中国特色社会主义协商民主的文化渊源，认为它根植于中华民族几千年来积淀下来的优秀文化土壤，孕育于深厚的古代"和"、中庸、民本的传统文化，兼容于明达的近代人民主权、自由民主的启蒙文化，倚重于现代统一战线、民主协商的革命文化，凸显了丰富厚重的思想文化底蕴。④

关于中国特色社会主义制度的民族特色。有的论者认为，中国特色社会主义制度的民族特色主要表现在追求和谐的社会发展理

---

① 朱可辛:《中国特色社会主义制度的文化支撑》,《科学社会主义》2011 年第 5 期。
② 邹升平:《中国特色社会主义制度的文化特征及其文化生态建设》,《学术论坛》2013 年第 6 期。
③ 汪涛、郑云天、施惠:《论中国特色社会主义制度的价值统一性》,《理论建设》2012 年第 5 期。
④ 范伟:《中国特色社会主义协商民主制度的文化渊源》,《天津市社会主义学院学报》2013 年第 1 期。

念；追求共同富裕的社会发展目标；追求民族团结和各民族共同繁荣的发展状态；追求人的全面发展的价值取向。① 有的论者认为中国特色社会主义制度优越性的历史文化底蕴，主要包括以爱国主义为核心的民族精神、以"仁、义、礼、智、信"为基本道德要求的儒家道德规范和忧患兴邦、追求统一的光荣传统。②

由上可见，很多论者注意到了中国特色社会主义的文化因素，或者从文化的视角研究中国特色社会主义，取得了一些成果，但仍存在一些不足之处。

首先，研究分散，不系统。从文化角度研究中国特色社会主义的论著不多，而且分散，不系统。有的学者仅从中国传统文化角度来论述，有的学者仅从中国特色社会主义理论体系或制度来论述，缺乏整合。目前还没有形成有影响的系统研究成果，未能很好地阐明中国特色社会主义是古今中外思想文化的融会创造的结果。

其次，研究表层，不深入。中国特色社会主义的文化底蕴丰厚，承载着悠久的传统文化、红色文化和西方现代文化，是文化滋养出来的，在各个历史阶段、层面都有所体现。目前的研究史料挖掘得不够，没能揭示出理论与文化之间的内在关系，没能深入阐明对中国特色社会主义的发展产生重大影响的文化因素的来龙去脉。有的论者仅从国家意识形态层面来谈中国特色社会主义的文化价值，即文化对国家发展产生的重要影响和意义，但各种文化因素对于公民个人的思想、精神风貌产生的影响研究却不足，缺乏感染力和吸引力。另外，政策宣传阐释多，学理性不足，有的论者仅仅从领导人的讲话和中央文件进行政治性阐释，较少运用学术范畴和分析框架进行学理阐发。

最后，研究视野不够开阔，历史感不强。从世界现代化的发展

---

① 周利兴：《论中国特色社会主义制度的民族特色》，《学术探索》2013年第6期。

② 关磊、周利兴：《略论中国特色社会主义制度优越性的历史文化底蕴》，《思想战线》2011年第S1期。

历程看，中国特色社会主义是在中国近代以来革命历史和新中国成立后社会主义建设历史中发展而来的，是融入全球化和世界文明发展潮流的历程。对中国特色社会主义的产生、发展和内容产生重大影响的西方文化因素研究得不多，对西方学者在中国特色社会主义文化底蕴的研究成果介绍得较少，研究视野不开阔。大多研究是就现状谈现状，缺乏对具体文化因素的历史演变的研究，没能从实现现代化和民族复兴的历史高度看待如此厚重的文化底蕴，具体哪些文化因素是有利于实现现代化和民族复兴的，哪些文化因素需要摒弃或改造，分析得不够系统深入。

（二）国外研究述评

中国特色社会主义的成功实践，以一种既不同于传统的社会主义，又区别于资本主义的新形式，引起了关心和思考社会主义的人们的极大兴趣。随着中国的国际影响力日益增强，很多学者政要把目光投向中国特色社会主义，分析探讨中国成功的原因。

1. 有些论者认为中国特色社会主义是融合了多种文化因素的特殊模式

有论者认为"建设有中国特色的社会主义"意味着它是"民族共产主义"的一种形式。有论者认为，中国现行的经济制度既不是西方教科书上所讲的社会主义的计划经济，也不是西方典型的市场经济，而是建立在中国特殊的政治制度、文化传统和社会结构之上的政治权力与经济资本杂交的混合经济，是看得见的手（权力）和看不见的手（市场）互相杂交之后所产生的一种新的独立经济形态，并受到中国的孔孟文化、政党文化和商品文化的三重影响，所以它有可能不是过渡的和暂时的，而可能是相对独立和持久的。① 有论者认为，邓小平对农村采取的合同制（责任制），既不能说是社会主义的生产形式，也不是资本主义生产形

---

① 洪朝晖：《"中国特殊论"颠覆西方经典理论》，《廉政瞭望》2006年第10期。

式。此外，西方一些论者以十一届三中全会以后不久中国共产党人在社会主义认识上的变化与发展为依据，认为中国特色社会主义理论是"一种新版的中国马克思主义理论"。有论者以中国改革开放前的社会模式与新时期社会模式的比较为视角，探讨了这一新模式的历史内涵与理论内涵。有的论者提出："中国成功的公式是：社会主义＋中国民族传统＋国家调控的市场＋现代化技术和管理。"①

2. 有些论者认为中国特色社会主义道路是具有中国特点的独特道路

有论者指出中国走的是"第三条道路"，即国家与市场之间的一种创造性的、共生的相互关系，认为中国的"第三条道路"是一种完整的哲学，把既激励又控制市场的具体方法与一种源于统治者、官员和老百姓道德体系的深刻思想结合在了一起。②"软实力"概念的提出者约瑟夫·奈在2008年年初就曾提道："中国的经济增长不仅让发展中国家获益巨大，中国特殊的发展模式和道路也被一些国家视为可效仿的榜样……更重要的是将来，中国倡导的政治价值观、社会发展模式和对外政策做法，会进一步在世界公众中产生共鸣和影响力。"③ 有论者认为，"中国受西方的多样化、个人主义和自由市场经济的影响要比莫斯科晚得多"。除文化、历史特点外，"中国的特色有很多，如人口众多、幅员辽阔、物产丰富、可耕地贫乏、生活方式和生活水平低下、饱受贫穷和落后、历史悠久的儒家传统文化、辛亥革命的挑战、苏联经济模式的失败等。中国很难照搬任何外国的现代化模

---

① 詹得雄：《国外热议"中国道路"及其启示》（http://news.xinhuanet.com/world/2008—03/27/content_ 7867764. htm.）。

② Peter Nolan, "China at the Crossroads", *Journal of Chinese Economic and Business Studies* UK, Jan, 2005.

③ 詹得雄：《国外热议"中国模式"及其启示》（http://news.xinhuanet.com/world/2008—03/27/content_ 7867764. htm.）。

式,无论是西方的、东欧的,甚至是日本的模式。中国就是中国,她只能走自己的路"①。

3. 有些论者认为中国特色社会主义具有鲜明的中国传统文化底蕴

有论者明确提出:"认为中国将会顺理成章地变成一个西方式的国家,那是不可能的。"② 有论者分析了马克思主义唯物辩证法、儒学"大同"和"小康"概念以及新近中国共产党提出的"和谐社会"的理念,得出结论:"在今天的中国共产党中,孔子、马克思、毛泽东和邓小平依然健在,但是在四个人当中,导师仍然是马克思。"③ 有的论者认为,过去十年来,中国在亚洲的影响日益显著,这种影响不仅仅体现在快速增长的经济和军事实力上,还体现在对文化软实力的认识方面,尤其是在国家政策上的应用,使其在亚洲各国中不断改善自身形象并不断增强地区的影响力,提出中国的软实力取决于三个方面:中国发展模式、以和平崛起为核心的对外政策以及中国文化,"进入胡锦涛时代后,中国要发展成一个全球大国,必须加强硬实力和软实力,这成为普遍的呼声。'软实力'更为流行"④,认为中国最大的软实力资产就是中国文化。有论者指出:"对社会主义来说,文化是特别重要的问题。在经济和文化(在某种程度上包括社会)的全球化过程中,文化传统尤其是儒学在最近 20 年里出现了复兴,但在之前的 100 年里中国革命试图把儒学扫入通常所说的'历史的垃圾堆'。儒学的术语已经浸入了社会主义的语言,官方已经批准儒学是中国认同的标志。正是

---

① 冯雷:《海外人士论中国特色的社会主义》,《当代世界与社会主义》1997 年第 1 期。
② [英]马丁·雅克:《当中国统治世界:中国的崛起和西方世界的衰落》,张莉、刘曲译,中信出版社 2010 年版,第 11 页。
③ [美]约瑟夫·格利高里·迈哈内:《通往和谐之路:马克思主义、儒家与和谐概念》,铁阁摘译,《国外理论动态》2009 年第 12 期。
④ [韩]赵英南、郑钟昊:《中国的软实力:讨论、资源和前景》,《国外理论动态》2009 年第 4 期。

在儒学而不是社会主义的标签下。中国的'软实力'投射到全球各地（孔子学院）。"①

4. 有些论者认为中国特色社会主义是儒家资本主义

国外的新儒家学派提出了一种坚信儒学与资本主义发展有密切联系的思潮——儒家资本主义，认为日本、韩国以及改革开放后的中国等东亚国家二战后经济迅速增长的奥秘在于儒家文化和资本主义的联姻。有论者指出："如果说西方的个人主义适合工业化的开拓阶段，那么新儒家的集体主义更适合大规模的工业化时代。"②新儒家学派在为儒家学说开创了崭新道路的同时，也使儒家资本主义引起了西方社会的关注。一些国外学者因此把中国崛起的奥秘归结为儒家资本主义的复兴，提出："在经历过动荡、战乱、混乱和重生后，中国仍明确地保有原来的特征。进入上升阶段后，中国近来取得了巨大的成就，增强了信心，就不仅开始勾勒其现代性之外的意义，还将重拾文化遗产。儒家思想不仅从未消失，还逐步获得复苏和寻找自己在当今世界的意义，以及提供道德教化的能力。"③有论者提出"新轴心时代"的"文明对话"，全球化时代不是"文明的冲突"而是要各文明之间的对话，解决共同的问题，认为儒家学说中的价值经过重组、"内在的批判"④，可以成为各种文明对话的基础。儒家文化作为中国传统文化的代表，绵延几千年，深刻影响着人们的思想行动，是中华文化的一部分。在现代中国，作为意识形态的儒家已不可能"复兴"，但作为一个流派的学说，如何

---

① 王新颖：《奇迹的建构：海外学者论中国模式》，中央编译出版社2011年版，第151页。

② Mac Farquhar, "The Post-Confucian Challenge", *Economist*, February 9, 1980, pp. 66–82.

③ Ibid., p. 164.

④ ［美］杜维明：《儒家传统的现代转化》，《浙江大学学报》（人文社会科学版）2004年第2期。

使儒家学说现代化[①],使之成为有利于中国特色社会主义发展的文化因素,是一个重要课题。

从国外的研究现状看,由于中国综合国力不断增强、影响力不断扩大,深刻影响着世界格局的未来走向,越来越多的学者研究中国特色社会主义,也有学者从文化角度探讨中国特色社会主义,具有一定的参考价值。但是,论者大都以本国的文化历史背景来看中国特色社会主义,受意识形态、思维方式和西方舆论的影响,对中国问题本身的复杂性认识也不足。大多数论者是从经济发展出发去讨论问题,如有人把中国特色社会主义归结为自由主义的社会主义、市场社会主义或实用主义,有的学者把个别现象与资本主义简单对比得出"中国特色的资本主义"的结论。这些当然很难有说服力,却对国内思想界产生了某种不良影响。

二 研究意义

(一) 理论意义

中国特色社会主义在实践上取得了巨大成功,有必要研究它成功的"精神密码"是什么。随着中国崛起,中国特色社会主义的发展越来越需要更加强大和坚实的文化基础和精神支撑。随着中国国际影响力的日益增强,深刻改变着世界格局,未来中国将如何行事,有必要从文化视角进行阐明。本书从优秀传统文化、红色文化和西方现代文化三个方面系统阐述中国特色社会主义的文化底蕴,提出了理论与文化之间存在的融合互动的关系,分析中国特色社会主义对于优秀传统文化、红色文化和西方现代文化在哪些方面以及如何进行继承借鉴和提升,揭示中国道路成功所蕴含的"精神密码",有利于更加深刻认识中国特色社会主义形成和发展的历史过程,正确把握中国特色社会主义的内容、规律、特点和发展方向,

---

① [美]杜维明:《中国的崛起需要文化的支撑》,《中国特色社会主义研究》2011年第6期。

不断赋予中国特色社会主义理论新的时代精神和内在生命力。强化中国特色社会主义的文化底蕴，也有利于增强中国共产党执政的合法性与合理性的学理支撑，为中国特色社会主义事业的顺利发展和中国崛起提供强大文化支撑。

（二）现实意义

2013年8月19日，习近平总书记在全国思想政治工作会议上提出了"四个讲清楚"，其中之一是要讲清楚：中国特色社会主义植根于中华文化沃土、反映中国人民意愿、适应中国和时代发展进步要求，有着深厚历史渊源和广泛现实基础。研究中国特色社会主义的文化底蕴是一个基础性的理论问题，这有利于更好地说明中国成功的经验，讲好中国故事，澄清国际上对中国的误解和误读，掌握话语权。本书集中论述中国特色社会主义在社会理想、价值追求、理念精神、思维方式层面的文化因素，阐述中国特色社会主义的文化渊源和具有的文化特征，展示其独特的文化魅力，彰显中国特色社会主义的实践特色、理论特色、民族特色和时代特色，这有利于增强中国的文化软实力，激发起每一个中国人实现中华民族伟大复兴"中国梦"的热情；也有利于建设文化强国，增强民族自尊心、自信心和自豪感，增强全国各族人民对中国特色社会主义的认同感，从而打牢共同奋斗的思想基础。

三 研究方法

本书坚持历史唯物主义的研究方法。历史唯物主义认为，经济发展、制度变革决定文化的变迁，文化对经济发展和制度变革具有能动的反作用。中国特色社会主义取得巨大成就的一个重要原因是其深厚的文化底蕴和坚实的文化支撑，这使其在发展的各个阶段总会遇到这样或那样的问题、风险、挑战和机遇，但总能抓住机遇、化险为夷、转危为安。本书根据历史过程、历史事实和社会现实，从中国优秀传统文化、中国共产党的红色文化和西方现代文化三个方面，从结构和功能的角度，对中国特色社会主义的文化底蕴、文化特点和文化价值进行系统分析。

具体的研究方法包括：

第一，逻辑与历史相统一的方法。从中国特色社会主义道路的开辟、理论体系的形成和制度的完善的历史进程中探明中国特色社会主义与中国传统文化、西方现代文化、中国共产党的文化的关系。因为"逻辑的发展完全不必限于纯抽象的领域。相反，它需要历史的例证，需要不断接触现实"[①]。一方面尊重历史事实，进入生动的历史时空，搞清楚中国特色社会主义演进的来龙去脉，用历史的眼光分析中国特色社会主义所具有的文化底蕴、文化特点和文化价值；另一方面尊重逻辑演进的规律，通过逻辑推理得出必然性结论，揭示中国特色社会主义成功的精神密码。

第二，文献研究方法。充分利用研究党的重要经典文献、文化资料、历史资料，梳理近几年专家学者尤其是权威人士对中国特色社会主义的文化底蕴、文化特色和文化价值的研究成果，进行归纳提升，准确理解和把握这些观点看法，避免主观臆断和片面理解。

四 创新点及不足之处

本书创新之处如下。首先，角度新。本书从文化视角研究中国特色社会主义，更加深刻说明中国特色社会主义在实践中取得成功的原因。中国特色社会主义的产生、发展和内容是文化滋养出来的，既有文化上的传承又有文化上的创新。中国特色社会主义的未来发展，文化因素将更加凸显。

其次，观点新。本书揭示了党的理论创新与文化吸收传承之间的内在联系，认为理论与文化应当是融合互动的。一方面，文化对理论创造和理论武装有重要意义。文化是政党理论创造的灵魂，是民众理论武装的重要因素。另一方面，理论对文化现代化和国家文化软实力增强具有重要作用，先进理论有助于实现文化现代化，是

---

① 《马克思恩格斯选集》第 2 卷，人民出版社 1995 年版，第 45 页。

重要的文化软实力。本书认为强化中国特色社会主义的文化底蕴需要坚持中华文化主体性原则。中华文化不是仅仅包括中国传统文化，而是融合传统文化、红色文化和西方现代文化的精华所呈现出的当代形态。只有把中国特色社会主义与当代中华文化结合起来，才能使中国特色社会主义的发展保持持久、鲜活的生命力。

最后，论证比较系统。本书从中国传统文化、中国共产党的文化、西方现代文化三个方面说明中国特色社会主义具有深厚文化底蕴，阐述了中国特色社会主义与这三种文化形态的内在关系。

本书还有诸多不足。例如，该课题意义重大，很有难度。本书只是这一课题研究的开始和基础，只是就这一问题的浅显认识，还有许多问题有待更多的人用更长时间来回答。由于笔者才疏学浅，打通"中西马"还比较困难。此外，论证还不十分严密，认识比较肤浅，需要进一步深入研究。

第一章　中国特色社会主义文化底蕴的理论阐释

本章旨在从理论上阐明理论与文化、中国特色社会主义与文化之间的关系以及中国特色社会主义文化底蕴的意义。理论与文化之间存在着融合互动的关系，先进文化与科学理论可以相得益彰。历史上，中国共产党具有高度的文化自觉，是先进文化的倡导者、领导者和传播者。改革开放以来，中国共产党人在理论创造中显示出高度的文化自觉，中国特色社会主义呈现出鲜明的文化特征。随着中国的和平崛起，在世界舞台上发挥越来越大的影响力，这不仅仅源于硬实力，更来自自身拥有的文化软实力。文化底蕴的丰厚与坚实对中国特色社会主义的发展将会愈来愈重要。

第一节　文化及其社会作用

"文化"起源久远且界定众多。一般而言，有广义和狭义之分。本书取狭义的"文化"，从结构视角对"文化"进行界定。"文化"是指最深层的、隐性的精神性因素，主要包括价值取向、思想观念、思维方式。文化具有历史传承、国民教化、民族凝聚和社会调控作用。

一　文化及相关概念

（一）文化

"文化"一词来自西方，在拉丁语中是"Cultura"，原意是神明崇拜、土地耕种、动植物培养及精神修养等,是与自然存在的事物相对而言的。"文化"一词在西方有一个演变的过程。在古希腊古罗马时期,随着人们参加社会生活和政治生活的日益频繁,当时文化被理解为培养公民参与这些生活活动的品质和能力。到了欧洲中世纪,由于神学占据了统治地位,文化为"祭祀"一类术语所代替,人们改造自然的能力让位给了神的创造力。文艺复兴时期的思想家主张人道,反对神道,倡导以古代希腊罗马文化代替宗教神学文化,文化被用以说明人的形成和发展过程。而在18世纪启蒙运动之后,在西方的语言中,其逐渐演化为个人素养、整个社会的知识、思想方面的素养。"文化程度""文化水平"成了理性的表现。西方把文化历史过程归结为人类理性的发展,用科学、艺术的成就来说明当时的市民社会秩序和政治设施的合乎理性,用人的自然本性及其需求来说明当时的市民社会秩序和政治设施的合乎理性,用人的自然本性及其需求来说明当时的自然观,并与原始民族的"不开化"和"野蛮性"对立起来。在德国古典哲学家的著作中,文化则被视为处于人们社会规范之外的绝对精神领域,人类社会文化发展的真正存在的目的与意义被认为是达到这种精神的绝对自由。因此,德国古典哲学家们试图从道德领域或美学领域及哲学领域来为德国社会的发展寻求出路。

在中国,"文化"一词源远流长。《周易》上说:"刚柔交错,天文也。文明以止,人文也。观乎天文以察时变,观乎人文以化成天下。"[1] 这里,文化有"人化""文明"之意。《说文解字》中说:"文,错画也,象交文,凡文之属皆从文","化,教行也"。有人文教化的意识。从字面上看,文化是人类所特有的,与动物相区别。孔子说:"质胜文则野,文胜质则史,文质彬彬,然后君子。"[2] "质"是指人类朴素的本质,"文"则指文化的累积。其

---

[1] 杨天才、张善文译注:《周易》,中华书局2011年版,第207页。
[2] 杨伯峻译注:《论语译注》,中华书局2006年版,第68页。

中,"质胜文则野"是指人没有文化,就会像原始人一样粗野、落后。"文胜质则史"是指文化过于发达后人类失去了原来朴素的本质,显得虚浮而没有根基,所以要"文质彬彬",文化的发展要与人类的本质相适应、相协调。

关于文化的界定很多,大概有几百种。美国著名的文化人类学家克罗伯和克拉克洪在1952年时曾对1871—1952年有关西方的文化学概念进行过总结,共查询到164种关于文化的定义,可谓众说纷纭。如英国学者爱德华·泰勒在《原始文化》一书中提出:"文化,就是在民族志中的广义而言,是个复合的整体,它包含知识、艺术、道德、法律、习俗和个人作为社会成员所必需的其他能力及习惯。"[1] 中国学者梁漱溟认为,文化乃是"人类生活的样法"[2]。"文化,就是吾人生活所依靠之一切。……文化是极其实在的东西。文化之本义,应在经济、政治,乃至一切无所不包"[3],这样的定义使文化概念泛化了。马林诺夫斯基认为:文化是"一个满足人的要求的过程,为应付该环境中面临的具体、特殊的课题,而把自己置于一个更好的位置上的工具性装置"[4]。也就是说文化的产生是人们为应对面临的问题而创造出的成果。美国社会学家福尔森认为,"文化是一切人工产物的总和,包括一切由人类发明并由人类传递后代的器物的全部,及生活的习惯"[5],强调文化的历史连续性。卡西尔在《人论》中提出:人生活在符号世界之中,文化形式就是符号。怀特也从符号角度来界定文化,他指出:"全部文化(文明)依赖于符号。正是由于符号能力的产生和运用才使得文化得以产生和存在;正是由于符号的使用,才使得文化有可能

---

[1] [英]泰勒:《原始文化》,上海文艺出版社1992年版,第1页。
[2] 梁漱溟:《东西文化及其哲学》,商务印书馆2010年版,第66页。
[3] 梁漱溟:《中国文化要义》,上海人民出版社2011年版,第7页。
[4] 转引自庄锡昌、顾晓鸣、顾云深等编《多维视野中的文化理论》,浙江人民出版社1987年版,第371页。
[5] 陈华文:《文化学概论新编》,首都经济贸易大学出版社2009年版,第8页。

永存不朽。没有符号，就没有文化，人也就仅仅是动物而不会成其为人类。"[①] 有一些论者从结构视角来界定文化，如美国人类学者克拉克洪指出文化是"历史上所创造的生存方式系统，既包括显性方式又包括隐性方式；它具有为整个群体共享的倾向，或是在一定时期中为群体的特定部分所共享"[②]。他把文化分为显性和隐性两个层面。庞朴将文化分为三层：一是它的外层，即物质层面。二是文化的中层，包括人的思想、情感和意志，如机器的原理、雕像的意蕴之类；或不曾或不需体现为外层物质的人的精神产品，如科学猜想、数学构造、社会理论、宗教神话之类；以及人类精神产品的非物质形式的对象化。三是文化的里层或深层，主要是文化心理状态，包括价值观念、思维方式、审美趣味、道德情操、宗教情绪、民族性格，等等。他认为文化的三个层面彼此相关，形成了一个有机系统。它有自己的一贯类型，有自己的主导潮流，并由此规定了自己的发展方向和选择，或吸收、或改造、或排斥异质文化。[③] 冯天瑜等把文化分为物质文化层面、制度文化层面、行为文化层面和心态文化层面。其中，心态文化层面又可分为社会心理和社会意识形态，心态文化层是文化的核心层。[④] 钱穆在《文化学大义》中曾指出文化是物质的、集体的、精神的三部门之"融合体"，但同时他强调，"包括宗教、哲学、文学、艺术等项，属于纯精神的部门"的第三个部门（或阶层）是文化"最高的，最后，最终极"的体现。[⑤] 他把精神层面的文化视为深层部分。

　　前人对文化的定义多种多样。本书在吸收借鉴的基础上，从精

---

　　① [美] L. A. 怀特：《文化科学——人和文明的研究》，浙江人民出版社1988年版，第382页。

　　② [美] 克拉克洪：《文化与个人》，浙江人民出版社1986年版，第6页。

　　③ 庞朴：《文化的民族性与时代性》，中国和平出版社1988年版，第83页。

　　④ 冯天瑜、何晓明、周积明：《中华文化史》，上海人民出版社2010年版，第15—16页。

　　⑤ 方克立、李锦全：《现代新儒家学案》（中），中国社会科学出版社1995年版，第565—566页。

神层面来界定文化,认为文化指的是最深层的、隐性的东西,是对事物的产生发展具有深刻影响的精神性因素,主要包括价值取向、思想观念、思维方式三个方面。文化体现了一个国家、地区或民族的特色,深刻影响着一个国家、地区和民族的历史走向。

(二) 文化底蕴

文化底蕴,英文是"Cultural insight"。《现代汉语词典》中对"底蕴"有三个解释:一是详细的内容、内情;二是蕴含的才智、功力等;三是指文明的积淀。所谓"底",就是基础,渊源;所谓"蕴",指的是包含、蓄积或者是指事理深奥的地方。底蕴就是对事物内部情况的详细了解和透彻认知。那么,文化底蕴就是文化积淀的结果,是指文化的渊源、特征以及具有的精神力量。对文化底蕴的认识体现出的是文化主体对本民族文化来龙去脉的深刻洞察和自觉。

文化底蕴具有历史继承、面向实践、先进导向和民族化特点。第一,任何事物的产生和发展,都是历史的产物。毛泽东指出:"我们是马克思主义的历史主义者,我们不应当割断历史。"[①] 历史传统是影响现在和未来的重要因素。民族历史越悠久,文化底蕴就越丰厚。第二,文化底蕴不是思辨的结果,而是面向实践、在实践中不断沉淀下来的,尤其是在面对问题、解决问题过程中实践主体所提出的思想主张以及体现出的精神风貌、态度、价值观等。第三,文化底蕴体现先进文化导向功能。能成为文化底蕴的东西,必定是对事物的产生与发展发挥积极作用的文化因素。文化具有两面性,实践主体在进行文化选择中会自觉地把起消极作用的文化因素剔除,吐故纳新,以先进文化作为发展的精神力量,否则,事物发展就会被阻断或夭折。第四,文化底蕴体现民族特点。文化本身具有民族性,呈现出本民族的精神情感、思维方式、价值理念,是维系民族生存发展的纽带。文化底蕴作为文化的积淀,是一个民族的

---

① 《毛泽东选集》第 2 卷,人民出版社 1991 年版,第 534 页。

文化创造成果，必然呈现民族特点。文化底蕴越丰厚，民族凝聚力、创造力就会越强。推进中国特色社会主义事业，就需要对文化底蕴有自觉，不断丰富其文化底蕴。

（三）中国特色社会主义

一种主义就是一种主张。孙中山曾说："主义就是一种理想、一种信仰和一种力量。大凡人类对于一件事，研究当中的道理，最先发生思想；思想贯通之后，便起信仰；有了信仰，就生出力量。"[①] 毛泽东认为："主义譬如一面旗帜，旗子立起了，大家才有所指望，才知所趋赴。"[②] 主义就是旗帜，就是方向。李大钊认为，社会上的多数人"共同的趋向的理想、主义"，是"实验自己生活上满意不满意的尺度（即是一种工具）"[③]。"大凡一个主义，都有理想与实用两面"，主义要"拿来作工具，用以为实际的运动"[④]，否则就变成了空谈。胡适提出："凡'主义'都是应时势而起的。某种社会，到了某个时代，受了某种的影响，呈现某种不满意的现状。于是有一些有心人，观察这种现象，想出某种救济的法子。这是'主义'的原起。主义初起时，大都是一种救时的具体主张。后来这种主张传播出去，传播的人要图简便，使用一两个字来代表这种具体的主张，所以叫他做'某某主义'。主张变成了主义，便由具体计划，变成一个抽象的名词。"[⑤] 蓝志先对胡适的观点进行了回应，认为"主义常由问题而产生"[⑥]，"理想乃主义的最要部分"，"主义是多数人共同行动的标准，或是对于某种问题的进行趋向或是态度"[⑦]。可见，主义是改变现状的主张，属于理论范畴。

中国特色社会主义是改革开放以来，中国共产党为解决中国问

---

① 《孙中山选集》，人民出版社1981年版，第616页。
② 《毛泽东早期文稿》，湖南出版社1990年版，第554页。
③ 《李大钊全集》第3卷，人民出版社2006年版，第1页。
④ 同上书，第3页。
⑤ 《胡适文存》第1集，首都经济贸易大学出版社2013年版，第214页。
⑥ 同上书，第220页。
⑦ 同上书，第218页。

题而提出的一套系统化了的主张。中国特色社会主义属于科学社会主义范畴，是科学社会主义在当代中国发展的新形式，是对毛泽东思想的继承和发展。这个概念是邓小平在十二大的开幕词中首次提出的，他说："把马克思主义的普遍真理同我国的具体实际结合起来，走自己的道路，建设有中国特色的社会主义，这就是我们总结长期历史经验得出的基本结论。"① 1988年，邓小平指出："一九七八年我们党的十一届三中全会才制定了一系列新的正确的路线、方针和政策，根本内容就是建设具有中国特色的社会主义。"② 可见，邓小平是从理论与实践的角度来理解中国特色社会主义的。我们可以从制度维度、价值维度、理论维度、实践维度来界定，也可以从道理、理论体系和制度三个方面来界定。中国特色社会主义是一个有机整体，不是邓小平理论、"三个代表"重要思想与科学发展观的简单组合，它是由基本问题、精髓、核心理念和思想观点构成的有机整体，它回答的最基本的问题"是什么是社会主义，怎样建设社会主义"，随后破解了"建设一个什么样的党、怎样建设党"，"实现什么样的发展，怎样发展"。后面两个问题是对"什么是社会主义，怎样建设社会主义"问题的深化。中国特色社会主义一以贯之的精髓是实事求是，价值理念是以人为本。它在实践中形成了一系列相互贯通的思想观点，包括社会主义本质论、社会主义初级阶段论、改革开放论、社会主义市场经济论、社会主义民主法治论、科学发展论、和谐社会论、生态文明论、和平发展论、社会主义军队建设论、马克思主义执政党建设论等，涉及改革发展稳定、内政外交国防、治党治国治军方方面面的主张。

（四）中国特色社会主义的文化底蕴

所谓中国特色社会主义的文化底蕴，是指中国特色社会主义中所蕴含的价值取向、思想观念、思维方式等深层精神因素的渊源、

---

① 《邓小平文选》第3卷，人民出版社1993年版，第3页。
② 同上书，第264页。

特点以及具有的文化力量。从中国特色社会主义产生和发展的时代背景看，它形成于世界范围的现代化进程中。从产生的地域看，它是在中国的土地上产生发展起来的。所以，中国特色社会主义的文化来源应是中国传统文化、中国共产党的红色文化以及西方现代文化。中国共产党采取积极开放包容的态度对待文化底蕴，对"中华民族的优秀文化传统，党和人民从五四运动以来形成的革命文化传统，人类社会创造的一切先进文明成果，我们都要积极继承和发扬"[①]。对中国特色社会主义文化底蕴的认识，体现了中国共产党的文化自觉。研究中国特色社会主义的文化底蕴，就是要阐明中国特色社会主义对三种文化资源中的哪些文化因素进行吸收融合，以及怎样吸收融合。

二 文化的社会作用

文化产生于人类社会，对社会的存在发展具有重要影响。文化塑造了一个社会的整体风貌，具有历史传承、国民教化、民族凝聚与社会调控作用。

第一，历史传承作用。文化从产生之日起，就起着历史传承的重要作用。通过语言、文字，借助于史书典籍、报纸杂志、唱片胶卷、数字影像等媒介，使人们得以认识民族历史文化，明白自己从哪里来，我是谁，我为什么是这样，我以后将会怎。文化在一代一代人身上得以积累起来，不断丰富，潜移默化地影响着人们的思维方式和行为方式。

第二，国民教化作用。文化产生之后，就成了人们生活环境中的有机组成部分，即文化环境。人在一定的文化环境中被影响、被塑造，这就是文化的教化作用。人从呱呱坠地开始，就生活在一定的文化环境中，学会说话、学会识字，在学校里学习知识、懂得道理，不断融入和适应社会，成为一个社会化的人。文化环境的改变

---

① 《江泽民文选》第3卷，人民出版社2006年版，第278页。

就会使人们的思维方式、价值观念和审美情趣发生变化,这也是文化教化的结果。

第三,民族凝聚作用。文化可以使一个社会群体中的人们,在同一文化模式中得到教化,产生相同的思维方式、价值观念、行为习惯,从而产生民族文化认同,增强民族的凝聚力。中华民族文化的凝聚作用突出表现为伟大的爱国主义。在漫长历史中,中华民族历经劫难,仍然生生不息,越是在民族危亡之际,越是能激发起民族凝聚力,使全中国人万众一心、同心同德,抵抗侵略。

第四,社会调控作用。任何社会群体,为了共同的生存与发展,必然要求其成员遵守一定的行为准则和道德规范,使人们明辨是非、善恶、美丑,共同趋向某种价值观,以保证社会在一定的秩序中运行,这就是文化的社会调控功能。

文化的社会作用具有两面性,既有积极作用,也有消极作用。我们应大力建设先进文化,发挥文化在历史传承、国民教化、民族凝聚和社会调控方面的正面作用,塑造积极向上、理性平和的良好社会文化氛围,促进党的理论创新和培养社会主义现代公民,提高中国共产党的执政能力和促进社会朝着现代化方向健康发展。

第二节　理论与文化的关系

毛泽东曾说过,理论就是有系统的知识。各种知识通过概念、判断、推理的逻辑过程形成理论。知识的产生、运用和更新,受人的思维方式、价值取向、审美情趣等文化因素的影响。理论与文化具有紧密相连、互相渗透的关系。离开文化来阐释理论,理论则空泛无味失之厚重;离开理论来宣扬文化,文化则缺乏系统失之肤浅。两者应融合互动,把理论创新建立在厚重的文化底蕴上,文化的发展建立在科学理论的指导下。中国共产党在实践中把理论与文化有机结合,增强了马克思主义的中国化、时代化和大众化,丰富了指导思想的文化意蕴,同时促进了中华文化的现代化与国家文软实力的增强。

一　文化对理论创造和理论武装的意义

文化，尤其是先进文化，深刻影响一个政党指导思想的先进性。文化作为民族精神的纽带，又深刻影响着民众理论武装的程度。一个民族的文化态度、文化选择以及文化的内容和形式，都对理论创造和理论武装产生重要影响。增强文化认同，利用大众文化有利于民众对理论的理解和接受。

（一）文化是政党理论创造的灵魂

政党的先进性首先体现在思想理论的先进性，先进文化是科学理论产生的土壤。理论是系统化的知识，它的形成受该政党所处的文化环境和所属民族文化的制约。文化影响一个政党的理论创造，没有文化支撑的理论是没有灵魂的理论。正确的文化态度和文化选择是理论创造的前提之一。如果政党具有文化自觉，就会实事求是地分析文化中的精华和糟粕，积极对本土文化和外域文化进行批判性继承，吐故纳新，进行积极有效的理论创造，以指导实践发展。马克思指出："理论在一个国家实现的程度，总是决定于理论满足这个国家的需要的程度。"[①] 这个需要不仅是指理论要能解决该国面临的问题，还要与这个国家的文化存在某种契合，才能发挥指导作用。

1. 文化态度影响理论创造

科学地对待文化，为理论创造提供正确的思维方法和价值取向。进行理论创造需要融通古今与中外，区分精华与糟粕，兼顾继承与创新，正确处理"一"与"多"的关系。融通古今与中外，就是兼收并蓄，"不管是哪种社会制度下创造的文明成果，只要是进步的优秀的东西，都应积极学习和运用"[②]。区分精华与糟粕，

[①]《马克思恩格斯选集》第1卷，人民出版社1995年版，第11页。
[②]《十三大以来重要文献选编》（下），人民出版社1993年版，第2068页。

就是认为西方文化固然先进,但不是完美无缺的;中华文化有封建的糟粕,但也有超越时空和国度的珍贵品。毛泽东指出:"对中国的文化遗产,应当充分地利用,批判地利用。……要把封建主义的东西和非封建主义的东西区别开来,封建主义的东西也不全是坏的。……反封建主义的东西也不是全部可以无批判地利用的。"① 兼顾继承与创新,就是"给历史以一定的科学的地位,是尊重历史的辩证法的发展"②。不能割断历史,不能采取历史虚无主义的态度;发展新文化,不能彻底否定旧文化。正确处理"一"与"多"的关系,文化上搞整齐划一必然窒息文化的发展,也会对理论创造产生负面影响。随着改革开放与市场经济的发展,文化上必然呈现开放多元特征,人们的思想也呈现多元化。但是,在指导思想上不能搞多元化,否则会威胁到意识形态安全。在非意识形态领域,要尊重差异、包容多样。这与中国共产党提出的"双百"方针是统一的。

2. 文化选择影响理论创造

合理地选择文化,为理论创造提供丰厚的文化资源。近代以来,不论是"西学中源"论、"中体西用"论,"国粹"与"欧化"之争、尊孔与反孔之争,还是"全盘西化"论、"中国文化本位"论,都没有创造出能使中国走向现代化的新理论,只有代表先进文化的马克思主义与中国文化相结合,在把握世界文化发展的共同规律的基础上,创造出了中国化的马克思主义,解决了中国的问题。毛泽东在《同音乐工作者的谈话》中指出:"要向外国学习科学的原理。学了这些原理,要用来研究中国的东西。"③ 不管什么理论,关键是要管用,能解决问题。这也是文化选择的标准和最终落脚点。

---

① 《毛泽东文集》第 8 卷,人民出版社 1999 年版,第 225 页。
② 《毛泽东选集》第 2 卷,人民出版社 1991 年版,第 708 页。
③ 《毛泽东文集》第 7 卷,人民出版社 1999 年版,第 78 页。

3. 文化的内容和形式影响理论创造

文化内容与形式的有机结合，有利于理论创造的理性表达。理论创造应当具有先进的内容，保留民族的形式。毛泽东曾就新民主主义文化指出：理论"和民族的特点相结合，经过一定的民族形式，才有用处"，"民族的形式，新民主主义的内容——这就是我们今天的新文化"①。1939 年，毛泽东在给张闻天的一封信中阐述了孔子讲的"智仁勇"应当给予马克思主义的考察，指出孔子讲的"智仁勇"的缺陷，赋予"智"以实事求是的内涵、"仁"是面向人民大众而非统治阶级、"勇"为人民服务的内涵，做到内容与形式的结合。他还以音乐为例说："外国的乐器可以拿来用，但是作曲不能照抄外国。"② 理论创造也是如此，以马克思主义基本原理为内容，运用时结合中国实际，以中国话语表达，去解决中国问题，实现内容与形式的统一。

（二）文化是实现理论武装的重要因素

文化是理论产生的土壤，也是民族精神的纽带。一个先进民族离不开先进理论的武装，文化成为实现民众理论武装的重要因素。马克思曾指出："理论一经掌握群众，也会变成物质力量。理论只要说服人 [ad hominem]，就能掌握群众；而理论只要彻底，就能说服人 [ad hominem]。所谓彻底，就是抓住事物的根本。"③ 在漫长的历史中，一个民族在共同生产实践中积淀下来的思想或理论成果，是该民族共同的价值观、思维方式、社会心理、审美情趣的系统表述，经过长时间"筛选打磨"，民众认同度高，通过大众文化得到广泛传播，深入人心，成为推动社会文明进步的巨大力量。增强民众理论武装的关键是形成共识，也就是形成文化认同。形成共识的途径主要是强化已有共识和建立新的共识，这需要提升理论的文化内涵、挖掘理论可以利用的文

---

① 《毛泽东选集》第 2 卷，人民出版社 1991 年版，第 707 页。
② 《毛泽东文集》第 7 卷，人民出版社 1999 年版，第 77 页。
③ 《马克思恩格斯选集》第 1 卷，人民出版社 1995 年版，第 9 页。

化资源、创新理论表达方式、营造理论传播的文化环境。

文化认同是实现理论武装的前提。文化认同是指"民族成员对本民族文化的承认、认可和赞同，由此产生归属意识，进而获得文化自觉的过程。民族文化认同彰显了民族成员共同的社会特征，是民族群体得以形成的理性基点"[①]。文化认同根本上是精神价值层面的认同，以区别我们与他们、自我与"他者"。文化认同具有个体身份确认、社会群体凝聚和精神需求满足的功能。在文化认同基础上产生出民族认同和国家认同，进而对国家主流意识形态产生认同。如果一种理论对现实具有很强的解释力，能够代表和满足民众的利益和需要，适应民众心理和接受方式，那么，通过一定的表达方式和传播渠道，使民众有所了解，民众就会接受并认同，进而形成思想共识。普通民众在思想共识的基础上接受了科学理论，主流意识形态就会巩固，社会秩序就会稳定，社会潜力就会被激发。

大众文化是实现理论武装的重要途径。理论的广泛传播和深入人心，不仅需要高雅文化，更需要大众文化的"助推力"。大众文化又称通俗文化，是为社会大多数人所接受的、反映大众的文化兴趣和爱好的文化表现形式，通过视、听、读等途径传播。一般说来，人们在接收大众文化的作品时无须特殊的智力和修养，这对于传播普及理论知识具有重要作用。大众文化承载着意识形态的社会整合功能，通过报纸、电视、网络、手机等传播平台，理论以大众喜闻乐见的形式，把提高与普及相结合，先进性与广泛性相结合，通过"接地气"的而非说教式的宣传教育，让理论融入不同阶层、年龄、职业的人们的日常生活，在潜移默化中实现理论入心入脑，形成对理论的接受与认同。

二 理论对文化发展的作用

文化的发展从历时态分析，涉及文化现代化问题；从共时态分

[①] 詹小美、王仕民：《文化认同视域下的政治认同》，《中国社会科学》2013年第9期。

析，涉及增强文化软实力问题，这都与理论密切相关。符合现代化要求的理论，才有可能被称为先进理论，先进理论有助于推进文化的现代化。科学理论本身就是重要的文化软实力，掌握科学理论有助于提升民族的文化自觉和文化自信。

（一）先进理论有助于推进文化现代化

文化具有相对性，有先进与落后、传统与现代之分。随着时代发展，文化需要与时俱进，符合现代化的发展要求，否则就会沦为落后文化；文化具有惰性，一旦形成传统就会出现"路径依赖"，出现保守主义倾向。所以，一个民族要想跻身先进民族之列，就应自觉进行文化反思，实现传统文化的现代转换，推进文化的现代化。文化现代化涉及文化转型。文化转型是由于文化危机，文化危机就是文化的发展与经济政治的发展出现不平衡或不适应。一旦出现文化危机，就会要求产生解决危机的理论。只有那些反映时代发展要求和人民意愿的先进的科学理论才能化解文化危机，推进文化的现代化。

历史上，文化现代化主要是通过思想启蒙的途径，表现为两种形式：一是通过自生性文化转型以实现文化现代化。欧洲文艺复兴以来资本主义生产方式的扩展引发的文化转型，是在自身内部产生的变革力量。欧洲中世纪的神权文化遭到摒弃，出现文艺复兴和启蒙运动，产生了一大批思想家，提出了种种理论，改变了人们的思维方式和价值取向，使资本主义文化逐渐成为主流文化，社会呈现出新的精神风貌。二是外源诱发性文化转型以实现文化现代化。这是两种不同的文化相碰撞之后，先进文化对传统文化的冲击，引发文化危机，迫使传统文化进行现代转型。中国近代以来的文化现代化是典型表现，最终以中国化的马克思主义为指导实现文化的现代化。19世纪中叶，中国大一统的中央集权君主专制积弊已深，鸦片战争的爆发使中国不得不面对与自己存在巨大差异的外来民族，中国文化遇到了前所未有的异域文化的挑战，中国人不得不面对前所未有的变局和异域文化。西方列强的入侵动摇了中国传统的小农经济基础，腐朽的清政府统治也变得岌岌可危，从洋务运动、维新变法再到辛亥革命，都没能改变中国受人宰割的局面。于是，各种思想主张活跃起来，不断涌现，造成了新文化运动之势，对传统文化进行激烈批判。文化向现代化的转型成为势所必然。新文化运动中，中国人始终在中西古今之间纠缠。在各种论争中，中国并未实现独立自强，反而在半殖民地半封建的泥潭中越陷越深。尤其是在"第一次世界大战"中，中国先进的知识分子看到了西方资本主义的弊端，结果陷入两难：一方面，西方文化是要肯定和学习的，它是现代化的代表，但是它又是侵略者，又是要否定的；另一方面，中国文化是要否定的，它代表了落后，但是在感情上又要肯定它。出路何在？如何实现民族独立和人民解放这两大历史任务以推动社会进步？答案就是以马克思主义——这种"西方的反西方主义"为理论武器，实现中国传统文化现代化。

用先进理论推进文化现代化，主要取决于掌握先进理论的主体和先进理论本身对民族文化传统的契合与超越两个方面。主体方面，掌握先进理论的主体必须在国家发展中发挥主导作用，因为少数人的理论主张不可能推进文化现代化；理论本身方面，先进理论需要契合民族文化传统而又超越民族文化传统。只有这两个条件都满足，才能对旧文化进行改造，形成新文化。马克思主义作为科学理论，传入中国后使中国文化的面貌焕然一新。主体方面，作为舶来品的马克思主义在中国得到广泛传播并迅速被中国先进分子接受，产生了以马克思主义为指导思想的政党——中国共产党。原因在于：空前的民族危机和国内工人阶级的不断壮大，"第一次世界大战"的破坏性影响使人们看到了资本主义的弊端。与此相对，俄国十月革命成功的示范性影响，使人们认识到了马克思主义的力量。从马克思主义本身看，马克思主义自身具有科学性和革命性，马克思主义批判了资本主义社会、揭示了社会发展的规律，是被压迫的广大无产阶级的理论武器。从文化上来看，中国传统文化与马克思主义之间存在着相似或相通之处，容易引起共鸣。

首先，中国传统文化中有追求大同的社会理想。《礼记·礼运》中所记载的"天下为公"的平等、友爱、和谐的"大同"理想，近代以来的太平天国运动提出的"天朝田亩制度"、康有为的《大同书》和孙中山的"三民主义"，实际上都源于大同理想的追求。大同社会理想不同于西方文化中的追求"天国"，大同理想是世俗的而非宗教的，是入世的而非出世的。相比较而言，马克思主义虽然产生于西方，但与西方基督教文化不同，它所追求的最终目标是实现共产主义，实现人的解放；它注重实践性。这就与中国传统文化的大同理想相通，因而两者在追求理想社会的实践基础上能够发生"视界融合"。中国共产党的实践使共产主义理想改造了大同理想，成为中国共产党的奋斗目标。

其次，中国传统文化的社会价值结构模式是以共同体的家、国为本位的，它突出强调个人对家、国等价值群体的认同和无条件的服从，重视群体价值，提倡集体主义和爱国主义精神。马克思主义强调的是人的社会性，与西方个人本位的价值取向不同。他认为，"人的本质不是单个人所固有的抽象物，在其现实性上，它是一切社会关系的总和"，"只有在共同体中，个人才能获得全面发展其才能的手段，也就是说，只有在共同体中才可能有个人自由"[①]；"全世界无产者联合起来"是人类解放的重要条件。尽管马克思主义的集体主义意识同中国传统文化的国家本位思想存在根本性的区别，但是在强调个人归属于社会共同体及其群体意识方面却具有内在的相通之处。

最后，中国传统文化强调"经世致用"。这形成了重"实事求是""躬行践履""通经致用"的价值取向。这与马克思主义中强调实践的观点和改造世界的观点相通。此外，中国传统哲学中丰富的辩证法思想，如《易经》中讲的"阴阳""易变"，老子思想中的对立统一辩证法，"有无相生，难易相成，长短相较""万物负

[①] 《马克思恩格斯选集》第1卷，人民出版社1995年版，第60、119页。

阴而抱阳，冲气以为和"以及"福兮祸之所伏，祸兮福之所倚"，等等，与马克思主义的唯物辩证法思想相通。这使中国先进的知识分子易于接受马克思主义的唯物辩证法，使中国的劳苦大众也善于接受从实际出发的马克思主义。

正如毛泽东所说："自从中国人学会了马克思列宁主义以后，中国人在精神上就由被动转入主动。从这时起，近代世界历史上那种看不起中国人，看不起中国文化的时代应当完结了。"① 自从有了马克思主义的指导，中华文化进行着自我"淘洗"，真正开始走向现代化。

（二）科学理论是重要的文化软实力

文化软实力是指一个国家或地区基于文化而具有的创新力、凝聚力和传播力，以及由此而产生的感召力和影响力。文化软实力是一个国家综合实力的重要内容。当今世界，思想文化交流交融交锋，复杂多样多变，文化软实力在国家发展中的作用更加凸显，对于维护国家文化安全、增强民族凝聚力、树立国家形象、提高国际影响力具有越来越重要的作用。提升文化软实力的重要方面是强化意识形态的话语权，而文化话语权是意识形态话语权的重要方面。正如萨义德所说："文化成了一种舞台，上面有各种各样的政治和意识形态势力彼此交锋。文化决非什么心平气和、彬彬有礼、息事宁人的所在；毋宁把文化看作战场，里面有各种力量崭露头角，针锋相对。显然，各个国家，美国也好，法国也好，印度也好，都教育自己的学生将自己国家的文化经典置于其他国家的文化经典之上，让他们不加思考地喜爱和捍卫本国文化传统，对于外国文化则加以贬低和排斥。"② 可见，掌握文化话语权是国家主流意识形态凝聚力和影响力的重要标志。所谓文化

---

① 《毛泽东选集》第 4 卷，人民出版社 1991 年版，第 1516 页。
② ［美］爱德华·萨义德：《文化与帝国主义》，《马克思主义与现实》1999 年第 4 期。

话语权是指"一个国家自主提出、表达、传播本国文化话语、维护本国文化安全、主导本国文化发展、维护本国文化权益和根本利益的权利和权力"①。掌握文化话语权的关键是增强理论的解释力和认同度，而且尽可能反映主体意愿，这就要发挥科学理论的重要作用。科学理论是人类认识长期发展的总结，是在实践经验的基础上经过思维加工而形成的具有严密逻辑结构的学说体系，在反思过去经验中洞悉未来发展，发挥着"猫头鹰"和"雄鸡"的作用，能够为人们正确理解文化的本质、民族文化的内涵和地位、促进文化交流传播等方面提供世界观、价值观和方法论的指导，能够使人们树立正确的认知、提升文化自信和文化自觉，能够增强民族文化的可接受度和亲和力。中国特色社会主义是科学理论，是当代中国的主流意识形态，在多元文化中处于主导地位。当代中国化的马克思主义的理论力量集中体现在把马克思主义中国化与中国优秀传统文化结合起来，凝练出全社会的核心价值观，有效引导舆论，扩大社会共识，掌握意识形态话语权，进而增强文化软实力。

由上可知，作为一个社会主义大国的执政党，中国共产党肩负着重要的文化使命。一方面要发挥文化对社会发展的积极作用，促进社会现代转型；另一方面要增强文化自觉，推进理论创新，增强中华民族的文化认同和政治认同，使文化与理论相得益彰。

第三节 中国特色社会主义的文化特征

中国特色社会主义形成于改革开放的实践中，是在新的历史条件下中国共产党集体智慧的结晶。以邓小平、江泽民、胡锦涛和习近平为代表的中国共产党人在不同阶段上，以各自的理论创造对中

---

① 骆郁廷、史姗姗：《论意识形态安全视域下的文化话语权》，《思想理论教育导刊》2014年第4期。

国特色社会主义理论体系做出了贡献,体现出高度的文化自觉。费孝通先生认为,文化自觉是指,"生活在一定文化中的人对其文化有'自知之明'……自知之明是为了加强对文化转型的自主能力,取得决定适应新环境、新时代文化选择的自主地位"①。文化自觉是一种内在的精神力量,是对文明进步的强烈向往和不懈追求。一个政党的力量,很大程度上取决于文化自觉的程度。② 中国共产党人有着强烈的文化自觉与历史担当,这体现在党的创新理论中,使中国特色社会主义呈现出鲜明的文化特征。

一 崇高的社会理想和价值观

中国共产党人为共产主义理想而奋斗,最终目标是实现人的解放。社会发展是过程性与阶段性的统一,中国共产党把远大理想与共同理想、最高纲领与最低纲领结合起来。在社会主义初级阶段,中国共产党的奋斗目标和任务是实现中华民族伟大复兴。在推进中华民族伟大复兴的进程中,中国共产党坚持以人为本的核心立场,不断促进人的全面发展。

首先,民族复兴的远大目标。中国特色社会主义不是凭空产生和发展的,而是中国历史发展的必然,它承继了中华民族5000多年的文明史、近代中国人民170多年的抗争史和中国共产党90多年的奋斗史,饱含中华民族的光荣与梦想,其最高理想是实现共产主义,现阶段目标是把中国改造成为一个现代化的国家,实现中华民族的伟大复兴。正如十八大报告中指出的:实现社会主义现代化和中华民族伟大复兴是建设中国特色社会主义的总任务。作为马克思主义中国化的理论成果,毛泽东思想和中国特色社会主义理论体系的目标都是为了实现现代化。正如美国学者施拉姆所说:"许多

---

① 费孝通:《文化与文化自觉》,群言出版社2010年版,第195页。
② 云杉:《文化自觉 文化自信 文化自强——对繁荣发展中国特色社会主义文化的思考》(上),《红旗文稿》2010年第15期。

事情说明,当今邓小平的中国和 20 年前毛泽东的中国有了不同,但是有一件事一点也没改变:为寻求一条现代化的道路而向西方学习,特别是向马克思主义学习,同时又保留中国的特色,他们都是以此为目标。"[1] 这也是一以贯之的。正如邓小平所说:"从许多方面来说,现在我们还是把毛泽东同志已经提出、但是没有做的事情做起来,把他反对错了的改正过来,把他没有做好的事情做好。今后相当长的时期,还是做这件事。当然,我们也有发展,而且还要继续发展。"[2] 历史条件发生了变化,但中国共产党为实现现代化与民族复兴的目标没有变。邓小平以务实精神和世界眼光洞悉世界现代化发展大势。他早年有在法国勤工俭学的经历,了解西方现代工业文明,他在改革开放之初到国外访问考察,比较之下,他认识到中国还很落后,提出中国还处在并将长期处在社会主义的初级阶段,是不够格的社会主义,认为这是中国最大的国情。勇于承认自己落后,就要不失时机地奋起直追,党的十三大上制定了党在社会主义初级阶段的基本路线,邓小平强调,这条"基本路线要管一百年,动摇不得"[3]。他还提出,社会主义初级阶段是一个相当长的历史时期,需要几代人、十几代甚至几十代人不懈努力。邓小平具有世界眼光,认识到当今的世界是开放的世界,现代化是大势所趋,认为中国不能再置于闭关锁国的状态了,必须坚定实行改革开放,以开放的姿态融入世界发展潮流,只有"大胆吸收和借鉴人类社会创造的一切文明成果,吸收和借鉴当今世界各国包括资本主义发达国家的一切反映现代社会化生产规律的先进经营方式、管理方法"[4],才能更好地发展自己。中国共产党又提出了全面建设小

---

[1] [美]施拉姆:《毛泽东的思想》,田松年、杨德等译,中国人民大学出版社 2005 年版,第 227 页。
[2] 《邓小平文选》第 2 卷,人民出版社 1994 年版,第 300 页。
[3] 《邓小平文选》第 3 卷,人民出版社 1993 年版,第 370—371 页。
[4] 同上书,第 373 页。

康社会、中等发达国家水平、"中国梦",都是对民族复兴目标的不同表达。习近平总书记刚一上任就提出了"中国梦"理念,向世界宣告中国要实现国家富强、民族振兴和人民幸福,很快便引起国内外热议。法国前总理让－皮埃尔·拉法兰认为,中国梦是和谐之梦、和平之梦、发展之梦,中国国内和国际社会都期待中国在未来全球治理中扮演重要角色。① 约翰·奈斯比特认为,"中国梦"对世界具有吸引力,"中国梦"追求的终极目标不仅是经济发展,更是一种振奋人心的精神力量。② 约瑟夫·奈在接受《环球人物》杂志访问时说:"中国新一届的领导人的确是比较好的说故事的人,最近提出的'中国梦',就非常具有吸引力。"③ 民族复兴这一理想目标,不同时期的表达不同,但内涵一致,蕴含着中华民族的价值取向、精神气质和思维方式,体现了中国人的自尊自信。

其次,"以人为本"的崇高追求。"以人为本"是中国特色社会主义的基本价值取向,显示了中国共产党的为民情怀。文化本质在于"人化"和"化人",人的问题是文化的中心问题。如何看待人,古今中外都有不同的理解。马克思主义或共产主义是关于人的解放的学说,中国特色社会主义的基本价值取向是以人为本,主张改善民生、重视精神文明、提高民族素质、促进人的发展。

邓小平强调发展生产力提高人民生活水平。邓小平具有爱国亲民的情怀。他终生奋斗都是为了国家富强和人民幸福,他在政治上"三起三落",屡遭波折却从未改变自己的信念,始终以国家和党的事业为重。1981 年 2 月 14 日,他在为英文版的《邓小平副主席文集》所写的序言中写道:"我是中国人民的儿子。我深情地爱着

---

① 转引自周文华《海外学者眼中的"中国梦"》,《中国政法大学学报》2013 年第 5 期。

② [美] 约翰·奈斯比特:《"中国梦"对世界具有吸引力》,《中国社会科学报》2013 年 3 月 29 日第 A07 版。

③ 黄滢:《软实力之父约瑟夫·奈接受本刊专访 中国领导人是讲故事高手 习近平提出的"中国梦"非常具有吸引力》,《环球人物》2013 年第 34 期,第 45 页。

我的祖国和人民。""文化大革命"使国家经济到了崩溃的边缘，人民生活水平普遍低下，这种局面使邓小平十分忧虑，他大声疾呼，"再不实行改革，我们的现代化事业和社会主义事业就会被葬送"①！邓小平提出党的一切工作，都要把群众"答应不答应""高兴不高兴""满意不满意""拥护不拥护"作为检验标准。他充分尊重群众的物质利益，邓小平指出："如果只讲牺牲精神，不讲物质利益，那就是唯心论。"② 他说："坚持社会主义，首先要摆脱贫穷落后状态，大大发展生产力，体现社会主义优于资本主义的特点。"③ 他把共同富裕作为体现社会主义本质的重要内容，让全体人民都富裕起来。

建设社会主义精神文明促进人的发展。改革开放以来，在人民生活水平迅速提高的同时，有的人精神世界变得空虚，价值观多样但主流价值观缺失，拜金主义、贪污腐败、道德失范现象滋生，邓小平认识到精神文明关涉现代化建设和民族振兴，他告诫全党："不加强精神文明的建设，物质文明的建设也要受破坏，走弯路。光靠物质条件，我们的革命和建设都不可能胜利。"④ 他说："风气如果坏下去，经济搞成功又有什么意义？会在另一方面变质，反过来影响整个经济变质，发展下去会形成贪污、盗窃、贿赂横行的世界。"⑤ 他把精神文明建设纳入现代化建设的战略框架之内，提出"两手抓"，物质文明和精神文明都要搞好。他说："在社会主义国家，一个真正的马克思主义政党在执政以后，一定要致力于发展生产力，并在这个基础上逐步提高人民的生活水平。这就是建设物质文明。过去很长一段时间，我们忽视了发展生产力，所以现在我们要特别注意建设物质文明。与此同时，还要建设社会主义的精神文

---

① 《邓小平文选》第 2 卷，人民出版社 1994 年版，第 150 页。
② 同上书，第 146 页。
③ 《邓小平文选》第 3 卷，人民出版社 1993 年版，第 224 页。
④ 同上书，第 144 页。
⑤ 同上书，第 154 页。

明,最根本的是要使广大人民有共产主义的理想,有道德,有文化,有纪律。"① 邓小平认识到社会主义不仅要物质文明,而且要精神文明,他说:"我们要在建设高度物质文明的同时,提高全民族的科学文化水平,发展高尚的丰富多彩的文化生活,建设高度的社会主义精神文明。"② 邓小平同志从发展社会主义的高度提出要"两手抓",两手都要硬,他认为两个文明建设都搞好,才是社会主义。

精神文明建设说到底是人的问题,培养什么样的人是精神文明建设的根本问题。培养人的活动是教育的本质所在,在发展教育方面,邓小平提出了教育要"面向现代化、面向世界、面向未来"。教育目标与精神文明建设的目标具有一致性,邓小平指出:"搞社会主义精神文明,主要是使我们的各族人民都成为有理想、讲道德、有文化、守纪律的人民。"③ 提高人们的思想道德素质和科学文化素质,使每个人都具有理性仁爱、昂扬向上的精神风貌。他从国家的前途和命运、社会主义事业兴衰的高度重视青年问题,在青年中提倡勤奋学习、遵守纪律、热爱劳动、艰苦奋斗的精神,总结出了"五讲四美三热爱",作为道德标准。他还提出"尊重知识,尊重人才"④,造就宏大的知识分子队伍和高素质科技人才。总之,使每一个中国人都成为有理想、有道德、有文化、有纪律的人,才能有底气说中华民族大有希望。

江泽民也同样重视促进人的发展。全面建设小康社会和实现现代化需要大量高素质的专门人才,需要人的思想觉悟和精神状态不断提升。1994 年,江泽民在全国宣传思想工作会议上,提出以科学的理论武装人,以正确的舆论引导人,以高尚的精神塑造人,以优秀的作品鼓舞人,提高人们的思想道德素质和科学文化素质。江

---

① 《邓小平文选》第 3 卷,人民出版社 1993 年版,第 28 页。
② 《邓小平文选》第 2 卷,人民出版社 1994 年版,第 208 页。
③ 同上书,第 408 页。
④ 同上书,第 41 页。

泽民提出了科教兴国战略,把经济发展奠定在科技进步和劳动者素质提高之上,这是经济发展乃至社会进步的长久之计。江泽民敏锐洞察世界教育发展前沿,认识到把中国这样一个人口大国变成人力资源强国,需要树立终身教育、终身学习的理念,建设学习型社会。十六大报告明确指出:"形成全民学习、终身学习的学习型社会,促进人的全面发展。"① 在学习中促进人的发展,丰富了以人为本的内涵。

"以人为本"是科学发展观的核心。以胡锦涛为代表的中国共产党人首次将以人为本作为科学发展观的核心。"以人为本"中的"人"指的是人民群众,包括每一个社会成员,享有法律规定的各项权利。以人为本中的"本"是出发点和归宿,中国共产党的路线方针政策代表人民利益,反映人民意愿,坚持全心全意为人民服务的宗旨。科学发展观的基本要求是全面、协调、可持续,认为发展保持全面性、协调性和可持续性有利于人的自由全面发展。反之,如环境恶化,损害的是人的健康;又如社会成员在收入、教育方面的过大差距,经济与社会发展之间的不平衡则影响到人的基本权利的实现,不利于人的发展。以人为本不同于维护封建专制的民本思想,也不同于与封建神权主义相对的人本主义,实现了对传统文化与西方现代文化的超越。

社会主义核心价值观是促进人的发展的精神标尺。习近平深刻认识到一个民族的文化自信来源于深入人心的核心价值观,核心价值观是一个民族在世界舞台站稳脚跟的文化基础,他要求"把培育和弘扬社会主义核心价值观作为凝魂聚气、强基固本的基础工程"②。在一个成熟稳定的社会中,核心价值观是人的言行的道德标杆和精神标尺,体现着民族素质和人的发展状况。党的十八大提出了"三个倡导",包括倡导富强、民主、文明、和谐,倡导自

---

① 《江泽民文选》第3卷,人民出版社2006年版,第543页。
② 《习近平谈治国理政》,外文出版社2014年版,第163页。

由、平等、公正、法治，倡导爱国、敬业、诚信、友善，积极培育和践行社会主义核心价值观。2013年12月，中共中央办公厅印发《关于培育和践行社会主义核心价值观的意见》，明确指出了"三个倡导"中的12个词，就是社会主义核心价值观的内容，分别是对国家层面、社会层面和个人层面的规定。《意见》还明确指出：社会主义核心价值观是社会主义核心价值体系的内核，两者是密切相连的，前者是后者的进一步提炼。这样做使得社会主义核心价值观比较简练，容易记诵和传播，内涵也可以不断丰富，有利于形成社会共识。习近平指出培育和践行社会主义核心价值观，需要发挥中华传统美德和榜样的作用，从娃娃抓起。2014年5月4日，他到北京大学视察，与师生座谈的主题就是社会主义核心价值观，对青年学子寄予期望，勉励大家努力做到勤学、修德、明辨、笃实，并指出培养和弘扬社会主义核心价值观最终目的是要把核心价值观融入我们的生活，成为大家的习惯，起到促进人的发展的作用。

二 深沉的民族精神和鲜明的民族风格

中国特色社会主义的产生与发展凝结了全党全国各族人民的智慧、精神和力量，体现了中华民族的风格和气派。

首先，中国特色社会主义洋溢着民族精神。民族精神是民族文化的精髓，是指一个民族在长期历史发展中形成的、社会成员普遍认同和共同遵守的思想观念、心理特征、价值取向和思想方式等因素的总和。中华民族在5000多年的历史发展中形成了以爱国主义为核心的民族精神，集中体现为爱好和平、团结统一、勤劳勇敢、自强不息的人民品格。理论与民族精神相结合，有利于增强理论的感染力和感召力，相反，违背民族精神的理论是没有群众基础的。中华民族精神中的爱国、和平、自强等内容，为马克思主义中国化和中国特色社会主义确立了价值导向。中国共产党高扬爱国主义旗帜，提出和平崛起、独立自主、走和平发展道路，充分发挥民族精神所具有的组织、动员、教育民众的作用。习近平重视精神的巨大作用，认识到民族精神对一个民族兴旺发达的重要作用，提出实现"中国梦"需要"中国精神"。他指出："实现中国梦必须弘扬中国精神。这就是以爱国主义为核心的民族精神，以改革创新为核心的时代精神。这种精神是凝心聚力的兴国之魂。"[1] 这是全民族的"精气神"。大力弘扬中国精神，挖掘中华文化中的思想精华，如家国情怀、浩然正气、献身精神等精神的继承和发扬；弘扬中华传统美德，及时总结、大力宣传社会上涌现的好人好事，树立道德楷模，引导社会风尚，引导人们树立正确价值观，激发社会的正能量；继承发扬革命精神和创业精神，坚定理想信念，补足精神之"钙"，增强艰苦奋斗的自觉性，使中国特色社会主义获得广泛的价值认同。

其次，中国特色社会主义具有开放包容的民族文化气质。中华文化具有开放包容的特点，古人云："海纳百川，有容乃大。"老子讲："知常容，容乃公，公乃王，王乃天，天乃道，道乃久。"[2] 比如对外域文化中佛教的吸纳，形成了独具中国特色的禅宗。古人对"中国"的理解不是以地域为标准而是以伦理为标准，中华民族融合了诸多少数民族，价值基础是尊奉共同的伦理道德，这些并没有改变中华民族的民族特性，反而造就了中华民族的民族特性。中国特色社会主义中的和谐、实事求是、独立自主、以人为本等理念，会通"中—西—马"的思想精华，又赋予其科学的时代内涵，体现出中华民族的价值取向、精神气质和思维方式。

最后，理论表达带有浓郁的民族风格。中国特色社会主义的理论表达大多采用符合本民族习惯用法的语言。例如，用"实事求是""与时俱进""求真务实"来概括党的思想路线的精髓；用

---

[1] 中共中央文献研究室编：《习近平关于实现中华民族伟大复兴的中国梦论述摘编》，中央文献出版社2013年版，第35页。

[2] 《道德经·第十六章》。

"小康社会"来明确中国特色社会主义的奋斗目标;用"一个中心,两个基本点"来表述党的基本路线的核心思想;用"三个代表"来体现社会主义建设和党的建设的统一;用"社会和谐"来引导社会建设和民生改善;等等。这些都反映了当代马克思主义立足民族文化的深厚土壤,呈现出浓郁的民族特征。中国特色社会主义作为中国十多亿人民的共同思想基础,要求理论表达的大众化。实现理论表达的大众化一定需要汲取民族文化的营养,使理论表达通俗化、生活化。早在20世纪30年代的新启蒙运动中,艾思奇就写了《大众哲学》,推动马克思主义哲学的通俗化和大众化。陈唯实在《通俗辩证法讲话》中也指出了唯物辩证法要"具体化、实用化,多引例子或问题来证明它。同时语言要中国化、通俗化,使听者明白才有意义"[①]。中国共产党提出了马克思主义大众化的命题,就是使理论面向民众,把马克思主义理论以新鲜活泼、人民群众喜闻乐见的形式,用通俗易懂的语言说明白、讲清楚,提高人民群众的思想觉悟和行动自觉。例如,利用广为流行的群众语言对道理进行阐发,如"猫论""摸着石头过河"说明改革需要开拓创新,"两条腿走路"说明物质文明与精神文明相协调,要看群众"高兴不高兴、赞成不赞成、拥护不拥护、答应不答应"来解释群众路线,等等。还可以引用传统的格言警句、群众耳熟能详的历史典故说明理论问题,如四大名著中的故事,《老子》《左传》《礼记》等典籍中的成语,这有利于民众对党的路线、方针、政策的理解。

三 科学的指导思想和理论基础

中国特色社会主义作为引领当代中国发展的旗帜,其立论必然建立在先进和科学的基础之上。马克思列宁主义是中国特色社会主义的根本指导思想,毛泽东思想是中国特色社会主义的直接指导思

---

① 陈唯实:《通俗辩证法讲话》,上海新东方出版社1936年版,第7页。

想。马克思列宁主义和毛泽东思想包含着具有普遍意义的原理、原则和科学方法,是中国共产党永远的宝贵精神财富。

马克思列宁主义是中国特色社会主义的根本指导思想。马克思主义是人类科学文明发展的结晶,是在实践基础上的科学性与革命性的统一,是工人阶级的理论武器。马克思主义诞生于19世纪,是在批判现代资本主义中逐渐形成的科学理论。马克思主义批判继承了德国古典哲学、英国古典政治经济学和科学社会主义的精华。在系统深入研究资本中发现了剩余价值这个资本家剥削工人的秘密。在批判费尔巴哈和黑格尔哲学中创立了唯物史观,把唯物主义和辩证法结合起来,把唯物主义贯彻到了历史领域,体现了理论的彻底性。这就把社会主义建立在了科学的基础之上。马克思主义在批判旧世界中发现新世界,指出资本主义的固有矛盾决定了共产主义必将取代资本主义,同时资本主义的发展也产生了自己的掘墓人——无产阶级。新社会将在无产阶级手中实现。正如列宁指出:"马克思学说具有无限力量,就是因为它正确。它完备而严密,它给人们提供了决不同任何迷信、任何反动势力、任何为资产阶级压迫所作的辩护相妥协的完整的世界观。"[1] 马克思主义的整体性和彻底性,体现在每一部分以及部分的内部结构是由一系列概念、范畴所构成的"一块整钢"。列宁指出:"在这个由一整块钢铸成的马克思主义哲学中,决不可去掉任何一个基本前提、任何一个重要部分,不然就会离开客观真理,就会落入资产阶级反动谬论的怀抱。"[2] 列宁主义诞生在19世纪末20世纪初,资本主义进入了垄断阶段,出现了新的特征。列宁主义是马克思主义在俄国的具体运用,由于"十月革命"而又具有了国际意义。斯大林把列宁主义评价为:"帝国主义时代和无产阶级革命时代的马克思主义。确切

---

[1] 《列宁专题文集·论马克思主义》,人民出版社2009年版,第67页。
[2] 《列宁专题文集·论辩证唯物主义和历史唯物主义》,人民出版社2009年版,第112页。

些说,列宁主义一般是无产阶级革命时代的理论和策略,特别是无产阶级专政的理论和策略。"① 从历史上看,马克思主义在中国的早期传播与新中国成立之初的社会主义建设,很大程度上是列宁主义的理论,比如帝国主义论、无产阶级革命理论、无产阶级专政理论、无产阶级政党理论以及落后国家社会主义建设理论等。改革开放以来,中国共产党在指导思想上始终坚持马克思列宁主义。邓小平明确指出:"我们搞改革开放,把工作重心放在经济建设上,没有丢马克思,没有丢列宁,也没有丢毛泽东。老祖宗不能丢啊!"②马克思列宁主义成为中国特色社会主义的根本指导思想。

毛泽东思想是中国特色社会主义的直接指导思想。毛泽东思想是马克思主义与中国实际相结合的理论成果,即马克思主义中国化的第一个理论成果。恩格斯在《社会主义从空想到科学的发展》一文中指出:"为了使社会主义变为科学,就必须首先把它置于现实的基础之上。"③ 毛泽东思想之所以是科学的,就在于它是在中国革命和建设实践中产生的,是在回答中国问题中形成的,中国革命的成功和社会主义建设取得的成就得益于毛泽东思想的指导。1981年,党的十一届六中全会通过的《关于建国以来党的若干历史问题的决议》中对毛泽东思想做了科学定义,指出:"毛泽东思想是马克思列宁主义在中国的运用和发展,是被实践证明了的关于中国革命和建设的正确的理论原则和经验总结,是中国共产党集体智慧的结晶。"④ 毛泽东思想为中国特色社会主义的奠基之作,是中国特色社会主义的直接指导思想。

中国特色社会主义与马克思主义、毛泽东思想是既一脉相承又与时俱进的,把继承与创新有机结合,体现出鲜明的时代特色。马

---

① 《斯大林选集》(上卷),人民出版社1979年版,第185页。
② 《邓小平文选》第3卷,人民出版社1993年版,第369页。
③ 《马克思恩格斯选集》第3卷,人民出版社1995年版,第732页。
④ 《十一届三中全会以来重要文献选读》(上),人民出版社1987年版,第527页。

克思主义唯物辩证法科学揭示了万事万物运动变化的规律，唯物史观则揭示了社会发展的规律。毛泽东成功探索出了中国革命的道路，形成了毛泽东思想。改革开放以来，逐渐形成了中国特色社会主义理论体系。中国特色社会主义理论体系坚持马克思主义的基本原理，继承发扬党的优良传统，遵循党的基本思想原则，善于学习当今世界科学理论成果，在新的实践中认识真理和发展真理，把经过实践检验的科学理论作为行动指南。总之，中国特色社会主义是以科学理论为指导的，是先进性与科学性的统一。

四　理性务实的思想方法和思想路线

中国共产党运用科学的世界观和方法论观察、分析、解决问题。这个世界观和方法论就是历史唯物主义和辩证唯物主义。中国共产党运用的根本方法是马克思主义中国化，思想路线是实事求是。

马克思主义中国化始终是中国共产党理论创造的基本原则和方法。马克思主义的哲学基础是辩证唯物主义和历史唯物主义，其中，具体问题具体分析是"马克思主义的精髓，马克思主义的活的灵魂"[①]，矛盾的观点和实践的观点是马克思主义哲学的基本观点。历史唯物主义认为，社会存在决定社会意识。人类社会是在社会基本矛盾的推动下，不断从低级到高级发展的。人民群众是历史的创造者。毛泽东强调从中国实际出发，对马克思主义的基本原理做具体分析和运用。他在《矛盾论》和《实践论》中对马克思主义哲学基本原理做了系统阐发。他在分析中国国情时，自觉运用马克思主义的阶级分析法、比较研究法、矛盾分析法等科学方法来论述中国革命的战略和策略问题。在社会主义建设中，毛泽东特别注重调查研究，充分发挥主观能动性，提出办事情要做到"情况明、方法对、决心大"，这个方法就是马克思主义方法论。邓小平筹划

---

① 《列宁专题文集·论马克思主义》，人民出版社 2009 年版，第 293 页。

中国的改革开放也善于运用辩证唯物主义的基本原理，整体上由点到面逐渐铺开，从搞经济特区到全面对外开放。他提出了"三步走"战略、"两个大局"、农业发展的"两个飞跃"等战略思想，推进了改革开放事业的顺利发展，也创新了中国化的马克思主义理论。

全面深化改革中自觉运用理性务实的思维方法。习近平强调自觉贯彻辩证唯物主义和历史唯物主义，体现在要有战略思维、辩证思维、系统思维、创新思维、底线思维。[①]

树立战略思维，胸怀大局、把握大势、着眼大事。加强战略思维，就是从大处着眼去分析情况审视问题，提高宏观驾驭能力。习近平指出，全面深化改革是立足国家整体利益、根本利益、长远利益进行部署的。"不谋全局者不足以谋一域，不谋万世者不足以谋一时"，"站得高才能看得远"，科学准确的战略判断和审时度势的战略抉择，强化战略思维，增强战略定力，才能为改革迎来柳暗花明。具体说来，战略方向上坚定中国特色社会主义道路不动摇。战略目标上则需从实现社会主义现代化和中华民族伟大复兴的高度，为了实现"两个一百年"目标去自觉推进改革。在战略步骤上既要大胆迈步，又要审慎前进。习近平指出：推进改革事业，既要胆子大又要步子稳。胆子要大，就是改革再难也要向前推进，敢于担当，敢于啃硬骨头，敢于涉险滩。步子要稳，就是方向一定要准，行驶一定要稳，尤其是不能犯颠覆性错误。

树立辩证思维，坚持马克思主义唯物辩证法的方法论原则。首先，一分为二看问题。其次，分清主次抓关键。习近平指出，搞改革要有强烈的问题意识，以重大问题为导向，抓住重大问题、关键问题进一步研究思考，找出答案，着力推动解决我国发展面临的一系列突出矛盾和问题。最后，透过表象找规律。不断在实践中探索改革的规律。把注重顶层设计与"摸着石头过河"结合起来，提

---

① 陶文昭：《习近平改革五大思维》，《人民论坛》2013年第36期。

高改革的科学性、前瞻性和创造性。

树立系统思维。注重改革的系统性、整体性和协同性。当前，经济全球化快速发展，国际竞争更加激烈，国际形势复杂多变，国内利益格局深刻变化，人们的思想观念多元多样多变，影响"改革函数"的自变量在增多，系统中的各个层级、各个要素及其相互关系，大数据时代的政府行为，信息化条件下的社会治理等新情况新问题都在考验执政党的政治智慧，需要统筹谋划，协同推进。发挥整体功能，既要从大处着眼，又要从小处着手。正如习近平指出，弄清楚整体政策安排与某一具体政策的关系、系统政策链条与某一政策环节的关系、政策顶层设计与政策分层对接的关系、政策统一性与政策差异性的关系、长期性政策与阶段性政策的关系，既不能以局部代替整体，又不能以整体代替局部；既不能以灵活性损害原则性，又不能以原则性束缚灵活性。

鼓励创新思维，面对新问题、复杂问题出实招想妙法。创新是改革的动力，也是改革的生命力所在，邓小平在南方谈话时就强调，"看准了的，就大胆地试，大胆地闯……没有一点闯的精神，没有一点'冒'的精神，没有一股气呀、劲呀，就走不出一条好路，走不出一条新路，就干不出新的事业"[①]。江泽民曾指出："创新是一个民族进步的灵魂，是一个国家兴旺发达的不竭动力，也是一个政党永葆生机的源泉。"[②] 创新拒绝墨守成规、照搬照抄，摒弃脱离实际、不讲效果。以创新思维全面深化改革，就要坚决破除妨碍改革发展的那些思维定式，破除各方面体制机制弊端，释放改革活力。另外，大胆创新，出现失误是难以避免的，鼓励创新，要有宽容失败的胸怀和境界。

坚守底线思维，未雨绸缪防范改革风险。坚守底线思维，就是要认识和把握好事物存在和发展的"度"，科学预测事物在矛盾作

[①]《邓小平文选》第3卷，人民出版社1993年版，第372页。
[②]《江泽民文选》第3卷，人民出版社2006年版，第64页。

用的推动下从量变到质变的总体发展态势和受某些不利因素影响可能发生逆转的可能性。习近平指出：要善于运用底线思维的方法，凡事从坏处准备，努力争取最好的结果，做到有备无患、遇事不慌，牢牢把握主动权。马克思主义唯物辩证法坚持"两点论"，就是既看到改革的机遇，又考虑到改革可能出现的风险和挑战，这就要求树立改革的风险意识、成本意识、忧患意识和责任意识。底线思维需要考虑改革可能遇到的风险，估算可能出现的最坏情况，对可能出现的最糟糕情况做出评估，"在最坏的可能性上建立我们的政策"[1]，从而做到处变不惊。改革如"逆水行舟，不进则退"，针对不同阶段、不同领域改革的共性和差异性，不同利益主体对改革的承受力，都需要我们认真思考、小心求证，以平衡改革的力度、发展的速度与社会可承受的程度，从而在稳定的社会环境中推进改革，不至于出现颠覆性错误。治理措施的出台侧重于防范负面因素、堵塞管理漏洞、防止社会动荡。

中国特色社会主义理论蕴含着实事求是的理性态度和务实的价值取向。实事求是是毛泽东思想和中国特色社会主义理论体系的精髓，也是中国共产党进行理论创新和推动实践发展的规律和法宝，体现了中国共产党人的品格与做派。在新的历史条件下，实事求是精神又拓展和引申为解放思想、与时俱进和求真务实，其核心思想和思维方式是务实。面向中国问题，一切理论都是用来解决问题的，不解决问题的理论必然被抛弃。务实是中国文化的重要特征，李泽厚先生提出实用理性是中国文化心理结构的主要特征，他认为：中国人"善于用清醒的理智态度去对付环境，吸取一切于自己现实生存和生活有利有用的事物或因素，舍弃一切已经在实际中证明无用的和过时的东西，而较少受情感因素的纠缠干预。这是因为实用理性不是宗教，它没有非理性的信仰因素和情感因素，来阻碍自己去接受外来的异己的事物并摒弃本身原有的东西。正因为

---

[1] 《毛泽东文集》第 3 卷，人民出版社 1996 年版，第 388 页。

此，中国文化传统在某种意义上，倒是最能迅速地接受、吸取外来文化以丰富、充实和改造自己的"[1]。空谈误国，实干兴邦，面向实践是中国特色社会主义保持生机与活力的永恒源泉。毛泽东思想、邓小平理论、"三个代表"重要思想、科学发展观、和谐社会、"中国梦"等理论都是面向中国实际问题，在解决革命、发展、党的建设等问题中产生的，也是在吸收一切先进文化成果的基础上产生的。毛泽东说过："对于马克思主义的理论，要能够精通它、应用它，精通的目的全在于应用。"[2] 邓小平也说："学马列要精，要管用的。"[3] 习近平也指出："我们中国共产党人干革命、搞建设、抓改革，从来都是为了解决中国的现实问题。"[4] 有学者指出："中国共产党人所做的一切，就是根据社会历史发展规律不断解决中国的现实问题，谋求发展，让人民更加幸福、更有尊严，促进人的自由全面发展。"[5] 可见，中国特色社会主义不是空洞的教条，不是自说自话，也不是纯粹的逻辑思辨，而是面向问题提出自己的主张，是在解决问题的实践中丰富自己的理论。

第四节　中国特色社会主义文化底蕴的意义

中国特色社会主义具有丰厚而坚实的文化底蕴，这对于中国共产党和中国的发展都具有重要意义。对中国来讲，有利于增强国家的国际影响力，可以进一步提升中国特色社会主义的认同度和影响力，增强实现中国梦的文化软实力；对于中国共产党来说，有利于强化意识形态的话语权和领导权，显示中国特色社会主义强大的文

---

[1] 李泽厚：《中国现代思想史论》，生活·读书·新知三联书店2008年版，第343页。
[2] 《毛泽东选集》第3卷，人民出版社1991年版，第815页。
[3] 《邓小平文选》第3卷，人民出版社1993年版，第382页。
[4] 《习近平谈治国理政》，外文出版社2014年版，第74页。
[5] 贾建芳：《论整体性的马克思主义》，《马克思主义研究》2015年第3期。

化力量，更好地武装全党，教育人民。

一 增强了国家的国际影响力

随着中国综合国力的日益增强和对世界影响越来越大，中国特色社会主义日益引起世界各国的广泛关注。人们想了解中国特色社会主义成功的奥秘所在。有的发展中国家想向中国学习、借鉴治国理政的成功经验；有的社会主义国家以中国为榜样，探索本国社会主义建设道路，中国的发展显示出巨大的世界影响力。

首先，"中国模式"引发海内外热议。有的学者将中国特色社会主义冠以"中国道路""中国经验"，有的甚至提出了"中国将统治世界"。有人认为："中国模式相对成功带来的不仅是中国的崛起，而且是一种新的思维、新的思路，甚至可能是一种新的范式变化（paradigm shift）、一种现有的西方理论和话语还无法解释清楚的新模式。从这个意义上说，中国的崛起也是中国政治软实力的崛起，这将对解决中国自己面临的挑战、对发展中国家摆脱贫困、对全球问题的有效治理、对国际政治和经济秩序未来的演变，产生深远的影响。"[①] 一些论者认为，中国模式是其他落后的发展中国家的样板，是应该效仿的榜样。马丁·雅克则指出，中国的"发展模式完全不同于美国，也不同于冷战时期双方全面竞争的发展模式。……而最重要的一点在于，中国能够向发展中国家提供自身的发展经验和模式，供其参考和借鉴。准确地说，这是美国这个老牌发达国家无法做到的"[②]。"软实力"概念的提出者约瑟夫·奈曾说："中国的经济增长不仅让发展中国家获益巨大，中国特殊的发展模式和道路也被一些国家视为可效仿的榜样……更重要的是将来，中国倡导的政治价值观、社会发展模式和对外政策的做法，会

---

① 张维为：《中国模式可能是最不坏的模式》，《社会观察》2010 年第 7 期。
② ［英］马丁·雅克：《当中国统治世界：中国的崛起和西方世界的衰落》，张丽、刘曲译，中信出版社 2010 年版，第 278 页。

进一步在世界公众中产生共鸣和影响力。"①

其次,中国特色社会主义对其他发展中国家具有重要示范和启发作用。2008年,联合国秘书长潘基文说道:"中国是世界上经济发展最快的国家之一,在经济发展方面树立了良好的榜样。中国的发展经验应当得到分享,值得发展中国家借鉴。"② 习近平在金砖国家领导人第六次会晤上指出:"我们将更加积极有为地参与国际事务,致力于推动完善国际治理体系,积极推动扩大发展中国家在国际事务中的代表性和发言权。我们将更多提出中国方案、贡献中国智慧。"③

再次,中国特色社会主义及其成功实践成为各社会主义国家治国理政的重要借鉴。1995年12月古巴领导人菲德尔·卡斯特罗在与江泽民会谈时说:"古巴正在进行稳步的改革和开放,建设有古巴特色的社会主义。"中国共产党提出社会主义初级阶段,承认中国还不发达,中国应找出与世界发达国家的差距并奋起直追。世界上的一些社会主义国家也认识到这一根本问题,老挝人民革命党召开了四大,新认识了国情,认为本国"尚不具备建设社会主义的物质基础",处在"以社会主义为定向""向社会主义过渡的初级阶段"。1986年12月,越南共产党在召开的六大上,强调指出越南还处在"向社会主义过渡的初级阶段"。

中国成为一个文明的受人尊重的国家,不仅仅需要雄厚的物质基础,更需要坚实的文化基础。目前,人们对中国特色社会主义的认同及其影响力主要在于经济层面,是浅层次的和局部的,在深层次的和更为持久的文化认同方面则较欠缺。中国特色社会主义的文

---

① 转引自翟昌民《国外学者对"中国特色社会主义"的解读》,《天津师范大学学报》(社会科学版) 2011年第4期。
② 王湘江:《中国经验值得发展中国家借鉴》,《人民日报海外版》2008年9月13日第2版。
③ 丁建庭:《为金砖国家合作贡献"中国智慧"》,《南方日报》2014年7月17日第2版。

化底蕴通过各种载体和途径体现出它的文化力量，让世界上更多的人了解中国，理解中国人的想法，认同中国的行为，如举办中国与法国、俄罗斯的文化交流年。又如中国已经建成465所孔子学院，遍布全球123个国家和地区，介绍中国传统文化，通过文化把不同国家、不同民族、不同肤色的人紧密相连。另外，利用新媒体广泛宣传中国的方针政策、中国发生的变化和中国人的精神面貌，可以有力回应或扼制一些敌对势力利用舆论传媒以各种方式抹黑中国、唱衰中国，散布中国威胁论，意图降低和减弱中国特色社会主义的认同度和影响力的行为。正如习近平讲的，中国这头狮子已经醒了，但这是一只和平的、可亲的、文明的狮子。我们推进马克思主义的中国化、时代化和大众化，大力培育社会主义核心价值观，强化中国特色社会主义的文化底蕴，中国带给世界的是一个文明国家的"震撼"。

二 提升了实现中国梦的文化软实力

"中国梦是国家的、民族的，也是每一个中国人的。"[①] 中国特色社会主义是先进文化滋养出来的，它是在中国共产党的理论主张中表现出来的价值取向，具有的精神气质。中国特色社会主义的文化底蕴体现在执政党、国民和国家三个层面：一是作为执政党的中国共产党以科学理论、良好形象与作风以凝聚人心，推进中国的现代化；二是国民具有奋发有为的精神状态和正确的价值观念；三是全球化条件下，中国在国际舞台上树立良好国家形象、增强话语权等文化软实力。软实力是指一个国家或地区基于文化而具有的创新力、凝聚力和传播力，以及由此而产生的感召力和影响力。它包含内外双重指向，从对外关系而言，软实力包括国家的创新力、思想的影响力、文化的亲和力以及文化产品的传播力和辐射力；对内发展而言，软实力包括对核心价值观的认同、民族精神的传播、民族

[①] 《习近平谈治国理政》，外文出版社2014年版，第49页。

文化的继承与创新等。中国软实力相对于中国经济的巨大成就而言处于弱势，单纯以利益为基础的国家关系依赖于经济增长，因此并不牢靠，共同价值的缺失给国家间的关系带来隔阂和束缚。美国企业研究所研究员莫罗·德·洛伦佐认为，中国的软力量中文化的吸引力还相对较弱，相比较美国的电影、音乐和其他文化产品，中国似乎没有一个突出的享誉世界的文化品牌，世界许多国家对中国的印象还很模糊。中国还缺少软实力的投射工具，如国际传媒力量、智库、非政府组织等，在塑造国家形象、传播国家理念上力量不足。实现中国梦就是要实现国家富强、民族振兴和人民幸福，是坚持中国道路、汇聚中国力量和弘扬中国精神的内在统一，挖掘中国特色社会主义的文化底蕴，发现彰显中国特色社会主义文化底蕴的典型人物或事件，有利于弘扬中国精神，提振民族精神，塑造一个负责任的社会主义东方大国的国家形象。在全球化的时代背景下，国际交往中的文化因素的重要作用越来越显著，文化软实力在国家发展战略中受到越来越高的重视。实现中国梦既需要硬实力的支撑，也需要软实力的积淀，强化中国特色社会主义的文化底蕴，使之建立在丰厚的文化基础之上，可以增强实现中国梦的文化软实力。

三 强化了执政党的意识形态话语权和领导权

意识形态的话语权和领导权对于执政党具有极端重要性。习近平指出："意识形态工作是党的一项极端重要的工作。"[1] 有学者也认为："现代国家的意识形态不仅充当凝聚国内民众人心的'水泥'、'黏合剂'，而且作为赢得海外消费者青睐的'国际品牌'和'畅销产品'，其作用不言而喻。"[2] 解除了思想武装或丧失了意识

---

[1] 《习近平谈治国理政》，外文出版社 2014 年版，第 153 页。
[2] 侯惠勤：《意识形态的变革与话语权——再论马克思主义在当代的话语权》，《马克思主义研究》2006 年第 1 期。

形态阵地,执政地位就会动摇。中国特色社会主义的文化底蕴有利于争取意识形态上的主动,巩固意识形态领导权。客观来看,经过30多年的发展,中国经济总量已经跃居世界第二位,但中国缺乏自己的话语体系,中国故事没有有力阐释,中国声音没有广泛传播,国际话语权的掌握与自身实力不够相称。发达国家在全球推行文化霸权威胁我国的文化安全,关键是我们没有话语权。中华民族的伟大复兴必然伴随着文化的复兴,中国在世界上的影响最终要看有没有、有多大的话语权,中国特色社会主义的文化底蕴有利于形成中国的话语体系,夯实话语体系的文化基础、凝练话语体系的核心理念、更新话语体系的表达方式、优化话语体系的传播渠道、增强话语体系的文化自信。习近平指出:"要精心做好对外宣传工作,创新对外宣传方式,着力打造融通中外的新概念新范畴新表述,讲好中国故事,传播好中国声音。"[①] 这需要加强中国特色社会主义的文化底蕴,精心设计表达方式,加强国际传播,提高中国特色话语体系的国际认同。

[①] 《习近平谈治国理政》,外文出版社2014年版,第156页。

第二章　中国特色社会主义对优秀传统文化的继承和创新

传统文化有广义和狭义之分。广义的传统文化是指历史上形成的物质、制度和思想等层面内容的总和，可以说包罗万象。狭义的传统文化是指历史上形成并传承下来的价值观念、思维方式、伦理规范、审美情趣的总和。本书使用狭义的传统文化。优秀传统文化指的是传统文化中的精华所在、精神所在、气魄所在[1]，是民族精神的集中体现。中国传统文化源远流长、博大精深，起源于夏商周时期，发展延绵5000多年，从未中断。中国传统文化是与传统经济、政治、社会结构相适应的，2000多年的封建小农宗法社会形成了"伦理—政治型"的文化类型。中国传统文化深刻影响中国人的民族性格，同时也深刻影响了中国历史发展特点与走向。其中有很多优秀成分经过历史沉淀，已成为中华民族生生不息的精神之源。习近平总书记指出："中国优秀传统文化的丰富哲学思想、人文精神、教化思想、道德理念等，可以为人们认识和改造世界提供有益启迪，可以为治国理政提供有益启示，也可以为道德建设提供有益启发。对传统文化中适合于调理社会关系和鼓励人们向上向善的内容，我们要结合时代条件加以继承和发扬，赋予其新的涵义。"[2] 中国特色

---

[1] 李宗桂：《试论中国优秀传统文化的内涵》，《学术研究》2013年第11期。
[2] 《习近平在纪念孔子诞辰2565周年国际学术研讨会暨国际儒学联合会第五届会员大会开幕会上的讲话》，《人民日报》2014年9月25日第2版。

社会主义产生和发展于中国的土地上，内蕴着中国传统文化基因，融合了中国传统文化的精华。传统文化中的社会理想、思想精华和思维方式三个方面对中国特色社会主义的产生发展影响最为深远。

第一节 继承和发展传统文化中的社会理想

中国人对理想社会的向往追求源远流长，影响深远。中国特色社会主义继承和发展了中国传统文化中的小康大同的社会理想与和谐和平的社会价值观。中国共产党人的共产主义理想、中国特色社会主义共同理想、公有制为主体、和谐社会与中国文化传统在理想目标上追求天下为公、天下大同相通。中国古人具有天下观，遵循礼仪，追求天下大同，在处理对外关系上，主张协和万邦。中国坚持和平共处五项原则、和平发展道路、"和平统一，一国两制"与传统的协和万邦的和平理念相通，但又具有现代的新内涵。

一 小康和大同的社会理想

小康社会和大同社会是中国古代社会理想的集中体现，源远流长，为后世思想家设计描绘未来美好社会的蓝本。

（一）小康社会和大同理想的基本内涵

小康社会和大同理想的渊源。中国古代儒家社会理想主要是小康和大同理想。中国传统文化中的"小康"理想，最早出自《诗经》。《大雅·民劳》中讲："民亦劳止，汔可小康，惠此中国，以绥四方。"所表述的主要是普通百姓对衣食无忧生活的美好追求。《礼记·礼运》中就有小康的描述，即"今大道既隐，天下为家，各亲其亲，各子其子，货力为己。大人世及以为礼，城郭沟池以为固，礼义以为纪，以正君臣，以笃父子，以睦兄弟，以和夫妇，以设制度，以立田里，以贤勇知，以功为己，故谋用是作，而兵由此起。禹、汤、文、武、成王、周公，由此其选也。此六君子者未有不谨于礼者也；以著其义，以考其信，著有过，刑仁讲让，示民有常。如有不由此者，在势者去，众以为殃，是谓小康"①。小康社会是中国人特有的追求安居乐业的富裕生活的理想目标，在小康社会里，存在着私有制，人人利己，设礼仪作为共同遵守的社会规范以调节社会关系。

大同社会比小康社会更高级、更美好，后世用的多是大同理想。《礼记·礼运》中记载的大同社会是"大道之行也，天下为公，选贤与能，讲信修睦。故人不独亲其亲，不独子其子；使老有所终，壮有所用，幼有所长，矜、寡、孤、独、废、疾者，皆有所养。男有分，女有归。货恶其弃于地也，不必藏于己；力恶其不出于身也，不必为己。是故谋闭而不兴，盗窃乱贼而不作，故外户而不闭，是谓大同"②。从总的纲领来看，"大同"社会是以"天下为公"为最高原则，不同于"大道既隐"之后的"天下为家"的社会。在大同社会里，社会财富不是私人所藏有的，而是大家所共同拥有的；人人为了全体的利益而进行劳动，反对不劳而获；每个成员不论育幼、养老都有很好的安排，能劳动的人从事劳动，而失去劳动条件的人也由集体供养；人与人超出了形式平等的权利和义务的关系，大家相助相爱，因而整个社会没有权谋欺诈和贼盗掠夺，和平而没有战争；公共的事业由大家来办理，在分工上选出大家所信赖的人担任必要的工作，类似于孔子在《论语》中提到的"老者安之，朋友信之，少者怀之"③的状态。

大同社会理想突出强调一个"公"字，这是大同理想的显著特征。它都主张天下为公，反对私有，主张公平正义，反对特权。首先，政治主张是"公天下"。天下观是中国传统宇宙观，在政治领域，天下指整个国家，而最高统治者被称为天子，治理国家要遵从道（天道、地道和人道）。《吕氏春秋》指出："天无私覆也，地

---

① 杨天宇：《礼记译注》（上），上海古籍出版社 2004 年版，第 266 页。
② 同上书，第 265 页。
③ 杨伯峻译注：《论语译注》，中华书局 2006 年版，第 58 页。

无私载也,日月无私烛也,四时无私行也""天下非一人之天下也,天下人之天下也。阴阳之和,不长一类;甘露时雨,不私一物;万民之主,不阿一人"。意思是说既然天地无私,君主不能只考虑一己之私,"要以百姓心为心"①,才能实现天下大治。儒家强调"公"的道德内涵,重视公忠,提倡"致忠而公""公而忘私"。明清以来的王夫之、黄宗羲等人反对君主专制的民主思想,也能体现出"公天下"的传统政治主张。其次,实现途径是以民为本。天下为公的公代表的是民不是君,所谓"民为贵,君为轻,社稷次之",民心的向背决定天下的兴亡,统治者要重民富民教民,不能失去民心。《尚书·周官》记载:"以公灭私,民其允怀。"黄宗羲说:"天下之治乱,不再一姓之兴亡,而在万民之忧乐。"②他认为以民为本,天下才能安定,"公"才能实现。再次,价值目标是公平。公平是天下为公追求的价值目标。《吕氏春秋·贵公》中说:"昔先圣王之治天下也,必先公,公则天下平矣。平得于公。"③其深刻揭示了公与平的关系。天下为公旨在为民众提供诸如平等、均富等公平的环境,当然在小农经济条件下这种公平的主张是理想的平均主义。

大同理想影响了后世思想家,成为中国人心中的"福地",让人民心里有所趋向,从而使人们即使身临危难也能豁达乐观,积极进取而不是选择投降逃避。历史学家吕思勉说:"我们感谢《礼运》的记者,将这一段话记载、流传下来,给我们以最深切的影响。悬此以为目标,而勇猛审慎以赴之,不但能拯救我国民,拯我民族于深渊,并可以出全世界的人类于沉沦的苦海。"④ 近代以来,

---

① (魏)王弼注,楼宇烈校译:《老子道德经注校译》,中华书局 2008 年版,第 129 页。
② (明)黄宗羲:《明夷待访录》,古籍出版社 1955 年版,第 4 页。
③ (汉)高诱注,(清)毕沅校,徐小蛮标点:《吕氏春秋》,上海古籍出版社 2014 年版,第 15 页。
④ 吕思勉:《中国文化思想史九种》(下),上海古籍出版社 2009 年版,第 739—740 页。

先进的中国人提出了各种描绘中国未来社会的蓝图,典型的是洪秀全、康有为和孙中山。

(1) 洪秀全的均平主义理想。洪秀全曾在《原道觉世训》和《原道醒世训》中引述《礼记·礼运》中关于大同理想的描述,夹杂了西方基督教的关于上帝天堂的宗教观念,认为未来社会是"天下一家,共享太平,几何乖漓浇薄之世,其不一旦变而为公平正直之世也!几何陵夺斗杀之世,不一旦变而为强不坏弱,众不暴寡,知不诈愚,勇不苦怯之世也"①,在"天下一家"的世界里,男子"尽是兄弟之辈",女子"尽是姊妹之群",既无"此疆彼界之私",也无"尔吞我并之念"。显示了公正合理社会设想的雏形。1853年,太平天国定都南京后,颁布了"天朝田亩制度",主张废除封建土地剥削,财产公有,计口授田,平均分配,提出:"盖天下皆是天父上主皇上帝一大家,天下人人不受私,物物归上主,则主有所运用,天下大家处处平均,人人保暖矣。"试图建立一个"无处不均匀,无人不饱暖"的地上"天国"。虽然太平天国最后失败了,但"天朝田亩制度"对未来社会的构想却是一笔精神遗产,它反映了当时农民"薄赋税,均贫富"的愿望和要求。

(2) 康有为的大同理想。康有为的社会理想集中反映在《大同书》中。该书糅合了《礼记》中的大同思想、中国古代"公羊三世说"以及西方基督教思想和空想社会主义的思想,设想未来社会是实现大同的"太平之世"。他提出未来的大同世界的所有制是财产属于公有。"凡农工商之业,必归之公","举天下之田地皆为公有","凡百工大小之制造厂、铁道、轮船皆归焉,不许有独人之私产"。生产和分配都是有计划的,人人都得劳动,"禁懒惰"。未来"大同"社会的政治,不是君主立宪制,而是民主共和制。康认为"太平之世,人人平等,无有臣妾奴隶,无有君主统

---

① 朱谐汉:《洪秀全的社会理想与太平天国的兴衰》,《北京工业大学学报》(社会科学版) 2002年第2期。

领，无有教主教皇""公政府只有议员""议员皆由人民公举""三年一举或一年一举""大事从多数决之",没有刑罚,没有军队,甚至没有国家,描绘了一个民主自由的乌托邦理想世界。

(3) 孙中山的民生主义理想。孙中山认为民生就是人们的生活、社会的生存、国民的生计、群众的生命。他看到了西方现代性发展的文明发达,又指出了资本主义发展造成的严重两极分化,并且以民生为准则对资本主义进行了分析和判断,因此,他把民生主义视为社会主义。他说:"故民生主义就是社会主义,又名共产主义,即是大同主义。"① 他以平均地权和节制资本寻求民生问题的解决,目的是使中国发达起来,赶上西方国家,实现"国利民福"。

(二) 中国特色社会主义继承和发展了小康社会和大同理想

从洪秀全到孙中山的社会理想与《礼记》中的大同理想有相通之处,但都有其局限性,不可能实现。洪秀全的理想是建立在小农经济基础上的均平主义,康有为的理想是想建立君主立宪,孙中山的民生主义理想建立在唯心史观基础上,走的是资本主义道路,他们的主张都因缺乏社会基础和科学理论支撑而沦为乌托邦,没有实现的可能性。中国古代大同理想虽然种类不同,但其中的财产公有、共同富裕、人人平等、政治清明、社会和谐追求是共同的,这对中国特色社会主义具有借鉴意义。中国特色社会主义吸收了小康社会和大同理想的合理因素,与马克思主义的共产主义理想相结合,中国共产党提出了社会主义初级阶段的共同理想,增添了具有中国特色的新内涵。

首先,现代小康社会目标对传统小康社会目标的继承发展。中国共产党提出建设小康社会是在 20 世纪末要达到的目标,这个目标具有现代蕴涵和中国特色,在中国特色社会主义理论中占有重要地位。它表达的是一种温饱有余而富裕不足的状态,是中国特色社

---

① 《孙中山全集》第 9 卷,中华书局 1986 年版,第 355 页。

会主义共同理想中的一个阶段性目标,是社会主义初级阶段理论的丰富和发展,体现了邓小平对中国式现代化的新思考。现代小康目标与传统小康目标都追求安定、富裕、和谐的生活,都侧重于经济发展,都不是建立在纯粹公有制基础之上。邓小平借用传统文化表达现代化目标,比单纯讲现代化和共产主义理想,更容易获得政治认同,凝聚人心。但现代小康社会与传统小康社会相比也有着本质不同,现代小康社会目标依据马克思主义的唯物史观,建立在现实的基础之上,而传统小康社会没有科学理论做基础,只是对美好未来的空想而已。在基本内容上,现代小康社会包括现代经济、民主政治、现代科技、生态、人的发展等诸多方面,传统小康社会目标则是以小农经济为基础、封建礼治为基本内容,比如太平天国的社会理想是以小农自然经济为基础的,平均主义和禁欲主义也不是可以长期适用的,农民阶级的局限性也使太平天国运动走向了理想的反面,"对平等的追求异化为对权力的追求,对财产共有的要求异化成了对财富的追求"[①],最终沦为空想的乌托邦。中国共产党提出的全面建设小康社会不仅限于"日子好过"这个层次,还要在现有生活水平上逐步向殷实、宽裕的更高程度迈进。江泽民在党的十六大上做出了21世纪头20年是一个"战略机遇期",我们要抓住这一战略机遇期,"集中力量,全面建设惠及十几亿人口的更高水平的小康社会,使经济更加发展、民主更加健全、科教更加进步、文化更加繁荣、社会更加和谐、人民生活更加殷实"的全面建设小康社会的奋斗目标。[②] 党的十七大报告在深刻总结建设小康社会经验的基础上,提出了实现全面建设小康社会的新的奋斗目标,并从经济、政治、文化、社会和生态文明建设五个方面提出了一系列新的要求。党的十八大提出到2020年全面建成小康社会。

---

① 董四代:《传统理想与中国特色社会主义文化资源》,中央编译出版社2011年版,第44页。
② 《十六大以来重要文献选编》,中央文献出版社2011年版,第14页。

其次，中国特色社会主义共同理想、共产主义理想对大同社会理想的融合提升。中国特色社会主义共同理想就是实现现代化和民族复兴，最终要实现共产主义。中国共产党是共同理想与最高理想的统一论者，是阶段性和连续性的统一。为实现共同理想，邓小平提出了"三步走"战略，江泽民提出了"两个一百年"目标，习近平总书记提出了"中国梦"。共同理想、共产主义理想与大同理想有相通之处，都追求"天下为公"，期望人人自由平等、没有剥削压迫；但又有不同，中国特色社会主义讲的"公"，是马克思主义的公有制，主要是指在社会化大生产的条件下，生产资料由社会占有，而不是被某些少数人或资产阶级占有。中国特色社会主义主张坚持以公有制为主体，把公正列为社会主义核心价值观，努力实现社会的公平正义，实现社会和谐。中国特色社会主义的共同理想和最高理想的前提是坚持社会主义，其本质也包括消灭剥削和压迫、两极分化等社会不公现象，与大同理想相通，但中国特色社会主义的社会理想是建立在生产力高度发达、共同富裕、共产党领导、人民当家做主的基础之上的，这是对太平天国的小农均平观念、康有为认为的仅靠宣传就可以实现的大同社会、孙中山的建立资本主义的大同理想的提升。

二 和谐、和平的社会价值观

中华民族在长期的历史演进中孕育产生了追求和谐、向往和平、注重合作的精神和理念。对内推崇和谐中庸，以和为贵，把社会和谐视为中国特色社会主义的本质属性。对外倡导协和万邦，中国高举和平、发展、合作的旗帜，在处理对外关系上，坚持和平发展道路，奉行独立自主的和平发展战略，提出"和平统一，一国两制"设想，为维护世界和平发挥积极作用。

（一）和谐、和平的思想源流

1."内和"——推崇和谐中庸

和谐是中华文化的基本特征，在中国传统文化中居于核心地位。中国传统文化中的"和",有和谐、和合、和平、中和等意思,在中国传统文化中"和"的概念早在《尚书》《诗经》《国语》等古代文献中就已出现。《论语》中提出:"礼为用,和为贵。"①《广韵》中说:"和,顺也,谐也,不坚不柔也。""和"是中华民族精神的体现,也是中华民族的价值准则和价值追求,在传统文化中居于核心地位。张岱年先生认为,"中国传统文化以和谐为最高价值原则"②。数千年来,"和"的思想意识一直深入中国人的文化心理结构之中,体现在中国思维方式、行为取向、风俗习惯、审美情趣等各个方面。直到现在,诸如"和为贵""和衷共济""政通人和""家和万事兴""和气生财"等话语还普遍地存在于人们的日常生活和交往之中。概而言之,中国人对"和"的追求,主要有四个层面:一是追求人和,有"和以处众""君子矜而不争,群而不党""己所不欲,勿施于人";二是追求家和,古人讲"家和万事兴",注重孝悌伦常,"入则孝,出则悌";三是追求国和,"选贤任能""协和万邦";四是追求天人合一,人与自然和谐。③ 认为天时地利人和是人安身立命的条件。和谐与中国传统的辩证思维有机联系在一起,是在矛盾中实现和谐的。张载说过:"有象斯有对,对必反其为,有反斯有仇,仇必和而解。"④ 另外,中国传统文化中的"小康""大同"社会理想也就是在追求社会和谐。正如习近平总书记指出:"中华文化崇尚和谐,中国'和'文化源远流长,蕴含着天人合一的宇宙观、协和万邦的国际观、和而不同的社会观、人心和善的道德观。在 5000 多年的文明发展中,中华民族一直追求和传承着和平、和谐、和睦的坚定理念。以和为贵,与人为善,己所不欲、勿施于人等理念在中国代代相传,深深

---

① 杨伯峻译注:《论语译注》,中华书局 2006 年版,第 8 页。
② 张岱年、程宜山:《中国文化与文化论争》,中国人民大学出版社 1990 年版,第 216 页。
③ 李君如:《社会主义和谐社会论》,人民出版社 2005 年版,第 8—11 页。
④ 《正蒙·太和篇》。

植根于中国人的精神中,深深体现在中国人的行为上。"① 中国传统文化中的"和"的理念主要体现在和而不同与中庸之道两个方面。

(1) 和而不同。和谐不是一模一样,千人一面,而是多样性的统一。《论语》中讲:"君子和而不同,小人同而不和。"强调的是多样性的统一或对立面的和谐。《国语·郑语》中记载,春秋时期郑国的大夫史伯就提出"和实生物,同则不继"的命题,即"夫和实生物,同则不继。以他平他谓之和,故能丰长而物归之;若以同裨同,尽乃弃矣。故先王以土与金、木、水、火杂,以成百物。是以和五味以调口,刚四肢以为体,和六律以聪耳,正七体以役心,平八索以成人,建九纪以立纯德,合十数以训百体、出千品、具万方、记亿事、材兆物、收经入、行女亥极。故王者居九田亥之田,收经入以食兆民,周训而能用之,和乐如一。夫如是,和之至也"②。意思是只有同一种东西相加,永远产生不了新事物,多种东西的相互调配,才能产生新事物,事物才能发展壮大。在《左传》中,晏婴提出了"和与同异""否可相济"的思想。他指出,如果只是同一种东西相加,就只能是简单的同一;反之,不同的东西相互配合,就能"济其不及,以泄其过",即达到新的同一,产生新的内容。

(2) 中庸之道。中国传统文化中的"和"与"中"紧密相连,"和"是"中"的结果,"中"是"和"的表现和方法。《尚书·大禹谟》中讲:"人心惟危,道心惟微,惟精惟一,允执其中。"孔子提倡中庸之道:"中庸之为德也,其至矣乎。"③ 把中庸看作是最高的道德。《中庸》里也从本体论角度理解中与和,提

---

① 习近平:《在中国国际友好大会暨中国人民对外友好协会成立60周年纪念活动上的讲话》,《人民日报》2014年5月16日第2版。
② 徐元诰撰,王树民、沈长云点校:《国语集解》,中华书局2002年版,第470页。
③ 杨伯峻译注:《论语译注》,中华书局2006年版,第72页。

出:"喜怒哀乐未发谓之中,发而皆中节谓之和。中也者,天下之大本也;和也者,天下之达道也。致中和,天地位焉,万物育焉。"达到"万物并育而不相害,道并行而不相悖"理想状态。宋代二程提出:"不偏之谓中,易之为庸。中者天下之正道;庸者天下之定理。"① 朱熹讲:"中者,不偏不倚、无过无不及之名。庸,平常也。"② 中庸之道也是一种方法论,"中"是不偏不倚、合理适度的意思,"中"的前提是"和","中"不是折中,不是"和稀泥",而是在"度"的把握上恰如其分、恰到好处。这种"中""和"的状态就是人类社会各安其位、各得其所,"各正性命,保合太和"的境界。以"中"为度,也就会达到"和"了。另外,中庸作为一种思维方式,还要求把原则性与灵活性相结合,不可拘泥于一般原则或教条,而要知权变。如孟子讲:"执中无权,犹执一也。所恶执一者,为其贼道也,举一而废百也。"③ 认为不知权变就成了执着于一点,这是有损于仁义之道的。

2. "外和"——主张协和万邦

中国自古以来形成了以中国为中心的朝贡体系,在空间上把中国与四方少数民族地区视为"天下"。古代的"天下观"认为中国就是"中央之国",是政治中心,四方皆是未开化的地方,有"夷夏之辨"。但"夷"与"夏"是一个文化概念,区别在于是否遵循礼仪,中华民族就是遵循共同的礼,在农耕文明与游牧文明不断融和中形成的,即"四海之内皆兄弟"的礼仪之邦。所谓礼,《礼记·曲礼上》指出:"夫礼者所以定亲疏,决嫌疑,别异同,明是非也。礼,不妄说人,不辞费。礼,不逾节,不侵侮,不好狎。"其实质是追求天下秩序的和谐。

在对外关系上,中国人倾向于以和来协调关系,合理解决冲

---

① (宋)程颢、程颐著,王孝鱼点校:《二程集》,中华书局1981年版,第100页。
② 《朱子语类·卷三十三》。
③ 万丽华、蓝旭译注:《孟子》,中华书局2006年版,第302—303页。

突。上古时代，中华民族的先民们集中生活在黄河流域，那时部落众多，众多部落相对集中地居住在一定区域，就不可避免地产生冲突。解决冲突的原则是以和平为主，不得已诉诸武力也是为了得到和平的目的，形成了协和万邦的和平理念。中国传统文化中的协和万邦理念包括了两层含义：一是反对好战，《司马法·仁本》中讲过，"国虽大，好战必亡"的道理，中国人"尚德不尚武"，《尚书·尧典》中记载远古时期的尧，通明事理，作为部落首领，他"钦明文思安安，允恭克让，光被四表，格于上下。克明俊德，以亲九族。九族既睦，平章百姓，百姓昭明，协和万邦，黎民于变时雍"。协和万邦是无过无不及、不偏不倚的结果，是天下民众的诉求。二是反对霸权。中国历史上从来没有以大欺小、以强凌弱，没有像帝国主义列强那样用武力征服或吞并别国，而总是以宏大的气度、博大的胸怀去扶助弱小，对待周边狄、戎、羌、匈奴等少数民族也是以采取怀柔、和亲等政策为主。

（二）中国特色社会主义继承和发展了和谐、和平的价值观

中国特色社会主义吸纳了和而不同、中庸之道等思想中的积极因素，又丰富了"和"的内涵，提出社会和谐是中国特色社会主义的本质属性的命题，追求人与人、人与社会、人与自然的和谐。构建社会主义和谐社会是马克思主义关于未来社会的设想在当代中国的具体表现，其基本特征是民主法治、公平正义、诚信友爱、充满活力、安定有序、人与自然和谐相处。社会主义和谐社会不同于中国历史上的"太平盛世"，也不同于西方发达资本主义国家的"福利社会"，它具有其特有的内涵和特征。首先，中国历史上的"太平盛世"局面，表现为统治者励精图治，政治清明，经济繁荣，社会稳定，但这种所谓的"盛世"局面是封建剥削阶级统治的社会，是人民无权、不平等的社会，是人治的社会，这不能称作和谐社会。其次，社会主义和谐社会也有别于西方发达资本主义国家的"福利社会"，工业文明是资本主义以自己的面貌创造的一个新世界，工业革命极大地提高了社会生产力水平。但历史表明，资

本主义原始积累是用"刀与火"写成的,罪恶的奴隶贸易,开辟殖民地的血腥,工人的悲惨生活,这些都成为资本主义发达的垫脚石,资本主义国家的统治者为了缓和社会矛盾,采取了改善工人生活、增加福利的政策。表面上工人待遇提高了,但这改变不了资本主义的基本矛盾——资本对雇佣劳动的剥削,所以,"福利国家"也不能称为和谐社会。社会主义和谐社会是在经济全球化、信息化背景下,在中国共产党的领导下,发扬民主,社会各界共同参与的社会;是在人人平等基础上,人人有责、人人共享的社会;是城乡一体化、区域发展协调化的社会;是在社会主义市场经济和社会主义法治框架内进行建设的社会;是生活富足、科教发达、人民素质普遍提高、安居乐业的社会;是在对中国传统社会和西方社会不断扬弃基础之上的不断进步的社会。

中国特色社会主义融合了传统中协和万邦的思想和精神,坚持和平、合作、共赢。在对外关系方面,一是始终坚持和平共处五项原则。互相尊重主权和领土完整、互不侵犯、互不干涉内政、平等互利、和平共处,主张每个国家都有选择自己发展道路的权利,认为各个国家的人民有能力处理好本国事务,反对霸权主义和强权政治,反对以大欺小、以富压贫,把本国意志强加于人,在国际关系中搞"双重标准"。二是中国始终坚持和平发展的道路。中国的文化传统、历史遭遇和国家性质决定了中国走和平发展道路,决不会把中国曾经遭受列强的欺辱再加于别国人民,也不会通过对外扩张以求发展。中国走和平发展道路也是民族精神的体现,不是什么权宜之计。习近平指出:"中国这头狮子已经醒了,但这是一只和平的、可亲的、文明的狮子。"[1] 在处理具体关系上,中国坚持义利统一,坚持爱国主义与国际主义的统一,讲信义、重情义、扬正义、树道义,积极承担国际责任,在力所能及的范围内帮助有困难

---

[1] 《习近平在中法建交五十周年纪念大会上的讲话》,《人民日报》2014年3月29日第2版。

的国家,同时维护中国的正当权益和国家核心利益。三是在国家统一上提出"和平统一,一国两制"的构想。在祖国统一的前提下,中国内地坚持社会主义制度,港澳台地区保持资本主义制度长期不变,以最大努力争取和平,但又不承诺放弃使用武力。实现祖国和平统一是中国的核心利益,反对任何外部势力的干涉。中国是国际社会的和平力量,中国强大了不是要独霸天下,而是要将全世界结成"命运共同体",强大的中国带给世界的是一个持久和平、共同繁荣的和谐世界。

第二节 继承和创新传统文化中的重要思想

中国传统文化的思想精华很多,就对中国特色社会主义的形成和发展具有重要意义的内容来说,主要包括崇德向善的道德情操、家国同构的爱国主义、民惟邦本的民本思想、自强不息和革故鼎新的精神。中国特色社会主义继承创新了中国传统文化中的思想精华。其中,中国特色社会主义精神文明建设、公民道德建设、社会主义核心价值观与崇德向善的道德情操有契合之处;中国特色社会主义中的人民当家做主、以人为本与传统文化中的民本思想有相通之处;中国特色社会主义在形成发展过程中具有的改革创新精神与自强不息、革故鼎新精神也有相通之处,并赋予其新的价值内涵。

一 崇德向善的道德情操

古人认为,人兽相揖就在于人有道德。中国传统文化注重个人的道德修为,注重修身,注重德行,崇尚仁、义、礼、智、信、孝、悌、廉、耻,追求内圣外王、知行合一,以君子圣贤为理想道德人格。2013年11月,习近平在山东曲阜考察时说:"国无德不兴,人无德不立。"中国特色社会主义的发展需要有道德的人,需要从传统文化中吸取做人的智慧。

（一）修身崇德的道德思想

道德是一种特殊的社会意识形态，指的是以善恶评价为标准，依靠社会舆论、传统习惯和内心信念的力量来调整人们之间相互关系的行为原则和规范的总和。对于个人品格砥砺和社会发展发挥着重要作用。中国古人将道与德分开使用，道是指事物运动变化的规律，或指宇宙万物的本原或本体。德有德行、品德的含义，古人以"得"来解释德，认为"得"是一个将外在的"道"内化于心的过程，在此基础上再按照道去躬行践履的过程。后来逐渐形成一个固定的词，其含义是"行为原则及其具体运用的总称"[①]。中国传统文化将道德与人伦联系起来，称伦理道德，符合伦理纲常才是有道德之人。

中国素有修身崇德的传统，《大学》开篇就讲"大学之道在明明德，在亲民，在止于至善"，欲明明德，就要去修身。《大学》中说："自天子以至于庶人，壹是皆以修身为本。"孔子讲："修己以敬。"[②] 老子说："修之于身，其德乃真。"[③] 是指修身的"敬""义""德"的精神状态，是很严肃的事情，不重视修身则是令人忧虑的，可能会危及社会秩序。故子曰："德之不修，学之不讲，闻义不能徙，不善不能改，是吾忧也。"[④] 可见，古人把自身的道德修养视为社会关系良好的根本。曾子曰："吾日三省吾身——为人谋而不忠乎？与朋友交而不信乎？传不习乎？"强调修身贵自省。荀子讲："见善，修然必以自存也；见不善，愀然必以自省也；善在身，介然必以自好也；不善在身，菑然必以自恶也。"[⑤] 是说修身要自觉弃恶扬善。荀子还说："以修身自名，则名配尧

[①] 张岱年：《中国伦理思想研究》，江苏教育出版社2005年版，第2页。
[②] 杨伯峻译注：《论语译注》，中华书局2006年版，第179页。
[③] （魏）王弼注，楼宇烈校译：《老子道德经注校译》，中华书局2008年版，第143页。
[④] 杨伯峻译注：《论语译注》，中华书局2006年版，第75页。
[⑤] 蒋南华等注译：《荀子全译》，贵州人民出版社1995年版，第15页。

禹。"① 以善修身，就可以像尧舜一样贤德。墨子强调躬行实践、言行一致的修身法则，提出："志不强者智不达；言不信者行不果。""善无主于心者不留，行莫辩于身者不立；名不可简而成也，誉不可巧而立也，君子以身戴行者也。"②

传统道德人格的内涵十分丰富，比如《中庸》中讲的"三达德"：智、仁、勇；管仲讲的"四维"：礼、义、廉、耻；有所谓的"五德"或"五常"：仁、义、礼、智、信；有所谓的"八德"：忠、孝、仁、爱、信、义、和、平；还有"十义"，即父慈、子孝、兄良、弟悌、夫义、妇听、长惠、幼顺、君仁、臣忠。③ 这是对一般人的道德要求，能做到这些就是君子。此外，中国传统文化中把"内圣外王"作为"士"的道德修养最高境界，既具有道德修养，还要有道德信念和道德践履。

1. 普通民众的道德规范

中国传统中根据道德人格的不同要求，把人分为不同的层次，如儒家把人分为庸人、士人、君子、贤人、圣人五个层次。庄子把人分为天人、神人、圣人、君子，其中对君子的论述最多，《论语》中言及君子的有107处，《孟子》中有82处。能称得上圣贤的是尧舜禹等寥寥数人，他们是道德楷模，一般人达不到。而君子一般人经过道德修养都能达到。在孔子之前，君子指的是少数贵族，社会地位比较高的人，孔子则不以门第出身为依据，把君子视为有道德修养之人，认为一般人经过努力修为都能成为君子。子曰："圣人，吾不得见之矣；得见君子，斯可矣。"④ 简单地讲君子就是有德性之人。概括起来，应当具有如下道德品质。

（1）仁爱和谐。仁是儒家学说的核心，成为中华民族的"共

---

① 蒋南华等注译：《荀子全译》，贵州人民出版社1995年版，第17页。
② 周才珠、齐瑞端译注：《墨子全译》，贵州人民出版社1995年版，第12—13页。
③ 杨天宇：《礼记译注》（上），上海古籍出版社2004年版，第275页。
④ 杨伯峻译注：《论语译注》，中华书局2006年版，第83页。

德""全德"或"恒德"。仁包罗众德，诸德都可以视为仁的不同方面的要求。子曰："志于道，据于德，依于仁，游于艺。"① 提出仁是德的根本，最高的社会道德境界是"天下归仁"。仁渗透于中华民族血脉之中，铸就了中华民族的特殊品质。孔子说："能行五者于天下为仁矣。"所谓五者是"恭、宽、信、敏、惠。恭则不侮，宽则得众，信则人任焉，敏则有功，惠则足以使人"②。《孟子》说："仁者爱人，有礼者敬人。爱人者，人恒爱之；敬人者，人恒敬之。"③ 和谐也是中国传统文化的核心概念之一，有很多论述，如天人合一、和而不同、协和万邦等。总之，推崇仁爱、崇尚和谐、爱好和平，是中华民族的传统美德和优良传统。

（2）谦敬礼让。《周易》说："谦谦君子，卑以自牧也。"④ 是说君子以谦卑的品行来砥砺自己。古人云："谦受益，满招损。"在中国传统道理中，谦敬是为人处世的基本要求。谦是虚心处己，敬是以礼待人。"礼"既可以理解为道德范畴，也可以指一种社会规制。《孟子》指出："恭敬之心，礼也。"⑤《论语》中讲："不学礼，无以立也。"⑥ 可见，恭敬礼让是做人的基本道德规范。《左传》中指出："礼，经国家、定社稷、序民人、利后嗣者也。"⑦《礼记》中说："道德仁义，非礼不成；教训正俗，非礼不备；力争辩讼，非礼不决。"⑧ 此外，中国传统文化中关于礼的仪式也有很多，让人心存敬畏，依礼而行。

（3）恪守诚信。诚信是指一个人言行一致，表里如一。中国

---

① 杨伯峻译注：《论语译注》，中华书局2006年版，第76页。
② 同上书，第206页。
③ 万丽华、蓝旭译注：《孟子》，中华书局2006年版，第185页。
④ 杨天才、张善文译注：《周易》，中华书局2011年版，第151页。
⑤ 万丽华、蓝旭译注：《孟子》，中华书局2006年版，第245页。
⑥ 杨伯峻译注：《论语译注》，中华书局2006年版，第238页。
⑦ 《左传·隐公·卷四·传十一年》。
⑧ 杨天宇：《礼记译注》（上），上海古籍出版社2004年版，第2页。

传统文化中把诚信看作立人之道。子曰:"言忠信,行笃敬"①"人而无信,不知其可也"②"民无信不立"③。管子说:"诚信者,天下之结也。"④ 与朋友交有诚信,就会朋友遍天下,不讲诚信只会落得个孤家寡人。《中庸》中讲"君子诚之为贵",把"诚"上升到本体论的高度,认为至诚才能尽性,尽性则可以赞天地之化育,与天地参,意思是说诚是人的本性。

(4) 知行合一。儒家突出强调实践智慧,道德修养既要体现在知上,还要落实在行中,做到知行合一;把"知"与"仁"统一起来,既注重认识和改造客观世界,更注重提升主体的德行,只有做到两者的统一才是获得了智慧。《礼记·中庸》中讲:"成己,仁也;成物,知也。性之德也,合外内之道也,故时措之宜也",还有"博学之,慎思之,明辨之,笃行之"。意思是不能仅仅坐而论道。朱熹说:"知与行功夫须着并行。知之愈明,则行之愈笃。行之愈笃,则知之益明。二者皆不可偏废。"⑤ 譬如两条腿走路不可一个软一个硬。明代的王阳明主张知行合一,"知之真切笃实处即是行,行之明觉精察处即是知。知行工夫本不可离……真知即所以为行,不行不足以谓之知"⑥。在知行合一的基础上"致良知"。王廷相讲"行得一事即知一事,所谓真知矣"⑦。王夫之进一步阐发了知行统一观,提出"由行而行则知"和"由知而知所行"。⑧

2. 士大夫的道德理想

中国古代的士大夫是儒生中做官之人,他们与政治紧紧联系在

---

① 杨伯峻译注:《论语译注》,中华书局 2006 年版,第 183 页。
② 同上书,第 22 页。
③ 同上书,第 141 页。
④ 赵守正:《管子译注》(上册),广西人民出版社 1982 年版,第 106 页。
⑤ 《朱子语类·卷十四》。
⑥ (明)王阳明撰,于自立、孔薇、杨骅骁注译:《传习录》,中州古籍出版社 2008 年版,第 161 页。
⑦ 《王氏家藏集·卷二十七》。
⑧ 《尚书引义·说命中二》。

一起，成为维护封建统治阶级利益的一部分。他们除了要遵循一般人的道德规范之外，还体现在应做到重义轻利、内圣外王。

（1）重义轻利。"义"的含义很丰富，有"宜""当"的意思，朱熹讲："义者，事之宜也。"① 《礼记》中讲："贵贵、尊尊，义之大者也。"② 董仲舒讲："大小不逾等，贵贱如其伦，义之正也"③ "立义以定尊卑之序"④。意思是行之所当行，符合理，采取恰当的行动便是义。也可以指正确的决断。主要是对善恶是非的判断取舍，与伦理道德相联系。荀子讲："夫义者，所以限禁人之为恶与奸者也。"⑤ "利"就是指利益或财富，中国传统文化中承认人有趋利逐利的要求，但必须合乎义，义在利先，以义制利，反对用不正当的手段获得利益。儒家并不简单排斥和否定利。子曰："富与贵，是人之所欲也。"⑥ 孟子也持同样观点，认为只要与百姓同富贵，便不妨碍施"王政"。荀子也认为："义与利，人之所两有也，虽尧舜不能去民之欲利。"⑦ 董仲舒讲："天之生人也，使人生义与利。利以养其体，义以养其心。"⑧ 程颐讲："人无利，直是生不得，安得无利？"⑨ 儒家强调人们对利要有正确的态度，求利要通过正当的手段，处理利益关系要有正确的原则，以义制欲，以义为指导。子曰："君子喻于义，小人喻于利。"⑩ "君子义以为上。"⑪ 明末清初的颜元认为义与利不应对立，而应统一，而且符

---

① 《朱子语类·卷六》。
② 杨天宇：《礼记译注》（下），上海古籍出版社2004年版，第855页。
③ （汉）董仲舒撰，（清）凌曙注：《春秋繁露》，中华书局1975年版，第96页。
④ 同上书，第180页。
⑤ 蒋南华等注译：《荀子全译》，贵州人民出版社1995年版，第343页。
⑥ 同上书，第39页。
⑦ 同上书，第563页。
⑧ （汉）董仲舒撰，（清）凌曙注：《春秋繁露》，中华书局1975年版，第321页。
⑨ 《河南程氏遗书·卷十八》。
⑩ 杨伯峻译注：《论语译注》，中华书局2006年版，第42页。
⑪ 同上书，第214页。

合义的利是"君子所贵也"。他说:"以义为利,圣贤平正道理也。……利者义之和也……义中之利君子所贵也。"① 他还指出耕种田地的人没有不求收获的,打鱼的人也没有不求得鱼的,这是正当的利的要求。实际上,封建卫道士们宣扬义高于利,重义轻利,如孟子认为"上下交征利,而国危矣"②,是因为当时小农经济的中国,是要抑制商品经济发展,维护的是封建皇权专制统治。

(2)内圣外王。"内圣外王"体现了中国士大夫的道德理想。它是道德理想和学术理想的统一,个人价值与社会价值、道德与政治、学问与事业的统一③,与西方讲的"哲学王"相通,基本意思是个人内有高尚的道德修养,外有震烁千古的经邦济世伟业。内圣外王的提法首先见于《庄子·天下》篇。庄子说:"判天地之美,析万物之理,察古人之全,寡能备于天地之美,称神明之容。是故内圣外王之道,暗而不明,郁而不发,天下之人各为其所欲焉以自为方。"中国古人讲"立言""立德""立功",这是人生之"三不朽"。司马迁在《与挚峻书》中指出:"迁闻君子所贵乎道者三,太上立德,其次立言,其次立功。"唐朝孔颖达在《春秋左传正义》中对这"三立"做了阐释:"立德,谓创制垂法,博施济众;立功,谓拯厄除难,功济于时;立言,谓言得其要,理足可传。"立德、立功、立言是君子在处理人与自然、人与人、人与自身精神关系方面的至高境界,做到了这"三不朽",可谓"完人"!可以说,"立言""立德"是说内圣,"立功"则是外王。《中庸》中讲"成己成物"是"合外内之道也"。《大学》中讲三纲领,"大学之道在明明德,在亲民,在止于至善",明明德在于内圣,亲民在于外王,而止于至善就是内圣外王的完美统一。还有八条目,即"格物、致知、诚意、正心、修身、齐家、治国、平天下""格物

---

① 《四书正误·卷一》。
② 万丽华、蓝旭译注:《孟子》,中华书局2006年版,第2页。
③ 程潮、钱耕森:《儒家"内圣外王"及其现代价值》,《学术月刊》1998年第8期。

而后知至，知至而后意诚，意诚而后心正，心正而后身修，身修而后家齐，家齐而后国治，国治而后天下平"。内修为圣，外功为王。

内圣外王作为一种价值追求，也是认识与实践的统一问题。到宋明时期的"理学"，提倡"存天理，去人欲"，偏向"内圣"，强调对道德主体的道德意识，但有流于空谈性理之弊。到明清则出现了以黄宗羲、顾炎武、戴震等为代表批判理学，强调经世致用的事功学派。现代新儒学仍然坚持"内圣外王"，力图由儒家的伦理道德开出西方的科学民主。显然，内圣外王作为一种传统，深入中国人的骨髓，在个人、治国和治学方面仍发挥重要作用。

中国传统文化是一种伦理政治型文化，对道德人格的要求与统治阶级的意志密切相连。传统道德人格形成有以下几个特点。

第一，基本内涵稳定。从先秦以来，中国传统道德的核心观点保持了长期稳定。仁、义、礼、智、信、廉、耻等核心观点不断被使用讨论，形成了一套稳定的话语系统，而且表述简洁。随着人们不断对其进行阐发，内涵也越来越丰富。

第二，联系日常生活。中国传统道德是全体社会成员都普遍熟悉和使用的，正所谓"广大高明而不离乎日用"。在人们的日常生活中，通过各种仪式把道德观的内容渗透其中，成为一种生活习惯。体现道德人格的典型具体，在日常生活中能直接感知。

第三，官方权威推广。中国传统道德尤其是儒家道德，自汉朝以来便成为统治阶级的官方意识形态，国家还设立权威机构进行研究。隋唐时期，设立科举考试制度，通过制度化形式向社会推广，凡是入朝做官者必须通过科举考试，内容就是四书五经等儒家经典，赋予儒家道德权威性。

第四，承载主体明确。传统道德的承载主体是儒生，称为士人，属于知识分子和社会精英群体。他们以宣扬传统儒家道德为己任，视"内圣外王"为道德修养的最高境界，不仅要知也要行。他们除到朝廷做官之外，广泛分布于社会各个阶层，在道德传播中发挥着引导示范的作用。

第五，注重吸纳融合。中国传统道德，尤其是儒家伦理道德，不是一个封闭的体系，而是开放的，在几千年的历史发展中不断演变，与其他道德体系进行着互动，如宋明理学，就吸纳融合了道家、佛家的道德理念，呈现出时代特点。

（二）中国特色社会主义继承和创新了崇德向善思想

中国传统文化中崇德向善的道德情操，提出的道德要求以及社会道德建设，对中国特色社会主义道德建设具有重要借鉴意义。中国传统美德是中国特色社会主义可资利用的文化资源。人的现代化是社会主义现代化的重要方面，中国特色社会主义的发展需要有高尚道德情操的人。中国特色社会主义精神文明建设，不再把人分为不同等级，而是人格平等，面向全体社会成员的思想道德素质和科学文化素质，使每一个人都具有社会主义道德情操。

改革开放以来，中国特色社会主义在道德建设方面，进行了社会主义精神文明建设、公民道德建设、先进文化建设，提出社会主义核心价值观。首先，权威发布，内容明确。党的十四届六中全会通过了《关于加强社会主义精神文明建设若干重要问题的决议》，提出社会主义道德建设要以为人民服务为核心，以集体主义为原则，以"五爱"为基本要求，培育"四有"新人。2001年，中央颁布了《公民道德建设实施纲要》，明确指出社会成员的基本规范是爱国守法、明礼诚信、团结友善、勤俭自强、敬业奉献，明确了社会公德、职业道德和家庭美德方面具体的道德要求。其中社会公德包括文明礼貌、助人为乐、爱护公物、保护环境、遵纪守法；职业道德包括爱岗敬业、诚实守信、办事公道、服务群众、奉献社会；家庭美德包括尊老爱幼、男女平等、夫妻和睦、勤俭持家、邻里团结。2013年又提出了"二十四字"社会主义核心价值观，即国家层面的富强、民主、文明、和谐，社会层面的自由、平等、公正、法治，个人层面的爱国、敬业、诚信、友善。其次，注重吸纳融合，这些道德要求既包括现代公民的平等、法治，也含有诚信、勤俭等传统因素，体现出继承传统与弘扬时代精神的统一，个人与社会的统一。再次，注重道德教育，重视加强未成年人和大学生的思想道德建设，让中华传统美德进教材、进课堂、进头脑。又次，对传统道德进行现代转换。对传统道德中的"礼""和""孝"等核心理念进行现代阐发。最后，注重践行，树立道德楷模，利用新的传播手段，把道德理念融入日常生活，成为人们的一种习惯。总之，社会主义道德建设是中国特色社会主义精神文明重要内容，贯穿发展中国特色社会主义的始终。

二 家国同构的爱国主义

中国人素有"家国情怀"，有爱国主义的优良传统，这是由中国传统社会的"家国同构"特点决定的，对国尽忠，对家尽孝。中国特色社会主义精神文明建设中注重爱国主义，在新的历史条件下被赋予了新的内涵，爱国主义依然是中华民族具有强大凝聚力的根源。

（一）爱国主义思想

爱国主义是人们对自己祖国的深厚感情，是在历史进程中形成、发展起来的一种团结凝聚国家和民族、推动历史发展的强大的精神力量，也是调节个人与国家民族关系的基本政治、道德和人生价值规范。《伦理学大辞典》中对爱国主义的定义是：人们长期凝结起来的对自己祖国的一种深厚的感情和信念，是调节个人同本国、本民族之间关系的准绳。爱国主义要求人们在处理个人与国家的关系时，自觉地把个人前途命运与国家前途命运联系起来。

爱国主义是历史和具体的统一。首先，爱国主义是历史的。它是在历史发展过程中产生的。早在奴隶社会，在各部落之间的征战中，各部落内部成员协同作战，内心逐渐产生对本部落的归属感，愿意为部落努力甚至献身，这样的情感不断沉淀和延续，逐渐形成道德规范，时间越久，这种情感就会越深厚。在不同的历史阶段，爱国主义也会发生变化。其次，爱国主义是具体的。不同的国家，由于历史文化、自然条件、人口数量、物质生产水平不同，爱国主义具有不同的内涵。具体说来，在国家遭受侵略的危难时刻，爱国主义表现为抗击侵略者，维护国家的统一尊严；在国家建设时期，爱国主义表现为艰苦奋斗，以自己的才智为社会创造财富，增添正能量。

中华民族具有悠久深厚的爱国主义传统。自古以来，对国家热爱、为国家做出过杰出贡献的人受到人们的肯定和纪念。如屈原、岳飞、林则徐、文天祥，等等。他们热爱祖国、矢志不渝，具有天下兴亡、匹夫有责的担当，有维护统一、反对分裂的决心，有同仇敌忾、抵御外侮的勇气。由于我国的社会结构和历史文化的特殊性，爱国主义呈现出民族特点，我国的爱国主义是家国同构的爱国主义。

中国传统的爱国主义是由传统的社会结构决定的，这种社会结构是家国同构，因此，中国传统的爱国主义具有自身的特点。

首先，家国一体。家是国的细胞，国是家的集合，一国由许多不同宗姓的小国构成，小家通过血缘宗法关系构成了大的国家。天子是国家的主宰，也是最大的家长。孟子讲："人有恒言，皆曰：'天下国家。'天下之本在国，国之本在家，家之本在身。"① 荀子说："君者，国之隆也；父者，家之隆也。隆一而治，二而乱。自古及今，未有二隆争重而能长久者。"② 中国封建社会最终形成了"家天下"的局面。

其次，公大于私。统治者为了维持社会秩序的稳定，提倡爱家就是爱国，爱国便是爱家，通过纲常教义将对家长的孝与对国君的忠连通起来，爱国尽忠与爱家尽孝是统一的，国代表公，家代表私，但提倡公大于私。在家天下的专制制度下，提倡公大于私、忠君思想有其历史和逻辑的必然性，这有利于封建大一统局面的形成

---

① 万丽华、蓝旭译注：《孟子》，中华书局2006年版，第150页。
② 蒋南华等注译：《荀子全译》，贵州人民出版社1995年版，第289页。

和巩固,维持社会秩序的稳定。大公无私、公而忘私、先公后私精神培育了爱国主义,历代都出现了很多具有浩然正气的民族英雄和清官,有霍去病"匈奴不灭,无以家为",蔺相如"以先国家之急而后私仇也",范仲淹"先天下之忧而忧,后天下之乐而乐",文天祥"人生自古谁无死,留取丹心照汗青",林则徐"苟利国家生死以,岂因祸福避趋之"。如《后汉书·赵苞传》中记载,赵苞的母亲和妻子被敌人抓为人质,为打败敌军他牺牲了母亲和妻子,胜利之后赵苞"呕血而死"。据《金史·曹珪传》记载,曹珪在镇压江志作乱时,他的儿子在贼党中,但他大义灭亲,一并诛杀。

由上可知,家国同构下产生的爱国主义,一方面,有利于政治认同和人心稳定,有利于"大一统"局面的形成。古老中国爱国主义几千年绵延不绝,很重要的一点在于老百姓对国家的认同与依归。另一方面,公在私上,先公后私,要求"无我""无意""忘我""无私",则容易导致对个人正当合理的权利的淡漠,整体利益压制了个人利益,尤其是封建专制的不断加强,这种意识成为封建统治者剥夺压制民众的工具,最终致使整个国家暮气沉沉。

(二) 中国特色社会主义继承和丰富了爱国主义思想

弘扬爱国主义精神是中国特色社会主义发展的重要条件。虽然中国传统的小农经济和血缘宗法制度早已被消灭,传统爱国主义的社会基础变更了,但爱国主义精神不能丢,应在新的时代条件下赋予其新的内涵。邓小平指出:"必须发扬爱国主义精神,提高民族自尊心和民族自信心。否则我们就不可能建设社会主义,就会被种种资本主义势力所侵蚀腐化。"[1] 胡锦涛强调:"实现中华民族伟大复兴,必须坚定不移高举爱国主义伟大旗帜。"[2] 新时期的爱国主义不再是忠君尽孝,而是表现为坚持中国特色社会主义,拥护党的

---

[1] 《邓小平文选》第2卷,人民出版社1993年版,第369页。
[2] 中共中央文献研究室编:《十七大以来中央文献选编》(下),中央文献出版社2013年版,第526—527页。

领导，建设社会主义现代化国家，维护国家主权和尊严，维护祖国统一、民族团结，反对民族分裂，把爱国主义与坚持中国特色社会主义、党的领导和维护国家统一、民族团结统一起来，自觉把国家利益放在第一位，个人利益服从国家利益，把个人命运与国家命运联系起来。在中国特色社会主义的内容上，其中社会主义道德建设的基本要求是"五爱"，第一个就是爱祖国，社会主义核心价值体系中包括弘扬以爱国主义为核心的民族精神和以改革创新为核心的时代精神。国家的强大繁荣增强了每一个中国人的爱国情感，这种爱国情感又会激发建设国家的力量，但弘扬爱国主义精神不能陷入狭隘的民族主义，爱国主义应是开放包容的，表现为学习借鉴一切国家民族有益的东西为我所用。

三　民惟邦本的民本思想

中国传统文化的民本思想源远流长，是中国传统文化中的重要内容。以民为本是在提醒统治者重视民众的作用，采取的政策要顺应民心，这是积极因素，但也有消极因素。民本思想是建立在封建等级制之上的，没有现代民主因素，也缺乏制度保障。中国特色社会主义提出以人为本，吸纳融合了传统的民本思想的积极因素，是对传统民本思想的升华。

（一）传统民本思想的基本内涵

从起源看，"民"与"人"相对，《周书》《雅》《颂》中涉及的"人"字，大都是指先王或贵族，而"民"则是指奴隶。周代的奴隶制，王、诸侯、卿大夫都是奴隶主。奴隶主拥有各种不同身份和名称的奴隶，驱使奴隶创造大量的财富。另外，还有平民阶级，住在"国"即都邑内的叫作"国人"，住在农村公社的农民叫作"野人"[①]。东汉许慎《说文解字》中说："民，众萌也。"《淮南子·精神训》中讲："夫牧民，犹畜禽兽也。"朱熹把"民"称

---

① 白寿彝：《中国通史纲要》（上），中国友谊出版社2012年版，第52页。

为"庶民",此外还有"贱民"之说。古代讲的"民"主要是指农民。后来演化为民与君相对,君代表天,君的统治必须遵循天道,形成了"天—君—民"的关系。可见,古代的"民"有低贱的、愚昧的意思,是被统治阶级,不同于今天我们用的"人民"一词。

民本思想的基本内涵就是重视民众、顺从民意、获取民心,把民看作保持国家权力的根基,维护好民之利益,思想上要重民贵民,行动上做到保民爱民、养民富民、信民教民,这样才能使人民安居乐业,国家才能兴旺发达,君权才能得以巩固。传统民本思想大致包括以下内容。

(1) 重民贵民。统治者应把百姓利益放在重要位置,了解民情,顺乎民意。早在《尚书》中就有言:"民惟邦本,本固邦宁。"其还讲道:"天视自我民视,天听自我民听。"民是治国安邦的根本、基础,"本"不是"上"。老子讲:"圣人无常心,以百姓心为心。"[①] 民为邦本是要君主为维持其统治去重民力、顺民心。荀子讲:"天之生民,非为君也;天之为君,以为民也。"[②] 他还提出"君者,舟也;庶人者,水也。水则载舟,水则覆舟"[③],就是在提醒统治者要重民,不要贱民、欺民,否则就会招致"人亡政息",这一思想影响了后世历代统治者。西汉思想家贾谊说:"国以民为安危,君以民为威侮,吏以民为贵贱。"[④] 就是说民心、民意、民力决定了国家的兴亡和统治者的地位。孟子提出"民为贵,社稷次之,君为轻"[⑤],具有朴素的民主思想。到了明清之际,黄宗羲则提出了"民为主,君为客"的思想,指出:"古者以天下为主,

---

[①] (魏)王弼注,楼宇烈校译:《老子道德经注校译》,中华书局2008年版,第129页。

[②] 蒋南华等注译:《荀子全译》,贵州人民出版社1995年版,第567页。

[③] 同上书,第143页。

[④] (汉)贾谊撰、闫振益,钟夏校注:《新书校注》,中华书局2000年版,第338页。

[⑤] 万丽华、蓝旭译注:《孟子》,中华书局2006年版,第324页。

君为客"①"凡君之所毕世而经营者,为天下也"②,民主倾向更加明显。重民应尊重民意,顺应民心,古代思想家大都承认民心向背关系国家兴亡。管子讲:"政之所行,在顺民心;政之所废,在逆民心。"③孟子讲:"得天下有道:得其民斯得天下矣;得其民有道:得其心,斯得其民矣。"④他还提出国事要尊重民意,比如齐宣王提出要攻打燕国,问孟子是否可以,孟子说"取之而燕民悦,则取之;取之而燕民不悦,则勿取"⑤,即尊重民意,老百姓同意打则打,老百姓不愿意就不要攻取。

(2) 保民爱民。西周统治者提出了"敬德保民"的思想,周公提出要"用康保民""怀保小民"。因为中国传统文化中讲"天立君为民"。《左传·文公十三年》中记载:"天生民而树之君,以利之也。"也就是说君要保民爱民,使民安居乐业。孔子提出"节用而爱人,使民以时"⑥,反对横征暴敛,对"苛政猛于虎"忧心忡忡。荀子说:"知爱民之为安国也""有社稷者而不能爱民,不能利民,而求民之亲爱己,不可得也。民不亲不爱,而求其为己用,为己死,不可得也"⑦。孟子讲:"暴其民甚,则身弑国亡。"⑧也就是说,统治者若不爱民就得不到人民的拥护,也就得不到天下。贾谊告诫统治者要爱民保民不可欺民,他说:"故夫民者,至贱而不可简也,至愚而不可欺也。故自古至于今,与民与仇者,有迟有速,而民胜之。……凡居于上位者,简士苦民者是谓愚,敬士

---

① 黄善洪主编:《黄宗羲全集》第1册,浙江古籍出版社1985年版,第2页。
② 同上书,第5页。
③ 赵守正:《管子注译》(上册),广西人民出版社1987年版,第1页。
④ 万丽华、蓝旭译注:《孟子》,中华书局2006年版,第154页。
⑤ 同上书,第40页。
⑥ 杨伯峻译注:《论语译注》,中华书局2006年版,第4页。
⑦ 蒋南华等译注:《荀子全译》,贵州人民出版社1995年版,第248页。
⑧ 万丽华、蓝旭译注:《孟子》,中华书局2006年版,第154页。

爱民者是谓智。"① 与人民为敌者，必然招致失败，爱民保民才是统治者的大智慧。保民爱民，还包括对于社会弱势群体、自然灾害和战争等特殊人群和特殊时期的社会救济。管子提出了"兴德六策"和"九惠之教"的社会赈济措施。"兴德六策"包括"厚其生""输之以财""遗之以利""宽其政""匡其急"和"振其穷"。在管仲看来，实行了这些政策，百姓就得其所欲，"夫民必得其所欲，然后听上；听上，然后政可善为也"②。所谓九惠之教，《管子·入国》记载："入国四旬，五行九惠之教。一曰，老老；二曰，慈幼；三曰，恤孤；四曰，养疾；五曰，合独；六曰，问疾；七曰，通穷；八曰，振困；九曰，接绝。"③

（3）养民富民。养民富民，使人民的基本温饱需求得到满足，这是社会存在发展的基础条件。西周初期，周公就采取"崇德，尚礼，利民为本"的治国方略。《大禹谟》记载："德惟善政，政在养民。"孔子主张"养民也惠"④，意思是养民就是要使人民得实惠。还提出"足食、足兵、民信"的安民利民的主张，认为首先要"富之"，然后才能"教之"。孟子提出"恒产"是人民生存的保障，告诫统治者"若民则无恒产，因无恒心。苟无恒心，放辟邪侈，无不为已。及陷于罪，然后从而刑之，是罔民也"。也就是说人民有了生活保障才会人心稳定，人心不稳则国家不安。孟子还主张"制民之产"，使百姓"仰足以事父母，俯足以蓄妻子，乐岁终身饱，凶年免于死亡"⑤。荀子也主张"以政裕民"，提出"礼者，养也"，还说"君者，何也？能群也，能群也者，何也？曰善生养人者也"⑥，这样人民才"亲之"。养民必然要富民，民富才体

---

① （汉）贾谊撰，闫振益、钟夏校注：《新书校注》，中华书局2000年版，第339—341页。
② 赵守正：《管子注译》（上册），广西人民出版社1987年版，第85页。
③ 赵守正：《管子注译》（下册），广西人民出版社1987年版，第131页。
④ 杨伯峻译注：《论语译注》，中华书局2006年版，第53页。
⑤ 万丽华、蓝旭译注：《孟子》，中华书局2006年版，第15—16页。
⑥ 蒋南华等注译：《荀子全译》，贵州人民出版社1995年版，第250页。

现更好的养民，使人民吃饱穿暖，满足其基本生活需求，福民惠民，天下才有可能大治。管子提出："凡治国之道，必先富民，民富则易治，民贫则难治"① "仓廪实则知礼节，衣食足则知荣辱"②，使人民安居乐业，国家才能安定繁荣。清朝的唐甄在《潜书》中说："古之贤君，举贤以图治，养民以论功，足食以养民，虽官有百职，职有百务，要归于养民"③ "天下之官皆养民之官，天下之事皆养民之事，是竭君臣之耳目心思而并注之于匹夫匹妇也，欲不得治乎！"④ 养民则天下必得大治。他把富民提到了立国之基和判断政治优劣标准的高度，认为"财者，国之宝也，民之命也"⑤ "立国之道无他，惟在于富。自古未有国贫而可以为国者。夫富在编户，不在库府"⑥。富在编户意思是让大多数老百姓过上好日子，不是仅仅一小撮人富裕。在如何养民富民问题上，管子主张"省刑罚，薄赋敛，则民富矣"⑦，荀子提出"省工贾，众农夫，禁盗贼，除奸邪，是所以生养之也"⑧ "节用裕民"⑨，即让利于民，体恤民力，提倡节俭。

（4）信民教民。民富之后，还有对民进行教化，使人民有信，天下才算大治。教民就是使民在道德规范、行为习惯上符合儒家规范。《论语》记载，子贡问政于孔子，孔子回答说国家应"足食、足兵、民信"。子贡问如果依次去掉一项，先去哪个，再去哪个。孔子"去兵""去食"，最后把"民信"看作治国的最高境界。孔

---

① 赵守正：《管子注译》（下册），广西人民出版社1987年版，第72页。
② 同上书，第1页。
③ （清）唐甄著，吴泽民编校：《潜书：附诗文录》，中华书局1955年版，第101页。
④ 同上书，第111页。
⑤ 同上书，第105页。
⑥ 同上书，第114页。
⑦ 赵守正：《管子注译》（上册），广西人民出版社1987年版，第200页。
⑧ 蒋南华等注译：《荀子全译》，贵州人民出版社1995年版，第251页。
⑨ 同上书，第174页。

子解释道："自古皆有死，民无信不立。"① 他还说："道之以政，齐之以刑，民免而无耻。道之以德，齐之以礼，有耻且格。"② 即是通过教化使人民尊德讲礼。孟子主张施"王道"，以德服人，他说："善政不如善教之得民也。善政，民畏之；善教，民爱之。善政得民财，善教得民心。"③ 儒家认为人性本善，通过教化人人皆可成为有道德之人，教化的方式既有家庭教育，如诸多家训、治家格言④，还有学校教育、乡规民约等。教化的内容则是仁、义、礼、智、信等儒家伦理道德。

（二）中国特色社会主义继承和发展了民本思想

中国特色社会主义融合了中国传统民本思想、西方现代人本主义以及马克思主义，提出了以人为本、执政为民的概念，具有民族性和时代性。

"以人为本"是中国特色社会主义秉承的基本理念。从内涵上讲，以人为本的"人"包括两层含义：一是"人"相对于"物"而言，在生产发展的同时注重人的发展，不能只见物不见人；二是"人"指的是人民群众，"以工人、农民、知识分子等劳动者为主体，包括社会各阶层人民在内的中国最广大人民"⑤。以人为本中的"本"指的是根本，是党的一切工作的出发点和落脚点，是"人民至上"，明确人民在历史发展中的主体地位和决定性作用。

"以人为本"融合了传统民本思想的合理部分，借鉴了西方人本主义的合理因素，又增添了新的科学内涵。首先，"以人为本"蕴含着中国传统民本思想中珍视人的地位、尊重人的价值、扩展人的生命境界的思想，认为人在天地之间的地位是尊贵的。正如

---

① 杨伯峻译注：《论语译注》，中华书局2006年版，第141页。
② 同上书，第12页。
③ 万丽华、蓝旭译注：《孟子》，中华书局2006年版，第294页。
④ 如《颜氏家训》《孝友堂家训》《郑氏规范》《朱伯庐治家格言》《寿州龙氏家规》等。
⑤ 中共中央宣传部编：《科学发展观学习纲要》，人民出版社2013年版，第27页。

《荀子》所说:"水火有气而无生,草木有生而无知,禽兽有知而无义。人有气有生有知,亦且有义,故最为天下贵也。"古代的士人最重视自身的道德修养,以达到"内圣外王"为至高境界,统治者也以"仁政"为施政准则。"以人为本"又弥补了传统民本思想没有民主的缺陷,剔除了皇帝"家天下"的统治思想。其次,以人为本汲取了西方人本主义的现代合理因素,如崇尚科学、反对迷信、崇尚自由、反对专制、张扬人性、反对神性。但西方的人本主义是以基督教神学世界观为文化背景的,与"神本"相对,其理论出发点是抽象的人性,这在现实中是不存在的,也是应该被排除的。总之,"以人为本"超越了传统民本思想和西方人本主义的历史局限性,以马克思主义为灵魂,把实现人的解放作为根本目标,肯定人民的历史主体地位。

执政为民对民本思想的提升。所谓执政为民,指的是中国共产党在具体的执政过程中,要把一切为了人民、一切依靠人民作为行动的最高准则,不断改善民生,增加人民福祉。相比较而言,传统民本思想本身不含民主因素,没有人权意蕴,权力属于皇帝不属于人民大众。执政为民克服了传统民本思想中皇帝专权制度的狭隘性,高扬"人民民主"原则,为民既是手段又是目的,把改善民生作为执政为民的重要抓手。党的十六届四中全会通过的《中共中央关于构建社会主义和谐社会若干重大问题的决定》,努力使全体人民学有所教、劳有所得、病有所医、老有所养、住有所居,使全体人民共享发展成果,虽然还不尽如人意,但这是以人为本和执政为民理念的具体实践和体现。

四 自强不息和革故鼎新的精神

自强不息是中华文化的基本精神,自强不息与革故鼎新密切联系,自强不息精神蕴含着革故鼎新精神,革故鼎新精神体现了自强不息精神。中国共产党不断开辟中国特色社会主义事业新局面,发扬独立自主、自力更生、迎难而上、居安思危、开拓创新的精神是自强不息和革故鼎新精神的充分体现。

（一）传统文化中的自强不息和革故鼎新思想

自强不息的奋斗精神是民族精神的重要方面。中华民族是一个自强和富有奋斗精神的民族。《易经》中说："天行健，君子以自强不息。"① 自强不息体现出中华民族蓬勃向上、不畏艰难、开拓进取的精神风貌。梁漱溟在《中国文化要义》一书中说，中国人具有民族精神，"过去中国人的生存，及其民族生命之开拓，胥赖于此。这种精神，分析言之，约有两点：一为向上之心强，一为相与之情厚"②。所谓向上之心强是立足当下，向上实践，以圣贤为榜样，努力求理，也就是刚健有为、自强不息。自强不息的奋斗精神体现在以下几个方面。

（1）自强不息的奋斗精神具有鲜明的主体意识。孔子说过"三军可夺帅也，匹夫不可夺志也"③。孟子从人格修养上指出："富贵不能淫，威武不能屈，贫贱不能移"④ "我善养吾浩然之气"⑤，这种浩然之气是发自内心而非外在强加于人的，强调人要有志气和奋斗的勇气。荀子说过："大天而思之，孰与物畜而制之；从天而颂之，孰与制天命而用之。"⑥ 强调人要去探求自然的规律并为我所用，体现出了鲜明的主体意识。

（2）在个人独立人格和实现人生价值上，中国人具有不畏艰难、坚韧不拔、英勇抗争的精神。在人与自然的关系上，中国古代有精卫填海、大禹治水等神话传说，反映了先民们战胜自然的勇气。古往今来，许许多多的仁人志士不为困难和挫折所吓倒，勇往直前。有"知其不可为而为之"⑦ 的坚定信念。司马迁在《史记·

---

① 杨天才、张善文译注：《周易》，中华书局2011年版，第8页。
② 梁漱溟：《中国文化要义》，上海人民出版社2011年版，第127页。
③ 杨伯峻译注：《论语译注》，中华书局2006年版，第108页。
④ 万丽华、蓝旭译注：《孟子》，中华书局2006年版，第125页。
⑤ 同上书，第57页。
⑥ 蒋南华等注译：《荀子全译》，贵州人民出版社1995年版，第357页。
⑦ 杨伯峻译注：《论语译注》，中华书局2006年版，第178页。

太史公自序》中说:"西伯拘而演《周易》;仲尼厄而作《春秋》;屈原放逐,乃赋《离骚》;左丘失明,厥有《国语》;孙子膑脚,《兵法》修列;不韦迁蜀,世传《吕览》;韩非囚秦,《说难》《孤愤》;《诗》三百篇,大抵圣贤发奋之所为也。"还有《列子·汤问》中"愚公移山"的传说,都能体现自强不息、艰苦奋斗的精神。在民族大义面前,中国人处处体现出刚健有为、自强不息的民族气节。在民族兴旺发达、昂扬向上的昌盛时期,洋溢着一股建功立业的壮志豪情,在民族危亡、遭遇外族入侵的时刻,刚健有为、自强不息的精神总是激励着人们顽强不屈地进行反侵略、反压迫的斗争。正如鲁迅所说:"我们从古以来,就有埋头苦干的人,有拼命硬干的人,有为民请命的人,有舍身求法的人……这就是中国的脊梁。"[1]

(3)自强不息精神体现在强烈的忧患意识。忧患意识是人在相对安定的环境中具有的对可能风险、困难或危机的自觉意识。中国传统中的忧患意识也体现出自强不息的奋斗精神,孟子讲"生于忧患死于安乐",点出了忧患意识的重要性。《诗·小雅》中说:"惴惴小心,如临深谷;战战兢兢,如履薄冰。"[2]《易经》中讲:"君子安而不忘危,存而不忘亡,治而不忘乱,是以身安而国家可保也。"[3]意思是做事要谨慎,多考虑不好的方面和可能具有的风险。中国传统中的忧患意识具有忧国忧民的情怀,范仲淹说:"先天下之忧而忧""居庙堂之高则忧其民,处江湖之远则忧其君"。欧阳修讲:"忧劳可以兴国,逸豫可以亡身。"在历史上许多政治人物身上,如诸葛亮、魏征、林则徐、谭嗣同等,也能看出忧国忧民情怀,体现出强烈的社会责任感和历史担当,保持了中华民族旺盛的生命力。

---

[1] 《鲁迅全集》第6卷,人民文学出版社2005年版,第122页。
[2] 程俊英译注:《诗经译注》,上海古籍出版社2014年版,第295页。
[3] 杨天才、张善文译注:《周易》,中华书局2011年版,第622页。

革故鼎新的创新意识。"革故鼎新"一词源自《周易·杂卦》，解释为"革，去故也。鼎，取新也"①，意思是与时俱进、新陈代谢、除旧布新，也就是创新。鼎有承接革的结果之意，也就是要在继承的基础上有所进步。有人认为，中国文化传统中缺乏创新因子，这是对中国文化传统的误解，是仅仅看到了近代中国落后的事实而没有全面了解中国文化传统的缘故。中国文化传统中富于创新思想和精神，主要表现在以下两个方面。

（1）在世界观上，中国文化传统中强调变，把世界上的事物看成是不断变化的过程，反对教条僵化、因循守旧，提倡因时而变、与时俱进。早在《诗经》中就提到"周虽旧邦，其命维新"。国家强盛在于有新的制度、新的理念、新的人才等。古代经书之首的《周易》说："山因势而变，水因时而变，人因思而变"，人们"终时乾乾，与时偕行"，才能做到"穷则变，变则通，通则久"②。意思是说通过不断变革才能通达，因循守旧不可能长久。《盘铭》中讲："苟日新，又日新，日日新。"③ 让每天都是新的，创新应成为一种追求和一种生活态度。《盐铁论》中提出："明者因时而变，知者随事而制。"也就是具体问题具体分析，一切以时间、地点、条件为转移。韩非子也认为，社会历史是一个进化发展的过程，"世异则事异"，"事异则备变"④，无论以前的措施多么有效，如果照搬运用于现在，则无异于守株待兔，结果只能是被淘汰。与时俱进、不断革新才是王道，在治国理政上，他主张根据不同的发展阶段，做到"因时而变"。《周易》中说："天地革而四时成，汤武革命，顺乎天而应乎人，革之时大矣哉。"⑤ 庄子说："故夫三皇五帝之礼义法度，不矜于同，而矜于治""礼义法度，应时

---

① 杨天才、张善文译注：《周易》，中华书局 2011 年版，第 682 页。
② 同上书，第 601 页。
③ 杨天宇：《礼记译注》（下），上海古籍出版社 2004 年版，第 803 页。
④ 张觉等撰：《韩非子译注》，上海古籍出版社 2007 年版，第 678 页。
⑤ 杨天才、张善文译注：《周易》，中华书局 2011 年版，第 429 页。

而变者也"①。《吕氏春秋·察今》中指出"世异时移，变法宜矣"②。司马迁在《史记·范雎蔡泽列传》中指出："物盛则衰，天地之常数也；进退盈缩，与时变化，圣人之道也。"进一步强调了"与时变化"的思想，自然界和人类社会中的新陈代谢是不可改变的规律。

（2）在实践上，中国历史上产生过许多敢想敢干、破旧立新的改革。改革家提出的具体的改革方案当然随历史的发展已成过去，但改革所表现出来的革故鼎新的变革精神却长存史册，激励后人。例如，商鞅在秦国的变法，主张历史进化论，他说："三代不同礼而王，五霸不同法而霸。故知者作法，而愚者制焉；贤者更礼，而不肖者拘焉。"③ 他实行封建土地所有制，取代行将礼崩乐坏的奴隶制，顺应历史发展的潮流，为秦国崛起奠定了基础。商鞅认为，变法革新是顺乎世事变化而采取的治国措施，他说，"周不法商，夏不法虞，三代异势，而皆可为王。故兴王有道，而持之异理"④，提出"治世不一道，便国不必法古"的革新主张⑤。他提出治国理政的措施以现实功利为依据，须"当时而立法，因事而制礼。礼法以时而定，制令各顺其宜"⑥。再如，王安石面对北宋积贫积弱的困境，力图富国强兵。所谓积贫，乃冗官、冗兵、冗费，国库财政空虚；所谓积弱，是指北方有辽和西夏的威胁。他以"天变不足畏，祖宗不足法，人言不足恤"的无畏气度决心变法，与守旧派和利益集团进行斗争。近代以来，有识之士看到国运衰微，遂提出变法思想，客观审视中国和西方，要学习先进、改造落后。康有为提出了一系列变法革新的主张，他强调变法的重要性，

---

① 方勇译注：《庄子》，中华书局 2010 年版，第 233 页。
② （汉）高诱注，（清）毕沅校，徐小蛮标点：《吕氏春秋》，上海古籍出版社 2014 年版，第 341 页。
③ 石磊译注：《商君书》，中华书局 2009 年版，第 5 页。
④ 同上书，第 81 页。
⑤ 同上书，第 7 页。
⑥ 同上。

指出:"盖变者,天道也",一切事物都遵循"穷则变,变则通,通则久"的道路发展,"天惟能变通,而后万物成焉""地久而不蔽者,为能变也""物新则壮,旧则老,新则鲜,旧则腐;新则活,旧则板,新则通,旧则滞,物之理也"。社会在变通中进化,治国也不例外,他说:"观大地诸国,皆以变法而强,守旧而亡","法既积久,弊必丛生,故无百年不变之法""若泥守不变,非独久而生弊,亦且滞而难行",对于正在遭受列强宰割的中国来说,"能变则存,不变则亡;全变仍存,小变仍亡""当变不变,鲜不为害"①。梁启超认识到社会进步就是不断变化的结果,不积极适应改革,便会被历史淘汰。他指出:"法者,天下之公器也;变者,天下之公理也。……变亦变,不变亦变。变而变者,变之权操诸己,可以保国,可以保种,可以保教。不变而变者,变之权让诸人,束缚之,驰骤之。"②试图通过主动的变法维新以挽救国家和民族于危亡之中。以上历史人物的主张和精神经过岁月的淘洗,成为我们民族精神的重要内容,至今仍焕发着激动人心的活力。

革故鼎新也有其历史局限性,除了有与时俱进、除旧布新的一面之外,也有保守的一面。中国文化传统中有尊重祖先的传统,曾子曰:"慎终,追远,民德归厚矣。"③ 这种革故鼎新的精神被限制在封建统治秩序框架之内,改良因素多于革命因素。

(二)中国特色社会主义继承和发展了自强不息和革故鼎新精神

中国特色社会主义的发展蕴含着自强不息和革故鼎新的精神,集中表现中国共产党的行动上。

首先,中国特色社会主义道路的开拓体现了中国共产党鲜明的自主意识和创新意识。"文革"结束后,中国面临向何处去的问

---

① 史国瑞:《论康有为的变法思想》,《人文杂志》1985年第5期。
② 《梁启超全集》第1册,北京出版社1999年版,第14页。
③ 杨伯峻译注:《论语译注》,中华书局2006年版,第6页。

题。邓小平提出解放思想、实事求是,团结一致向前看。党的十二大,邓小平明确提出走自己的路,这条路就是建设有中国特色社会主义道路,其间创造出了一些有中国特色的新事物,如大包干、乡镇企业、经济特区、社会主义市场经济等,这是我们自己创造出来的,不是照抄照搬,起初人们不理解不接受,结果使经济发展起来了,使社会主义事业蒸蒸日上。"苏东剧变"后,国际共产主义运动遭受挫折,中国又面临向何处去的问题,中国依然坚持走中国特色社会主义道路,实践证明,这条道路是实现现代化与民族复兴的正确道路。

其次,解放思想,与时俱进。改革开放之初,邓小平倡导解放思想,提出"摸着石头过河",闯出一条新路。他大胆质疑把社会主义等同于计划经济,因为实践证明了计划经济无法充分发挥人民的生产积极性,他说:"计划和市场都是经济手段",计划和市场都是资源配置的手段,与社会制度无关,"计划多一点还是市场多一点,不是社会主义与资本主义的本质区别"[①],引入市场机制不会改变社会主义的性质。他认为应引进和学习外国先进技术、资本和科学管理经验,打破"大锅饭",搞活经济,让生产力快一些发展起来、人民生活快一些富裕起来。邓小平南方谈话后,中国在各个领域的改革更加广泛和深刻,破除旧制度、确立新制度,破除旧观念、树立新观念。江泽民同志强调理论创新和实践创新,提出了与时俱进,他指出"与时俱进,就是党的全部理论和工作要体现时代性,把握规律性,富于创造性"[②]。中国特色社会主义在中国历史上和世界历史上都是一项全新的事业,原来的条条框框需要突破和改变,新体制的建立和完善又需要经过反复的摸索和试验,这些都既无马列的本本可循,也无别国的现成经验可鉴,其间必然有许多的困难、阻力、曲折,不会是一帆风顺的。中国共产党表现出

---

① 《邓小平文选》第3卷,人民出版社1993年版,第373页。
② 《江泽民文选》第3卷,人民出版社2006年版,第537页。

无所畏惧、开拓创新的精神，是对中国传统中自强不息、革故鼎新精神的继承和发扬。

再次，中国共产党在困难面前勇于担当，发挥了"主心骨"的作用。在中国漫长的历史中，我们遇到过数不清的困难、磨难。改革开放以来，我们也碰到许许多多的困难、灾害，中国共产党勇于担当，成为民族的主心骨。面对洪水、"非典"疫情、"汶川大地震"等自然灾害，党动员、团结起全国力量，一次又一次地战胜困难。实践证明，一个敢于担当的政党才会赢得民众的真心拥护。

最后，在党的建设方面居安思危。中国共产党是一个有着强烈忧患意识的党，"文革"刚刚结束，邓小平就大声疾呼："如果现在再不实行改革，我们的现代化事业和社会主义事业就会被葬送。"[1] 邓小平认识到，实行改革首先必须把人们的思想从"文革"影响下解放出来，他说："一个党，一个国家，一个民族，如果一切从本本出发，思想僵化，迷信盛行，那它就不能前进，它的生机就停止了，就要亡党亡国。"[2] 改革开放取得了巨大成就，中国共产党并没有骄傲自满，而是冷静看待已取得的成就，认识到党还面临着各种执政风险和"四大"执政考验，从生死存亡、兴衰成败的高度重视党风问题、腐败问题、先进性建设和执政能力建设，认识到现在先进不等于永远先进，执政地位不是与生俱来和一劳永逸的，自觉改进作风、反腐倡廉、保持先进性以及提高执政能力建设。

第三节 继承和提升传统文化中的思维方式

中国传统文化中的思维方式是中华民族社会实践方式的主观内化，是中国人面对自然、认识社会、探索宇宙奥秘的思维逻辑，

---

[1] 《邓小平文选》第2卷，人民出版社1994年版，第150页。
[2] 同上书，第143页。

"是由一系列的基本观念所规定和制约的、被模式化了的思维的整体程式,是特定的思维活动形式、方法和程序的总和"①,深刻影响了中国人的行为方式。关于传统思维方式,许多学者都提出了自己的观点,如直觉思维、辩证思维、整体性思维、象征性思维、中和思维等,不尽相同。就对中国特色社会主义的积极影响来看,主要包括整体性思维和辩证思维。

一 整体性思维方式

中国人认为世界万物都是不可割裂、彼此相互贯通的有机整体,事物内部和事物之间都具有相互联系、相互制约的关系,把世界看成"天—地—人"一体,注重天人合一。这种整体性思维方式不仅渗透于思想文化领域,贯穿于经济社会以及日常生活中,并世代相传,主要有以下两层含义。

(一)"天—地—人"整体性思维

中国古人把整个世界分为天、地、人三个层次,是一种对宇宙总体的概括。古人通过占卦来探知天意,据此趋吉避凶,可见"天"具有神秘主义色彩。"天"虽有多层含义,但最重要最基本的是指宇宙自然界。《吕氏春秋·情欲》中指出:"人之与天地也同,万物之形虽异,其情一体也。"② 意思是说宇宙万物,尽管殊类异形,却具有统一的法则、结构和运动节奏,形成一个系统的整体。人是沟通天地的中介,老子讲:"天大,地大,道大,王亦大。域中有四大,而王居其一焉。"③ 这里的王指的是人。《孟子》中也说:"天时不如地利,地利不如人和。"④ 突出了人在天地之间

---

① 李宗桂:《中国文化概论》,中山大学出版社1988年版,第297页。
② (汉)高诱注,(清)毕沅校,徐小蛮标点:《吕氏春秋》,上海古籍出版社2014年版,第34页。
③ (魏)王弼注,楼宇烈校译:《老子道德经注校译》,中华书局2008年版,第64页。
④ 万丽华、蓝旭译注:《孟子》,中华书局2006年版,第76页。

的地位。

"天—地—人"融会贯通就是天人合一,天人合一思想是中国哲学的核心思想。《周易》中讲"圣人有以见天下之动,而观其会通"①,强调要从统一的角度去观察事物的多样性和矛盾。历朝历代的君主执政施教,都要使天地人"贯而参通之"。中国人主张天人合一,从主客体的关系看,天人合一指的是天道与人道、自然与人类社会相统一,揭示了人与自然相互依存、相互联系、相互贯通的有机统一,把人与天地万物作为一个整体来看待。

(二)中国特色社会主义融合和提升了传统整体性思维

中国人善于从整体上观察事物、分析问题,习惯于把世界作为一个整体来思考。传统整体性思维方式与现代系统思维相通,对中国特色社会主义在形成和发展上具有积极影响。发展中国特色社会主义,不再是"天—地—人"的思维框架,而是一种现代系统性思维,把中国特色社会主义看作是一个由各个因素构成的有机整体或系统,运用分析与综合相结合的逻辑方法,把突出重点与协同推进结合起来。首先,从中国特色社会主义的形成和发展看,中国特色社会主义不同的历史阶段,一是在根本问题上,抓住了关系中国特色社会主义全局和发展前途的根本问题,回答了"什么是社会主义,怎样建设社会主义""建设一个什么样的党,怎样建设党""实现什么样的发展,怎样发展"三大基本问题,深刻诠释了"什么是中国特色社会主义,怎样建设中国特色社会主义"这一根本问题,"从理论和实践结合上系统回答了在中国这样人口多底子薄的东方大国建设什么样的社会主义、怎样建设社会主义这个根本问题,使我们国家快速发展起来,使我国人民生活水平快速提高起来"②。二是在整体战略布局上不断扩展丰富,邓小平提出物质文

---

① 杨天才、张善文译注:《周易》,中华书局2011年版,第576页。
② 胡锦涛:《坚定不移沿着中国特色社会主义道路前进 为全面建成小康社会而奋斗》,人民出版社2012年版,第13页。

明与精神文明两手抓，把中国特色社会主义的战略布局划分为物质和精神两个方面。党的十六大把战略布局发展为"三位一体"，即经济建设、政治建设和文化建设。党的十七大把战略布局发展为"四位一体"，在原有的基础上增加了社会建设。党的十八大提出了中国特色社会主义的总布局是"五位一体"。其次，从中国特色社会主义的内容上看，中国特色社会主义在整体上可分为中国特色社会主义道路、中国特色社会主义理论体系和中国特色社会主义制度三个方面。其中，中国特色社会主义道路和制度是改革开放的实践成果，中国特色社会主义理论体系是改革开放的理论成果，也是对中国特色社会主义道路和制度的理论阐释。这也体现出中国人的整体性思维特征。

二 辩证思维方式

辩证思维的传统包含着丰富的理论内容，体现了矛盾、联系和发展的观点，主要有"阴阳"学说和"五行"学说，把世界看成是一个矛盾推动的、联系的、发展的有机整体。"阴阳"学说与"五行"学说又不是孤立存在，两者是融为一体的。这对中国特色社会主义的形成和发展具有积极意义。

（一）"阴阳""五行"学说中体现的辩证思维

"阴阳"学说中的矛盾观点。《周易》中强调阴阳矛盾对立面的交互作用，其中提出了"一阴一阳之谓道"[①]"刚柔相推而生变化"[②]的命题，试图用阴阳的对立统一来说明世间万事万物的兴衰更替，深刻影响了后世辩证思维的发展。《黄帝内经》中指出了阴阳的重要地位作用，"阴阳者，天地之道也，万物之纲纪，变化之父母，生杀之本始，神明之府也"[③]。老子也大量阐发

[①] 杨天才、张善文译注：《周易》，中华书局2011年版，第571页。
[②] 同上书，第565页。
[③]（清）张志聪著，王宏利、吕凌校注：《黄帝内经素问集注》，中国医药科技出版社2014年版，第17页。

了阴阳的矛盾观，他说："万物负阴而抱阳，冲气以为和。"① 认为矛盾的双方相互依存，也相互转化。他说："有无相生，难易相成，长短相较，高下相倾。"② 又说："祸兮福之所倚；福兮祸之所伏。"③ 班固提出了"相反相成"的概念，他认为先秦诸子"其言虽殊，辟犹水火，相灭亦相生也。仁之与义，敬之与和，相反而皆相成也"④。万事万物都蕴含着消长相因、物极必反的道理，正如《史记·范蠡传》中所说："物盛则衰，天地之常数也；进退盈缩，与时变化，圣人之常道也。"可见，以矛盾的观点看问题是中国人基本的思维方式。

"五行"学说中的联系发展观点。中国传统中的重经验的倾向，产生了把日常生活中可感知的具体事物及其相互联系看成是世界构成运行的模式。其中，"五行"学说影响最大、最为深远（在"五行"学说之前还有"五方"说和"五材"说）。"五行"学说最早提出在《尚书·洪范》中，记载有："五行：一曰水，二曰火，三曰木，四曰金，五曰土。水曰润下，火曰炎上，木曰曲直，金曰从革，土曰稼穑。润下作咸，炎上作苦，曲直作酸，从革作辛，稼穑作甘。"⑤ 后来《礼记》《吕氏春秋》《黄帝内经》等典籍中逐渐将金木水火土推演为五种功能属性，作为划分和解释事物或现象关系的结构图式。《国语·郑语》中讲："先王以土与金木水火杂，以成百物。"在五行之间的最基本的关系是相生相克，即木生火，火生土，土生金，金生水，水生木；木克土，土克水，水克火，火克金，金克木。五行之间的这种相生相克关系，被认为是事物在正常情况下的内在联系，它们维持着事物的正常变化和协调

---

① （魏）王弼注，楼宇烈校译：《老子道德经注校译》，中华书局2008年版，第117页。
② 同上书，第6页。
③ 同上书，第151页。
④ 《汉书·艺文志》
⑤ 慕平译注：《尚书》，中华书局2009年版，第128页。

发展。

"阴阳"学说和"五行"学说相结合。中国人是把"阴阳"学说和"五行"学说联系起来理解的,作为一种朴素唯物主义的哲学思想,"阴阳"学说将自然界中的矛盾现象进行概括,赋予一方为阴,一方为阳,阴阳双方彼此排斥又相互依存、相互转化,力图用两者的对立统一关系来说明宇宙间万事万物运动变化的根源。而"五行"学说则力图说明万事万物是怎样相互联系和变化发展的,揭示系统事物在复杂的结构关系中的一般运行机制,两者是相辅相成的。正如有学者指出:"阴阳分析是五行分析的基础,五行是阴阳分析的具体化。"[①]

(二)中国特色社会主义融合和提升了传统辩证思维

中国特色社会主义的产生、发展和内容上都能体现出辩证思维的运用。在中国这样一个大国搞社会主义,必然面对各种复杂关系和风险挑战,中国共产党作为执政党发挥纵览全局、协调各方的作用,统筹兼顾是基本要求和方法。做到统筹兼顾,中国文化传统中的辩证思维方法发挥了重要积极作用,但不再是运用"阴阳""五行",而是吸收了两者的精神内核,坚持马克思主义的唯物主义辩证法。首先,从中国特色社会主义的形成和发展看,早在1956年,毛泽东同志在《论十大关系》中就提出了要正确处理的十大关系。1995年江泽民同志在十四届五中全会上论述了涉及社会主义现代化建设的12个重大问题。邓小平当年提出了"两个大局"的思想,东部利用地理和人力资源等优势先发展起来,之后帮助西部发展,最终实现共同富裕。其次,从中国特色社会主义的内容上看。随着中国共产党的治国理政经验越来越丰富,提出正确处理改革、发展、稳定的关系,改革、发展、稳定都是现代化建设的关键点,就像"三个紧密关联的战略性棋子,每一着棋都下好了,相互促进,就会全局皆活;如果有一着下不好,其他两着也会陷入困境,

---

[①] 刘长林:《中国系统思维》,中国社会科学出版社1990年版,第301页。

就可能全局受挫"。简单地讲,改革是动力,发展是目的,稳定是前提。正确处理改革、发展、稳定的辩证关系,是"现代化建设的一项重要领导艺术"[①],妥善处理改革、发展、稳定的关系关键把握好三个"度",即发展的速度、改革的力度和社会可承受的程度。把不断改善人民生活作为正确处理三者关系的重要结合点。在社会稳定中推进改革和发展,通过改革和发展促进社会稳定。

综上所述,中国特色社会主义不是对传统文化的彻底否定之上产生和发展的,相反,中国传统文化为中国特色社会主义的产生和发展提供了丰厚的文化滋养,中国传统文化中的优秀成分在治理国家、稳定社会、凝聚人心方面具有无与伦比的重要作用。正如习近平指出的:"抛弃传统、丢掉根本,就等于割断了自己的精神命脉。博大精深的中华优秀传统文化是我们在世界文化激荡中站稳脚跟的根基。中华文化源远流长,积淀着中华民族最深层的精神追求,代表着中华民族独特的精神标识,为中华民族生生不息、发展壮大提供了丰厚滋养。"[②] 另外,中国特色社会主义的理论与实践又是对中国优秀传统文化的提升与升华,使之获得新的生命力,两者相得益彰。对待民族传统文化,需要分清精华与糟粕,去粗取精、去伪存真。还要避免两种错误倾向,一种是文化复古主义,一种是历史虚无主义。对传统文化不仅有继承,更重要的是有所创新,在新的历史条件下进行创造性转化和创新性发展。

[①] 中共中央文献研究室编:《江泽民论有中国特色社会主义(专题摘编)》,中央文献出版社 2002 年版,第 211 页。

[②] 习近平:《把培养和弘扬社会主义核心价值作为凝魂聚气强基固本的基础工程》,《人民日报》2014 年 2 月 26 日第 1 版。

第三章 中国特色社会主义对红色文化的传承和发展

红色文化是指中国共产党在革命、建设和改革历程中形成的具有自身特点的先进文化。红色文化的产生和发展有其深厚的文化渊源和社会实践来源。其中，文化渊源包括科学社会主义和中国优秀传统文化，社会实践来源是中国革命、建设和改革实践，体现了中国共产党的独特创造。广义的红色文化包括物质层面、制度层面、行为层面和精神层面的，狭义的红色文化仅仅是精神层面的。本章讲的红色文化是狭义的红色文化，主要是指中国共产党在领导中国革命、建设和改革的历史中形成的，具有自身特点的红色精神、优良传统和思想原则。本章以历史发展为线索，阐述中国特色社会主义对红色文化的传承与发展。

第一节 传承和发展红色精神

本书把在新民主主义革命时期形式的红色精神称为革命精神，把社会主义社会建立以来形成的红色精神称为创业精神。创业精神是对革命精神的继承和发展。改革开放以来形成的时代精神又是对革命精神和创业精神的弘扬、丰富和发展。红色精神是红色文化的核心和精髓，革命精神中的大无畏的牺牲精神和敢闯新路的开拓精神，创业精神中爱国奉献、艰苦奋斗和求实创新精神都是中国特色社会主义需要传承弘扬的精神。

一 革命精神

革命精神形成于革命战争年代的各个时期,包括土地革命战争时期形成的井冈山精神、长征精神,抗日战争时期形成的延安精神、红岩精神,以及解放战争时期形成的西柏坡精神。

(一) 革命精神的基本内容

1. 井冈山精神

井冈山精神体现了党敢于探索新路的精神风貌。在大革命失败后,党重整旗鼓,开辟第一个农村革命根据地,走出一条革命胜利的新路。井冈山精神是中国革命精神之源。它的内涵包括:坚定信念、艰苦奋斗、实事求是、敢创新路、依靠群众和勇于胜利。井冈山的斗争处在国民党白色恐怖的四面包围之中,敌我力量悬殊,当时国民党军队不仅军事"围剿",而且经济封锁,妄图把红军困死、饿死在井冈山,但是共产党员凭着坚定的理想信念,党员带头,自力更生,制定"三大纪律八项注意",得到群众拥护,最终探索出了一条"农村包围城市、武装夺取政权"的新路。井冈山精神体现出"敢为天下先"的大无畏气概,点燃了革命的星星之火。

2. 长征精神

长征精神体现了党在最困难的局面下具有的精神风貌,突出表现为坚定的革命理想信念和艰苦奋斗精神。长征途中,红军战士不畏艰难,爬雪山、过草地、突破敌人重重围堵,胜利实现战略转移。一位美国学者感叹:"人类的精神一旦唤起,其威力是无穷无尽的。"[1] 长征精神的内涵包括:坚定理想、坚守信念;不怕艰险、不怕牺牲;独立自主、实事求是;顾全大局、严守纪律、紧密团

---

[1] [美]哈里森·索尔兹伯里:《长征——前所未闻的故事》,解放军出版社1986年版,第4页。

结；依靠群众、艰苦奋斗。① 江泽民同志曾指出:"红军战士所以能够克服千难万险,靠的就是坚定的共产主义理想和革命必胜的信念,靠的就是艰苦奋斗精神和一往无前、不怕牺牲的英雄气概。长征精神是激励中国共产党人和中华民族百折不挠、奋发图强的巨大精神动力。这种精神,无论岁月如何更替,条件如何变化,都要发扬光大。"② 长征是宣言书,长征是宣传队,长征是播种机,中国革命由此从胜利走向胜利。

3. 延安精神

延安精神体现了党团结人民反抗侵略、艰苦创业的精神风貌。延安精神的主要内涵包括:解放思想、勇于创新；调查研究、实事求是；自力更生、艰苦奋斗；依靠群众、服务群众。③ 延安时期,党以实事求是的精神进行了整风运动,清算了党以往的错误思想；实行民主团结大多数；自力更生搞大生产运动,被誉为革命圣地,吸引着千千万万的革命青年来到这里,汇成了革命洪流,为中国革命的胜利奠定了基础。

4. 沂蒙精神

沂蒙精神是抗日战争和解放战争时期,在山东沂蒙山区军民共同战斗过程中形成的精神。在此时期涌现出了许多可歌可泣的英雄事迹,有用自己的乳汁搭救八路军战士的"红嫂",掩护抚养革命后代的"沂蒙母亲",支前模范"沂蒙六姐妹",表现了党密切联系群众的优良作风和军民鱼水情。新中国成立后,沂蒙人民发扬"沂蒙精神",艰苦奋斗,摆脱了贫困,涌现出了厉家寨、九间棚

---

① 参见《江泽民文选》第1卷,人民出版社2006年版,第590页。

② 中共中央文献研究室编：《江泽民论有中国特色社会主义（专题摘编）》,中央文献出版社2002年版,第394页。

③ 江泽民同志2002年在陕西考察工作时强调：延安精神体现了我们党马克思主义政党的性质,体现了我们党与时俱进的思想风范,体现了我们党与人民同呼吸、共命运的优良传统,体现了中国共产党人一往无前的奋斗精神。坚定正确的政治方向,解放思想、实事求是的思想路线,全心全意为人民服务的根本宗旨,自力更生、艰苦奋斗的创业精神,是延安精神的主要内容。

等先进典型。沂蒙精神同延安精神、西柏坡精神一样，是党的宝贵精神财富。人们把沂蒙精神的内涵概括为：爱党爱军、开拓奋进、艰苦创业、无私奉献。

5. 红岩精神

红岩精神是在抗日战争及解放战争初期，以周恩来为代表的南方局老一辈无产阶级革命家、共产党人和革命志士，在大后方错综复杂的政治环境和尖锐对立的政治斗争中形成的革命精神。他们身处国统区，主要做地下工作，团结各界进步人士；他们在物欲横流、纸醉金迷的陪都重庆，严守纪律，保持革命品格，与国民党反动派周旋斗争，为新中国的建立奠定了重要政治基础。其基本内涵包括：刚柔相济、锲而不舍的政治智慧；出淤泥不染、同流不合污的政治品格；以诚相待、团结多数的宽广胸怀；善处逆境、宁难不苟的英雄气概等。[①]

6. 西柏坡精神

西柏坡精神体现了党在即将取得全国胜利的情况下，为新中国的建立而奋斗的精神风貌。它的内涵包括：敢于斗争、敢于胜利的进取精神；依靠群众、依靠全党和全国人民大团结的民主精神；善于破坏旧世界、善于建设新世界的科学精神；坚持团结统一的民主精神；谦虚谨慎和艰苦奋斗的创业精神。当时，党的工作重心由农村转到了城市，中国共产党将面对由一个革命党向执政党的转变，毛泽东告诫全党必须学会新的斗争、学会发展生产、学会管理和建设城市。在党的七届二中全会上，毛泽东提出了"两个务必"，即"务必使同志们继续地保持谦虚、谨慎、不骄、不躁的作风，务必使同志们继续地保持艰苦奋斗的作风"[②]。

（二）中国特色社会主义继承和弘扬了革命精神

革命精神是对民族精神的升华，是对革命历史经验的总结。它

[①] 周勇：《红岩精神研究的几个基本问题》，《党的文献》2009年第2期。
[②] 《毛泽东选集》第4卷，人民出版社1991年版，第1438—1439页。

的基本内涵包括信念坚定、勇于牺牲、艰苦奋斗、开拓创新、顾全大局、实事求是。邓小平曾对革命精神做过概括，他说："在长期革命战争中，我们在正确的政治方向指导下，从分析实际情况出发，发扬革命和拚命精神，严守纪律和自我牺牲精神，大公无私和先人后己精神，压倒一切敌人、压倒一切困难的精神，坚持革命乐观主义、排除万难去争取胜利的精神，取得了伟大的胜利。搞社会主义建设，实现四个现代化，同样要在党中央的正确领导下，大大发扬这些精神。"[①] 其中，革命精神的核心是大无畏的牺牲精神和敢闯新路的开拓精神，也是发展中国特色社会主义最需要继承弘扬的精神。

革命精神是发展中国特色社会主义的宝贵精神财富。首先，面对自然灾害表现出来的大无畏的牺牲精神。改革开放以来，我国遇到过许多自然灾害，在战胜自然灾害过程中凝结成了抗洪精神、抗击"非典"精神和抗震救灾精神，三者体现的是中国人在自然灾害面前的精神风貌。1998年，全国军民抵抗特大洪水，人民解放军和党员干部身先士卒，形成了万众一心、众志成城、不怕困难、顽强拼搏、坚韧不拔、敢于胜利的抗洪精神。2003年，在抗击"非典"疫情中，形成了万众一心、众志成城、团结互助、和衷共济、迎难而上、敢于胜利的"非典"精神。2008年"5·12"汶川大地震，中华民族被这一突发灾害紧紧团结起来，共产党员自觉缴纳特殊党费支持救灾，各地救灾物资源源不断运往灾区，灾区群众被安全转移到各兄弟省市，灾后重建有条不紊推进，形成了"万众一心、众志成城，不畏艰险、百折不挠，以人为本、尊重科学的伟大抗震救灾精神"[②]。这是我们战胜困难的宝贵精神财富，体现了大无畏的牺牲精神。其次，中国特色社会主义道路的开辟体

---

① 《邓小平文选》第2卷，人民出版社1994年版，第367—368页。
② 中共中央文献研究室编：《十七大以来重要文献选编》（上），中央文献出版社2009年版，第636页。

现了敢闯新路的开拓精神。改革开放之初，中国面临向何处去的问题，当时党的领导人提出了"两个凡是"，试图继续走"文革"老路，这就导致人的思想继续僵化，无法打开新局面。邓小平以巨大的政治勇气否定了"两个凡是"，科学评价了毛泽东和毛泽东思想，恢复了实事求是的思想路线，为开辟中国特色社会主义道路创造了思想条件。面对"姓社姓资"的争论以及国际形势的急剧变化，一些人有所顾虑，改革的步子迈不开，邓小平鼓励大家要有闯的精神，他把敢闯总结为深圳的成功经验，这体现出改革的开拓精神。对于改革的评价，邓小平说改革是第二次革命，就在于改革不是对原有的经济体制的某些方面或细枝末节进行修补，而是进行根本性变革，建立新的体制。改革是一个全新的事业，是"摸着石头过河"式的，新的困难和问题层出不穷，更需要革命勇气。

二 创业精神

新中国成立后，人民群众建设社会主义的热情高涨，在各行各业都涌现出了杰出人物和劳动模范，树立了一座座精神丰碑，主要包括"两弹一星"精神、雷锋精神、铁人精神、红旗渠精神、焦裕禄精神。

（一）创业精神的基本内容

1."两弹一星"精神

"两弹一星"精神体现的是科研工作者的精神风貌。它的内涵包括：热爱祖国、无私奉献、自力更生、艰苦奋斗、大力协同、勇于攀登。[①] 科研工作者都有爱国之心、报国之志，他们中有很多放弃了国外优越的条件，义无反顾地回到祖国，甘当无名英雄，隐姓埋名，默默奉献，有的甚至献出了宝贵生命。他们在茫茫戈壁、深山峡谷，风餐露宿、不畏艰险，运用有限的科研条件，突破了一个

---

① 这是1999年9月江泽民同志在表彰为研制"两弹一星"做出突出贡献的科技专家大会上讲的。

又一个科研难题。"两弹一星"的参与者千千万万,包括工程技术人员、后勤保障人员等,汇成了浩浩荡荡的革命大军,他们团结协作,群策群力,求真务实,大胆创新,他们身上洋溢着社会主义建设者的昂扬斗志和精神风貌。

2. 雷锋精神

雷锋精神体现了普通社会主义劳动者的精神风貌。它的内涵包括:一心向着党向着社会主义的坚定的政治立场;全心全意为人民服务、无私奉献的崇高品质;甘当革命"螺丝钉"的爱岗敬业精神;刻苦学习、钻研理论的"钉子"精神;勤俭节约、艰苦奋斗的优良作风。[①]雷锋在日记中写道:"人的生命是有限的,可是,为人民服务是无限的,我要把有限的生命投入到无限的为人民服务之中去。"雷锋身上有着干一行、爱一行、专一行的"螺丝钉"精神,在平凡的工作岗位上兢兢业业、踏实工作,他说:"一个人的作用,对于革命事业来说,就如一架机器上的螺丝钉。机器由于有许许多多的螺丝钉的连接和固定,才成了一个坚实的整体,才能够运转自如,发挥它的巨大的工作能力。螺丝钉虽小,其作用是不可估量的。我愿永远做一个螺丝钉。"雷锋处处关心他人,热情帮助他人,为群众为集体做了数不清的好事,如雨夜里送大嫂回家、带病到工地义务劳动、为灾区捐款、"出差一千里,好事做了一火车"。雷锋一生勤俭节约,他当兵时,按规定战士每年发两套衣服,但雷锋从1961年起连续两年却只领一套军服,他说:"一套就够穿了,破了可以补一补,给国家省一点是一点。"

3. 铁人精神

铁人精神是以"铁人"王进喜为代表的石油工人群体的精神,也被称为大庆精神。它的内涵是"为国争光、为民族争气的爱国主义精神,独立自主、自力更生的艰苦创业精神,讲求科学、'三

---

① 韩延明:《红色文化与社会主义核心价值体系建设研究》,人民出版社2013年版,第58—100页。

老四严'的求实精神，胸怀全局、为国分忧的奉献精神"[①]。20 世纪 60 年代，我国工业建设急需石油，又遭三年困难时期，还有外国封锁，为了摘到"贫油国"的帽子，大庆人发扬自力更生、艰苦创业的精神，靠着人拉肩扛，吃的是开水冲玉米面，把钻井和井架竖立在了松辽平原上，发扬"三老四严"[②]作风，把高度责任心和科学管理结合起来，获取了大量可靠数据，为稳产奠定了坚实基础。大庆精神透着"有条件要上，没有条件，创造条件也要上"的豪迈气概、"宁可少活二十年，也要拿下大油田"的坚强意志，体现了我国工人阶级的精神风貌。

4. 红旗渠精神

红旗渠精神体现了林州人民摆脱贫困、战天斗地的精神风貌。红旗渠动工于 1960 年，至 1969 年完工，他们仅仅靠着一锤一铲和两只手，在太行山悬崖峭壁上削平了 1250 座山头，架设 151 座渡槽，开凿 211 个隧洞，修建各种建筑物 12408 座，挖土方达 2225 万立方米，修成了这全长 1500 公里的红旗渠，引漳河水入林州，结束了十年九旱、水贵如油的苦难历史，形成了"自力更生，艰苦创业，团结协作，无私奉献"的红旗渠精神。

5. 焦裕禄精神

焦裕禄精神体现的是党的好干部的精神风貌。当时兰考是一个贫困县，自然环境恶劣，他带领群众栽种泡桐、兴修水利，改善自然环境；他关心群众疾苦，努力改变贫穷状况；他一心为公，严格要求家人，关心同志，但自己却积劳成疾，患肝病去世。焦裕禄精神的内涵包括：牢记宗旨、心系群众，"心里装着全体人民、唯独没有他自己"的公仆精神；勤俭节约、艰苦创业，"敢教日月换新天"的奋斗精神；实事求是、调查研究，坚持一切从实际出发的

---

① 中共中央文献研究室编：《江泽民论有中国特色社会主义（专题摘编）》，中央文献出版社 2002 年版，第 394 页。

② "三老"是指当老实人、说老实话、办老实事；"四严"是指严格的要求、严密的组织、严肃的态度、严明的纪律。

求实精神；不怕困难、不惧风险，"革命者要在困难面前逞英雄"的大无畏精神；廉洁奉公、勤政为民，为党和人民事业鞠躬尽瘁、死而后已的奉献精神。简言之，就是"亲民爱民、艰苦奋斗、科学求实、迎难而上、无私奉献"[①]。

(二) 中国特色社会主义传承和弘扬了创业精神

创业精神是在社会主义建设中凝结而成的，具体来说，是在问题面前体现出的科学创新精神，在困难面前体现出的艰苦奋斗精神，在具体工作中体现出的踏实奉献精神。建设中国特色社会主义是一项未竟的事业，也是新的事业，它是社会主义事业的继续，又是中国实现现代化的新探索。1993年3月31日，江泽民在八届全国人大一次会议闭幕式上概括了64字的创业精神，即"解放思想、实事求是，积极探索、勇于创新，艰苦奋斗、知难而进，学习外国、自强不息，谦虚谨慎、不骄不躁，同心同德、顾全大局，勤俭节约、清正廉洁，励精图治、无私奉献"[②]，其核心是爱国奉献、艰苦奋斗和求实创新。创业精神的内含在中国特色社会主义发展中将会越来越丰富。

创业精神是发展中国特色社会主义的宝贵精神财富。改革开放新时期，创业精神仍然熠熠生辉，形成了以改革创新为核心的时代精神，这是对革命精神和创业精神的传承弘扬。首先，载人航天精神体现创业精神。新时期形成了载人航天精神，载人航天精神的内涵包括：特别能吃苦、特别能战斗、特别能攻关、特别能奉献。航天科技人员舍小家，忘自己，默默奉献于祖国航天事业，体现出了为国奉献的高尚情操，这也是对"两弹一星"精神的传承和弘扬。其次，发展经济特区体现创业精神。成立经济特区是发展中国特色社会主义的探索，在经济特区的发展上也能体现建设者的创业精神，集中体现在解放思想、敢为天下先、顽强拼搏的精神。以深圳

[①] 这是习近平2009年3月31日到4月3日在兰考考察时总结概括的。
[②] 《江泽民文选》第1卷，人民出版社2006年版，第301页。

为例，以外向型经济为主，GDP 从 1979 年的 1.9 亿元跃至 2013 年的 1.45 万亿元①，34 年增长了近万倍，昔日的小渔村变成了今天的国际大都市。深圳的制度创新能力也是最强的，行政审批改革、股份制、产业结构升级等方面都走在全国前列。再次，劳动模范体现出的创业精神。改革开放以来，在各行各业涌现出了许多劳动模范，如孔祥瑞、徐虎、窦铁成、吴大观等，他们或专注业务、为民服务，或追赶国际一流，科技创新，干出了不平凡的业绩，形成了"爱岗敬业、争创一流、艰苦奋斗、勇于创新、淡泊名利、敢于奉献"②的劳模精神，丰富了民族精神和时代精神。最后，优秀领导干部身上体现出的创业精神。发展中国特色社会主义需要优秀的领导干部去做贡献，新时期涌现出了许多焦裕禄式的好干部，如孔繁森、郑培民、杨善洲、史来贺等，他们或扎根边疆、或带领群众致富，在自己的岗位上廉洁奉公、全心全意为群众服务，充分体现了共产党人的为民情怀，形成了克己奉公、清正廉洁、艰苦奋斗、无私奉献的公仆精神。伟大的事业凝聚伟大的精神，伟大的精神推动伟大的事业。中华民族多灾多难，从来就没有被打倒过，越是在困难面前就越能激发出民族的凝聚力，靠的就是中国精神！民族精神、红色精神、时代精神都是激励中国共产党人和中国人民奋勇前进的精神力量和宝贵的精神财富，应永远传承下去。

第二节　继承和发扬党的优良传统

党的优良传统是中国共产党在革命、建设和改革的各个时期逐渐形成、积淀、传递下来的经验、原则、作风的总和。目前，对党的优良传统的内容并无统一权威的界定，有的地方把党的优良传统

---

① 深圳统计局 2014 年统计年鉴（http://www.sztj.gov.cn/nj2014/indexce.htm）。
② 中共中央文献研究室编：《习近平关于实现中华民族伟大复兴的中国梦论述摘编》，中央文献出版社 2013 年版，第 37 页。

和优良作风连用。从党的领导人的讲话看，主要涉及批评和自我批评、艰苦奋斗、密切联系群众、实事求是、群众路线、民主集中制等。从中国特色社会主义形成和发展的历史看，最能代表党的优良传统的是密切联系群众、艰苦奋斗、批评与自我批评。继承和弘扬党的优良传统是中国特色社会主义事业兴旺发达的重要保障。

一　密切联系群众

中国共产党的历史就是紧紧依靠人民奋斗的历史，人民群众当中蕴藏着无穷的力量，中国共产党从弱到强、从小到大、从革命党到执政党正是依靠群众的结果。

（一）密切联系群众优良传统的来龙去脉

密切联系群众是党和人民群众的亲密关系在党组织和党员行动中的表现。其中，密切联系群众的主体是中国共产党，"群众"是指广大人民群众，是最大多数人。"密切联系"是指在党与群众的关系上，党动员群众、组织群众、教育群众、领导群众，与群众打成一片，把群众的力量凝聚起来，为实现最大多数人的利益和党的目标而奋斗。它体现了马克思主义政党对待人民群众的科学态度，是我们党区别于其他政党的一个显著标志，是我们党的优良传统和政治优势。毛泽东将密切联系群众确定为党的三大优良作风之一。

密切联系群众的必要性和重要性。首先，密切联系群众是由人民群众的历史地位和作用决定的。马克思主义历史唯物主义认为，人民群众是历史的主体，是历史的创造者，人民群众既是社会物质财富和精神财富的创造者，也是社会变革的最终决定力量。在《神圣家族》中，马克思、恩格斯指出："历史活动是群众的活动，随着历史活动的深入，必将是群众队伍的扩大。"[①] 马克思主义反对英雄人物创造历史的英雄史观，恩格斯指出："人们自己创造自

[①]《马克思恩格斯文集》第1卷，人民出版社2009年版，第287页。

己的历史"①"恰巧某个伟大人物在一定时间出现于某一国家，这当然纯粹是一种偶然现象。但是，如果我们把这个人去掉，那时就会需要有另外一个人来代替他，并且这个代替者是会出现的，不论好一些或差一些，但是最终总是会出现的"。恩格斯举拿破仑的例子说："假如没有拿破仑这个人，他的角色就会由另一个人来扮演。"②列宁说过："在人民群众中，我们毕竟是沧海一粟。"③毛泽东在《论联合政府》中指出："人民，只有人民，才是创造世界历史的动力。"④所以，共产党必须密切联系群众，从人民群众那里汲取力量智慧。

其次，密切联系群众是由党的性质和宗旨决定的。党的性质决定了党必须密切联系群众。共产党是无产阶级的先锋队，为的是实现广大无产阶级的解放也是人类的最后解放，离开了最广大的无产阶级，共产党人的一切行动便毫无意义。共产党的性质决定了其宗旨是全心全意为人民服务，"为人民服务"是中国共产党人表明其世界观和价值观的主要命题。毛泽东指出："共产党人的一切言论行动，必须以合乎最广大人民群众的最大利益，为最广大人民群众所拥护为最高标准。"⑤邓小平也指出："中国共产党员的含意或任务，如果用概括的语言来说，只有两句话：全心全意为人民服务，一切以人民利益作为每一个党员的最高准绳。"⑥只有为群众服务，在为实现群众利益的工作中，才能保持同人民群众的密切联系，这关系到党的生死存亡。

最后，密切联系群众是中国共产党的力量之源和胜利之本。"大革命"时期，党依靠工人农民反帝、反封建、反军阀，从1922

---

① 《马克思恩格斯选集》第4卷，人民出版社1995年版，第732页。
② 同上书，第733页。
③ 《列宁专题文集·论无产阶级政党》，人民出版社2009年版，第343页。
④ 《毛泽东选集》第3卷，人民出版社1991年版，第1031页。
⑤ 《毛泽东选集》第3卷，人民出版社1991年版，第1096页。
⑥ 《邓小平文选》第1卷，人民出版社1994年版，第257页。

年1月到1923年2月,党领导发动的罢工斗争达100多次,参加的罢工人数达30万以上。① 党创办农民运动讲习所,培养农民运动骨干,组建农民协会(简称农会),发动农民打倒土豪劣绅,实行"一切权力归农会"。土地革命战争时期,党依靠农民,创立了中国工农红军,开辟了赣南、闽西、湘赣、湘鄂西、鄂豫皖等农村革命根据地,"并在根据地内深入地开展了土地革命"②,点燃了中国革命星星之火。抗日战争中,党依靠人民,坚持敌后抗战,开展灵活的游击战,配合、支援友军共同歼敌。抗战进入战略相持阶段,日军对敌后抗日根据地实施"蚕食""扫荡""清乡",实行"三光"政策,残酷镇压抗战军民。党则依靠群众实行"敌进我进""把敌人挤出去"的斗争方针,对日军实行反"蚕食"、反"扫荡"、反"清乡"斗争。还发明了麻雀战、地道战、地雷战等灵活机动的打法,打退了日军的进攻。与此同时,国民党掀起两次大的"反共"高潮,中国共产党紧紧依靠人民,在根据地实行精兵简政、减租减息政策和基础政权的直接选举政策,开展了拥政爱民、拥军优属和大生产运动,在抗战最困难的时期巩固了抗日根据地。解放战争时期,"三大战役"在人民群众的支援下,以摧枯拉朽之势推翻了蒋介石集团反动统治。相反,党内曾经出现的教条主义、关门主义,导致了大革命失败和第五次反"围剿"的失败,这都是脱离群众,没有依靠群众的结果。正如有学者指出:"群众路线已经浸透中国共产党路线方针政策的所有方面,成为中国共产党人深入骨髓的感情和最终的信念,成为中国共产党人的文化、道德、思维方式和生活方式,成为党的原动力和生命线。"③ 新中国成立后,人民获得解放,建设新国家的热情高涨,为了建设一个强

---

① 中共中央党史研究室:《中国共产党历史》第1卷,中共党史出版社2010年版,第78页。
② 同上书,第262页。
③ 卫建林:《党的历史是形成和完善群众路线的历史》,《中国社会科学》2011年第4期。

大的社会主义国家，毛泽东提出调动一切积极因素，团结一切可以团结的力量，依靠人民群众进行社会主义建设，取得了很大成就。但后来在具体做法上出现偏差，搞"大折腾"式的群众运动，反而给社会主义建设造成消极影响。

密切联系群众优良传统是在长期的革命活动中逐步形成的，分为萌芽、初步形成、正式形成、继续发展等四个大的阶段。其中，从五四运动到中国共产党成立，是密切联系群众优良传统的萌芽时期，大革命时期和土地革命战争时期是密切联系群众优良传统的初步形成时期，抗日战争时期是密切联系群众优良传统的正式形成期，此后是继续发展期，一直保持了这种优良传统。

从五四运动到中国共产党成立是萌芽时期。中国早期的马克思主义者就认识到群众力量的巨大，认为社会的改造必须联合多数人。李大钊提出："社会组织的改造，必须假手于其社会内的多数人。而为改造运动的基础势力，又必发源于在现在的社会组织下立于不利地位的阶级。"[①] 毛泽东也认识到人民群众的巨大作用，明确表示要联合民众进行革命，1919 年 7 月，毛泽东在《湘江评论》的《创刊宣言》上，提出"民众的联合力量最强"的观点，在《民众的大联合》一文中，明确提出实现"民众的大联合"的主张。

大革命时期和土地革命战争时期是初步形成时期。大革命时期，毛泽东进一步认识到人民群众的力量，在《中国社会各阶级的分析》一文中，提出要分清谁是我们的朋友，谁是我们的敌人，把广大的工人、一切半无产阶级和小资产阶级作为人民群众，应当与这些朋友联合起来反对敌人。中国人口数量最多的是农民，没有这个人数最多的群体的参加，中国革命是不可能成功的。毛泽东在《湖南农民运动考察报告》一文中，提出农民问题是无产阶级领导权的核心问题，高度评价农民群众在革命中的重要作用，他说：农

---

① 《李大钊文集》(下)，人民出版社 1984 年版，第 17 页。

民运动"其势如暴风骤雨,迅猛异常,无论什么大的力量都将压抑不住。他们将冲破一切束缚他们的罗网,朝着解放的路上迅跑。一切帝国主义、军阀、贪官污吏、土豪劣绅,都将被他们葬入坟墓",那么,中国共产党必须"站在他们的前头领导他们","而不是站在他们的后头指手画脚地批评他们",也不是"站在他们的对面反对他们"①。土地革命战争时期,党在创建农村革命根据地的实践中,非常重视群众工作,党把做群众工作作为人民军队的三项根本任务之一,1929年12月,毛泽东在《关于纠正党内的错误思想》中指出:"红军决不是单纯地打仗的,它除了打仗消灭敌人军事力量之外,还要负担宣传群众、组织群众、武装群众、帮助群众建立革命政权以至于建立共产党的组织等项重大的任务。"② 当时党内教条主义盛行,脱离群众,于是毛泽东在《反对本本主义》一文中痛斥脱离群众的形式主义和教条主义,提出争取群众的斗争策略是"群众的斗争中才能产生的",要到群众中做调查研究,"争取工人阶级的大多数,发动农民群众和城市贫民,打倒地主阶级,打倒帝国主义,打倒国民党政权"③。毛泽东认为巩固和扩大革命根据地,必须依靠群众,发动群众。在江西瑞金,毛泽东提出要关心群众生活,注意解决群众的实际问题,大到土地劳动,小到柴米油盐,甚至学习、修桥、生孩子的问题,都要关心,真心实意地为群众谋利益。他从革命胜利的高度认识到人民群众是"真正的铜墙铁壁",是"什么力量也打不破的,完全打不破的"④。

抗日战争时期是正式形成期。这一时期,毛泽东先后写的大量著作中都能体现密切联系群众的观点。毛泽东在《论持久战》中指出:"兵民是胜利之本"⑤ "战争的伟力之最深厚的根源,存在于

---

① 《毛泽东选集》第1卷,人民出版社1991年版,第13页。
② 同上书,第86页。
③ 同上书,第115页。
④ 《毛泽东选集》第1卷,人民出版社1991年版,第139页。
⑤ 《毛泽东选集》第2卷,人民出版社1991年版,第509页。

民众之中"①。在《中国共产党在民族战争中的地位》中,他指出:"共产党员在民众运动中,应该是民众的朋友,而不是民众的上司,是诲人不倦的教师,而不是官僚主义的政客。"② 共产党员要甘当"民众的学生""向民众学习"③。毛泽东提出在抗日民族统一战线的大局下,"共产党员决不可脱离群众的多数,置多数人的情况于不顾,而率领少数先进队伍单独冒进;必须注意组织先进分子和广大群众之间的密切联系。……一个好的共产党员,必须善于照顾全局,善于照顾多数,并善于和同盟者一道工作"④。毛泽东在《〈共产党人〉发刊词》中提出,要把中国共产党建设成"一个全国范围的、广大群众性的"政党。⑤ 1943 年,毛泽东在《关于领导方法的若干问题》中,总结出群众路线的基本内容,即"从群众中来,到群众中去",使密切联系群众日益理论化。党的七大上,毛泽东在《论联合政府》的报告中,将密切联系群众概括为党的三大优良作风之一。刘少奇在七大上的修改党章的报告中,第一次系统阐述了党的群众观点和群众路线,提出群众路线是党的根本路线。毛泽东在赴重庆谈判期间写了《关于重庆谈判》一文,他形象地把党员与群众的关系比作种子和土地,他说:"我们共产党人好比种子,人民好比土地。我们到了一个地方,就要同那里的人民结合起来,在人民中间生根、开花。我们的同志不论到什么地方,都要把和群众的关系搞好,要关心群众,帮助他们解决困难。"⑥ 以上论述说明,党的密切联系群众的思想已经成熟。

解放战争时期密切联系群众优良传统继续坚持。毛泽东提出真正强大的力量属于人民,广泛发动群众以赢得战争。1945 年,他

---

① 《毛泽东选集》第 2 卷,人民出版社 1991 年版,第 511 页。
② 同上书,第 522 页。
③ 同上书,第 523 页。
④ 同上书,第 525—526 页。
⑤ 同上书,第 603 页。
⑥ 《毛泽东选集》第 4 卷,人民出版社 1991 年版,第 1162 页。

在一份指示中强调:"把发动民众创造战场当作当前紧急战略任务,千万注意。"① 他还针对"群众要怎么办就怎么办"的观点,提出教育群众和领导群众的问题,他说:"凡属人民群众的正确的意见,党必须依据情况,领导群众,加以实现;而对于人民群众中发生的不正确的意见,则必须教育群众,加以改正。"②

新中国成立后党仍然坚持密切联系群众。1956 年,党的八大将群众路线写入《党章》,确认了群众路线的地位。毛泽东在《关于正确处理人民内部矛盾的问题》一文中,提出把依靠群众作为处理人们内部矛盾的重要原则,提出用说服教育的方法,达到团结大多数的目的。③ 毛泽东在《坚持艰苦奋斗,密切联系群众》中指出:"共产党就是奋斗,就是要全心全意为人民服务,不要半心半意或者三分之二的心三分之二的意为人民服务。"④ 另外,反对脱离群众的官僚主义、命令主义、形式主义,始终强调坚持和贯彻群众观点和群众路线。由此可见,密切联系群众始终是中国共产党坚持的原则和作风,在长期历史发展中成为党的优良传统。

(二) 中国特色社会主义坚持了密切联系群众的优良传统

在中国特色社会主义的形成和发展中,中国共产党没有丢掉密切联系群众的优良传统,坚持了群众观点和群众路线,始终保持党与人民群众的血肉联系。毛泽东指出:"有无群众观点是我们同国民党的根本区别,群众观点是共产党员革命的出发点与归宿。"⑤ 群众观点的内容包括:要牢固树立人民群众是历史的创造者的观点,向人民群众学习的观点,全心全意为人民服务的观点,干部的权力是人民赋予的观点,对党负责与对人民负责相一致的观点,党

---

① 《毛泽东文集》第 4 卷,人民出版社 1996 年版,第 72 页。
② 《毛泽东选集》第 4 卷,人民出版社 1991 年版,第 1310 页。
③ 《毛泽东文集》第 7 卷,人民出版社 1999 年版,第 211 页。
④ 同上书,第 285 页。
⑤ 《毛泽东文集》第 3 卷,人民出版社 1996 年版,第 71 页。

既要依靠群众又要教育和引导群众前进的观点。中国共产党的群众路线是"一切依靠群众,一切为了群众,从群众中来,到群众中去",体现了群众观点。毛泽东把依靠群众形象地比喻为"犹如依靠自己的父母兄弟姊妹一样"①。群众路线就是一个密切联系群众,问需于民、问计于民、问政于民的过程,中国共产党的最大优势就是密切联系群众,最大危险就是脱离群众。

改革开放以来,中国共产党在新形势下继承弘扬了密切联系群众的优良传统。首先,丰富了人民群众的内涵,"文革"结束后,知识分子的地位得到肯定,知识分子成为工人阶级的一部分。此外,在市场经济发展过程中,中国出现了新的社会阶层,党没有把这些新社会阶层排除在外,而是把他们界定为中国特色社会主义的建设者,其中的优秀分子也可以入党,这就扩大了党的群众基础,是密切联系群众的体现。其次,尊重群众的首创精神。鼓励实行家庭联产承包经营,鼓励发展乡镇企业,发展得好就保持下来,因为这是符合群众利益的。再次,重视群众最关心、最直接、最现实的利益问题。在中国特色社会主义的内容上,邓小平把群众"答应不答应""高兴不高兴""满意不满意""拥护不拥护"作为检验一切工作的标准,他充分尊重群众的物质利益,在满足群众物质利益的过程中做到密切联系群众。邓小平指出:"如果只讲牺牲精神,不讲物质利益,那就是唯心论。"②"三个代表"重要思想中的第三句话就是代表最广大人民群众的根本利益。江泽民把密切联系群众作为中国共产党 80 年来成功实践的基本经验。胡锦涛提出"权为民所用、情为民所系、利为民所谋",让改革成果惠及全体人民。以习近平为总书记的新一届中央领导集体,提出"人民对美好生活的向往,就是我们奋斗的目标"③,在全党开展了党的群

---

① 《毛泽东文集》第 3 卷,人民出版社 1996 年版,第 45 页。
② 《邓小平文选》第 2 卷,人民出版社 1994 年版,第 146 页。
③ 《习近平谈治国理政》,外文出版社 2014 年版,第 4 页。

众路线教育实践活动,下大力气纠正党内存在的群众痛恨的形式主义、官僚主义、享乐主义和奢靡之风,重拳反腐,坚持"老虎""苍蝇"一起打,治理雾霾,还人民风清气正、碧水蓝天、安居乐业,都是弘扬密切联系群众优良传统的生动体现。

二 艰苦奋斗

艰苦奋斗是中华民族的传统美德。中华民族素以吃苦耐劳、勤俭持家著称于世,自古以来,中国人在与艰苦环境斗争的过程中改善自身生存状况,创造了很多奇迹,如改善灌溉条件的都江堰,为抵御外族入侵修建的万里长城,还有京杭大运河连通了南北水路交通,等等。中华传统文化中有自强不息的精神,有刚健有为的浩然正气,古代有卧薪尝胆、头悬梁锥刺股的事例,也有"艰难困苦,玉汝于成""由俭入奢易,由奢入俭难"的名言,人们在总结历史上王朝兴衰更替的原因时指出了"历览前贤国与家,成由勤俭败由奢"的警句。由此可见,艰苦奋斗是中华民族的精神追求。中国共产党人是中华民族的先进代表,艰苦奋斗是中国共产党人的精神品格,形成于长期的革命斗争实践,体现在党的行动的方方面面。

(一) 艰苦奋斗优良传统的内涵和意义

从字面上看,艰苦是物质层面,指的是困难多,条件差,环境恶劣,这就要求不能奢侈浪费,保持节俭朴素。奋斗是精神层面,是指人们在实践中,为达到目标而不畏艰难、锐意进取、积极有为去实现目标的意志品格。艰苦奋斗有广义和狭义之分,广义的艰苦奋斗不仅包括个体行为,还是一种精神风貌和道德品质,表现为在困难面前迎难而上、坚韧不拔、顽强拼搏。狭义的艰苦奋斗指的是一种精神。《党员干部艰苦奋斗作风读本》一书中,对艰苦奋斗做的解释是:"所谓艰苦奋斗作风,指的是中国共产党人在长期的革命、建设和改革的实践中形成的奋发图强、不畏艰险的革命斗志和勤俭节约、艰苦朴素,与人民群众同甘共苦的优良传统和作风。"① 对中国共产党而言,艰苦奋斗不仅是一种优良传统,也是党的优良作风。

艰苦奋斗对于党的事业成败至关重要。第一,艰苦奋斗是由党面临的问题和目标任务决定的。中国共产党成立时的中国内忧外患,处于民族危亡之际,中国共产党从成立之日起,就自觉担负起了挽救民族危亡的历史任务。面对强大的敌人和恶劣的环境,要想战胜敌人,争取胜利,艰苦奋斗是必不可少的。首先要有革命英雄主义精神,才能不被困难吓倒;其次需要勇于牺牲的精神,将个人利益甚至生死置之度外,为了人民利益勇于奉献自己的一切;再次是有进取精神,只有积极进取,才能经得起苦难和挫折的考验,在任何情况下都能坚决地斗争下去。党面临的问题和目标任务决定了事业发展不可能是一帆风顺的,需要发扬艰苦奋斗的精神。第二,艰苦奋斗是党的宗旨的具体体现。党的宗旨是全心全意为人民服务。中国共产党在艰苦奋斗中与人民同甘共苦,为人民谋利益,凝聚起了人心,体现了全心全意为人民服务的宗旨。1936年,美国作家斯诺到延安采访,他看到毛泽东、周恩来等领导人的生活细节,发现共产党及其军队身上有一种"东方魔力",并断言这种力量是"兴国之光"。抗日战争时期,陈嘉庚在重庆,蒋介石给他准备了丰盛宴席,而在延安,毛泽东用自己种的蔬菜招待他,于是他断言中国的希望在延安,认识到中国共产党是真正能挽救民族危亡的。所以毛泽东说:"艰苦奋斗是我们的政治本色。"② 如果丢掉了艰苦奋斗的传统,中国共产党就失去的生机和战斗力。第三,艰苦奋斗是推进事业发展的强大精神动力。人面对困难有三种态度,一是迎难而上,二是回避困难,三是向困难屈服,艰苦奋斗体现了迎

---

① 叶笃初、王作成:《党员干部艰苦奋斗作风读本》,红旗出版社2003年版,第35页。

② 《毛泽东文集》第7卷,人民出版社1999年版,第162页。

难而上的品格，克服困难的勇气。党的历史告诉我们，中国共产党领导人民取得一个一个的胜利，创造了一个一个奇迹，无一不是艰苦奋斗的结果。艰苦奋斗在党的历史上都有体现，在党的发展的各个历史时期，面对不同的局面，都发扬了艰苦奋斗的精神。在井冈山斗争时期，由于国民党的军事"围剿"和经济封锁，生活极其艰难，部队每人每天除粮食外只有五分钱的菜钱，部队领导还经常拿出一部分钱分给大家。在中央苏区时期，在国民党军队反复"围剿"下，苏区的经济工作极其艰难，人民的生活水平普遍下降。根据地军民没有被"围剿"吓倒屈服，而是开展生产自救，克服困难。毛泽东号召："财政的支出，应该根据节省的方针。应该使一切政府工作人员明白，贪污和浪费是极大的犯罪。……节省每一个铜板为着战争和革命事业，为着我们的经济建设。"① 正是军民团结，艰苦奋斗，才克服艰难时期的困难。长征途中，天上有飞机轰炸，地上有追兵堵截，全党从领导到士兵一道，吃野菜、啃树皮，爬雪山、过草地，突破了国民党的军事"围剿"，成功实现战略转移。抗日战争时期，由于日本帝国主义的"扫荡"和国民党的封锁围堵，再加上自然灾害，抗日根据地出现了极端困难的局面，几乎没有油吃，没有衣穿，没有被褥，党带领群众发扬艰苦奋斗精神，开展大生产运动，自己动手，丰衣足食，这一时期，涌现出了八路军三五九旅的典型。解放战争期间，也同样发扬艰苦奋斗精神，以"小米加步枪"对抗"飞机加大炮"，不到四年就推翻了国民党的反动统治。新中国成立初期，正是全党全国上下团结奋斗，才使国民经济逐步好转。面对自然灾害和苏联撤走专家的困境，全国人民发扬艰苦奋斗精神，努力发展生产，度过了困难时期。可见，艰苦奋斗是党的事业取得成就的巨大精神支持。

艰苦奋斗成为中国共产党的优良传统，是在艰苦卓绝的革命斗争中形成的，是在克服困难的经验中总结出来的，经历了一个由比

---

① 《毛泽东选集》第1卷，人民出版社1991年版，第134页。

较模糊到清晰的过程。

大革命时期是萌芽期。在党成立之初，艰苦奋斗只存在于党的个别成员的行为中，而非群体行为，这一时期是艰苦奋斗的萌芽时期。例如，在国民革命军中的一些共产党员英勇奋战，体现出艰苦奋斗的品质。

土地革命战争时期是初步形成期。大革命失败后，革命处于低潮，中国共产党想得最多的是如何走出低潮，开拓革命的新局面。毛泽东在《红军第四军前委给中央的信》和《给林彪的信》中，使用的是"奋斗"一词①，体现了当时党积极进取，努力打开局面的精神状态。后来，毛泽东在《中国共产党红军第四军第九次代表大会决议案》中批判流寇思想的错误时，使用了"艰苦工作"一词②，这时还未用"艰苦奋斗"一词来表达党的作风。随着革命实践经验的增多，1936年毛泽东在《中国革命战争的战略问题》一文中总结说："中国共产党以自己艰苦奋斗的经历，以几十万英勇党员和几万英勇干部的流血牺牲，在全民族几万万人中间起了伟大的教育作用。"③ 这是第一次使用艰苦奋斗一词，认识到了艰苦奋斗是长期以来党所具有的品质。此后，就开始比较固定地使用艰苦奋斗一词了。

抗日战争和解放战争时期是正式形成期。抗日战争时期中国共产党面临最为复杂的形势，外有帝国主义侵略，内有国民党反动统治，在各种矛盾的旋涡中，党的艰苦奋斗精神更加充分体现出来，并明确提出了艰苦奋斗是优良作风。1939年5月30日，毛泽东在延安庆祝模范青年大会上讲话时提出"共产党有艰苦奋斗的作风，能够忍饥挨饿去打日本帝国主义"④。1945年在党的七大上，毛泽东对国统区与解放区做了比较，他说："利用抗战发国难财，官吏

---

① 《毛泽东文集》第1卷，人民出版社1993年版，第56—75页。
② 同上书，第86页。
③ 《毛泽东选集》第1卷，人民出版社1991年版，第184—185页。
④ 《毛泽东文集》第2卷，人民出版社1993年版，第193页。

即商人，贪污成风，廉耻扫地，这是国民党区域的特色之一。艰苦奋斗，以身作则，工作之外，还要生产，奖励廉洁，禁绝贪污，这是中国解放区的特色之一。"① 解放战争即将结束时，在党的七届二中全会上，毛泽东提出了"两个务必"思想。他指出：革命胜利了以后，"贪图享乐不愿再过艰苦生活的情绪，可能增长"，并告诫全党"革命以后的路程更长，工作更伟大，更艰苦。……务必使同志们继续地保持谦虚、谨慎、不骄、不躁的作风，务必使同志们继续保持艰苦奋斗的作风"②。说明党对艰苦奋斗优良传统已经有了一个清晰明确的认识。

  新中国成立之后是艰苦奋斗的继续发展期。新中国成立后，毛泽东多次提到艰苦奋斗，把艰苦奋斗作为共产党的政治本色，提倡勤俭，反对腐败。新中国成立伊始，中央就发现党内存在贪污行为，又因为进行朝鲜战争，于是，中共中央发出了《关于实现精兵简政、增产节约、反对贪污、反对浪费和反对官僚主义的决定》，发动了"三反""五反"运动，果断处理了以刘青山、张子善为代表的腐败分子，表现出中国共产党坚持艰苦奋斗精神的决心。反对贪腐的同时，毛泽东提倡勤俭，把艰苦奋斗作为建设现代化强国之道。毛泽东说："要使我国富强起来，需要几十年艰苦奋斗的时间，其中包括执行厉行节约、反对浪费这样一个勤俭建国的方针。"③ 针对一些干部革命意志衰退、贪图享乐，党进行了一场整风运动，在1957年，毛泽东指出了这次整风的目的，是"要经过整风，把我们党艰苦奋斗的传统好好发扬起来"④。随着时间的推移，艰苦奋斗的优良传统也在党内固定了下来，成为全党的普遍认同。

---

① 《毛泽东选集》第3卷，人民出版社1991年版，第1048页。
② 《毛泽东选集》第4卷，人民出版社1991年版，第1438—1439页。
③ 《毛泽东文集》第7卷，人民出版社1999年版，第240页。
④ 同上书，第284页。

（二）中国特色社会主义继承发扬了艰苦奋斗的优良传统

发展中国特色社会主义仍然要继承和弘扬艰苦奋斗的优良传统。艰苦奋斗在不同时代表现不同：在战争年代，艰苦奋斗精神主要表现为一不怕苦，二不怕死，冲锋陷阵，奋勇杀敌；新中国成立后，百废俱兴，主要表现为艰苦朴素、不计名利、勤俭节约、能吃苦；改革开放以后，艰苦奋斗主要表现为爱岗敬业、脚踏实地、勇于创新等。虽然艰苦奋斗在不同的时期有不同的表现，但其精神实质却是具有永恒价值的。2008年在纪念党的十一届三中全会召开30周年大会上，胡锦涛明确指出："艰苦奋斗是我们的传家宝。我们党靠艰苦奋斗起家，我们的事业靠艰苦奋斗发展壮大，我们的幸福生活和美好未来靠艰苦奋斗去开创、去实现"，应做到"长期奋斗、顽强奋斗、不懈奋斗"[①]。新时期继承弘扬艰苦奋斗精神，首先，坚持艰苦奋斗，不忘历史国情。邓小平十分重视艰苦奋斗精神的传承与发扬，他曾指出："要有艰苦奋斗的创业精神。我们要搞中国式的现代化，我们还很穷，就是要老老实实地创业，就是要吃点苦，否则不可能有今后的甜。"[②] 1980年1月16日，邓小平在《目前的形势和我们的任务》中强调，"中国搞四个现代化，要老老实实地艰苦创业。我们穷，底子薄，教育、科学、文化都落后，这就决定了我们还要有一个艰苦奋斗的过程"[③]。他还要求领导干部首先带头艰苦奋斗。其次，坚持艰苦奋斗，力戒奢侈浪费。改革开放以来，人们的生活极大改善，有的人认为艰苦奋斗过时了，不再需要过苦日子了，这是错误的，没有把握住艰苦奋斗的精神实质。现在坚持艰苦奋斗，当然不是要人们去过清教徒式、苦行僧式的生活，也不是要否定合理的物质利益，而是要大力提倡自强不

[①] 中共中央文献研究室编：《十七大以来重要文献选编》（上），中央文献出版社2009年版，第814页。

[②] 中共中央文献研究室编：《邓小平思想年谱（1979—1997）》，中央文献出版社1998年版，第141页。

[③] 《邓小平文选》第2卷，人民出版社1994年版，第257页。

息、与时俱进、开拓创新的精神。再次,坚持艰苦奋斗,反对贪污腐化。贪污腐化与艰苦奋斗背道而驰,反对贪腐才能赢得民心,保证中国特色社会主义的顺利发展。改革开放以来,中国共产党不断完善预防和惩治腐败体系,党的十八大以来,更是加强反腐力度,为发展中国特色社会主义赢得了民心。最后,坚持"三严三实",永葆共产党员本色。习近平提出,各级领导干部既要严以修身、严以用权、严以律己,又要谋事要实、创业要实、做人要实,这是继承发扬党的艰苦奋斗优良传统的最新阐释,共产党员对自己的要求要高于普通群众,为人民服务要实实在在不能空喊口号,必须以优良的作风赢得群众的信赖和拥护。

三 批评与自我批评

批评与自我批评是党的三大优良作风之一,是无产阶级政党区别于其他一切政党的显著标志之一。在90多年的奋斗中,批评与自我批评已经成为党的优良传统之一,对党的健康发展起着重要作用。《中国共产党章程》明确规定:"党在自己的政治生活中正确地开展批评和自我批评,在原则问题上进行思想斗争,坚持真理,修正错误。"党员应"切实开展批评与自我批评,勇于揭露和纠正工作中的缺点、错误,坚决同消极腐败现象作斗争"。唯有如此,才能保证党的事业顺利发展。

(一)批评与自我批评的基本内涵

批评与自我批评,是指"党组织、党员个人对党内同志,党员个人对党组织的缺点错误及时指出、深入剖析,在原则问题上进行积极的健康的思想斗争"[①]。批评是主体对自身以外客体的分析、评判和建议,指出人和事的缺点错误,提出改正缺点错误的意见建议。批评的实质是不同主体之间认识的相互交流和碰撞,它可以克

---

① 刘云山:《关于批评与自我批评的几点认识》,《学习时报》2013年9月9日第1版。

服个人对事物认识的局限,有利于更加全面深刻认识事物,提升自身认识水平。自我批评是主体以自己为客体的分析、评判和打算。自我批评的主体和对象都是自己,是对自己的言行进行分析评判,并对改进自身不足或缺点作打算。自我批评的实质是自己的正确思想对错误思想的克服,这是提升自我思想境界的有效途径,有利于形成科学的世界观、人生观和价值观。《孟子》中有"闻过则喜"的典故,曾子讲"吾日三省吾身",就是自觉接受批评和进行自我批评。批评与自我批评是一个统一整体,不可偏废。批评是外因,自我批评是内因,外因通过内因起作用。正如毛泽东指出,对领导者来说,"对自己的批判是主要的"①。

马克思主义经典作家强调批评与自我批评。马克思主义就是在不断与错误思想进行斗争的过程中产生发展的,马克思、恩格斯对工联主义、蒲鲁东主义、巴枯宁主义、拉萨尔主义进行了批判,列宁对考茨基、伯恩斯坦修正主义进行了斗争。正如恩格斯所说:"批评是工人运动生命的要素。"② 一个郑重的和成熟的无产阶级政党是勇于承认错误、自觉进行自我批评的党。恩格斯指出:"伟大的阶级,正如伟大的民族一样,无论从哪方面学习都不如从自己所犯错误的后果中学习来得快。"③ 列宁说过:"公开承认错误,揭露犯错误的原因,分析产生错误的环境,仔细讨论改正错误的方法——这才是一个郑重的党的标志,这才是党履行自己的义务,这才是教育和训练阶级,进而又教育和训练群众。"④ 列宁明确指出:"一个政党假如不敢照实说出自己的病,不敢进行严格的诊断和找出治病的方法,那它就不配受人尊敬了。"他还说:"我们应该有勇气揭开我们的脓疮,以便毫无虚假地、老老实实地进行诊断和彻

---

① 《毛泽东文集》第 2 卷,人民出版社 1993 年版,第 418 页。
② 《马克思恩格斯选集》第 4 卷,人民出版社 1995 年版,第 687 页。
③ 同上书,第 432 页。
④ 《列宁选集》第 4 卷,人民出版社 1995 年版,第 167 页。

底治好它。"①

批评与自我批评是保持党的肌体健康的有力武器。所谓肌体健康，表现为保持党的先进性和纯洁性，增强党的凝聚力和战斗力。无产阶级政党要保持蓬勃朝气，避免政治灰尘和政治微生物的侵蚀，就要自觉拿起批评与自我批评的武器。毛泽东把自觉听取批评和进行自我批评比喻为"打扫房子"和"洗脸"，他在《论联合政府》中说："房子是应该经常打扫的，不打扫就会积满了灰尘；脸是应该经常洗的，不洗也就会灰尘满面。我们同志的思想，我们党的工作，也会沾染灰尘的，也应该打扫和洗涤。'流水不腐，户枢不蠹'，是说它们在不停的运动中抵抗了微生物或其他生物的侵蚀。对于我们，经常地检讨工作，在检讨中推广民主作风，不惧怕批评和自我批评，实行'知无不言，言无不尽'，'言者无罪，闻者足戒'，'有则改之，无则加勉'。"② 1929年，毛泽东在《关于纠正党内的错误思想》一文中，指出："党内批评是坚强党的组织、增加党的战斗力的武器。"③ 总之，批评与自我批评可以在思想上杀菌除垢，保持党的先进性和纯洁性，增强党的凝聚力和战斗力。

批评与自我批评应坚持正确的原则。首先，坚持以全局利益、人民利益为重的原则，反对以批评为借口泄私愤。批评与自我批评的底气来自无私，是为了党的事业发展和人民利益。在延安整风运动中，毛泽东指出："以中国最广大人民的最大利益为出发点的中国共产党人，相信自己的事业是完全合乎正义的，不惜牺牲自己个人的一切，随时准备拿出自己的生命去殉我们的事业，难道还有什么不适合人民需要的思想、观点、意见、办法，舍不得丢掉的吗？……无数革命先烈为了人民的利益牺牲了他们的生命，使我们

---

① 《列宁全集》第7卷，人民出版社1959年版，第175页。
② 《毛泽东选集》第3卷，人民出版社1991年版，第1096页。
③ 《毛泽东选集》第1卷，人民出版社1991年版，第90页。

每个活着的人想起他们就心里难过，难道我们还有什么个人利益不能牺牲，还有什么错误不能抛弃吗？"① 正如毛泽东所说："批评的目的是增加党的战斗力以达到阶级斗争的胜利，不应当利用批评去做攻击个人的工具。"② 批评与自我批评是围绕工作进行的，是在路线原则上的批评与自我批评，目的是真诚为了帮助同志，把工作做好。其次，坚持实事求是的原则，反对乱扣帽子，捏造事实，诬告陷害。毛泽东指出："党内批评要防止主观武断和把批评庸俗化，说话要有证据，批评要注意政治。"③ 再次，批评与自我批评应坚持"惩前毖后，治病救人"的原则。毛泽东在《整顿党的作风》中指出："对以前的错误一定要揭发，不讲情面，要以科学的态度来分析批判过去的坏东西，以便使后来的工作慎重些，做得好些。这就是'惩前毖后'的意思。但是我们揭发错误、批判缺点的目的，好像医生治病一样，完全是为了救人，而不是为了把人整死。"④ "对待思想上的毛病和政治上的毛病，决不能采用鲁莽的态度，必须采用'治病救人'的态度，才是正确有效的方法。"⑤ 最后，坚持民主的原则。批评和自我批评是在人民内部发扬民主的过程。1962年，毛泽东在扩大的中央工作会议上的讲话中指出："批评和自我批评是一种方法，是解决人民内部矛盾的方法，而且是唯一的方法。除此以外，没有别的方法。但是，如果没有充分的民主生活，没有真正实行民主集中制，就不可能实行批评和自我批评这种方法。"⑥ 以民主的方式开展批评与自我批评，尊重党员发表意见和进行监督的权利，这不但不会削弱党的领导，相反，会提高党的威信、加强党的领导。

---

① 《毛泽东选集》第3卷，人民出版社1991年版，第1096—1097页。
② 《毛泽东选集》第1卷，人民出版社1991年版，第90页。
③ 《毛泽东文集》第1卷，人民出版社1993年版，第85页。
④ 《毛泽东选集》第3卷，人民出版社1991年版，第827—828页。
⑤ 同上书，第828页。
⑥ 《毛泽东文集》第8卷，人民出版社1999年版，第293页。

从历史上看，中国共产党是一个勇于坚持真理、自觉修正错误的党。中国共产党始终与错误思想做坚决斗争。党成立之初，由于没有革命斗争经验，对中国国情缺乏科学认识，片面服从共产国际的指示。当时作为党的领导人的陈独秀犯了右倾错误，导致"大革命"的失败。在"八七会议"上，党纠正了右倾错误，开始探索武装斗争和土地革命的新道路。从井冈山的斗争到延安整风，党又与"左"倾错误进行了斗争，包括与"立三路线"的斗争，与以王明为代表的"左"倾错误的斗争，使革命转危为安。延安整风时期，中国共产党进行充分彻底的批判与自我批评，清算了党内存在的教条主义、宗派主义、党八股等错误思想和不良作风，统一了全党思想，达到了空前的团结，为革命胜利奠定了坚实的基础。新中国成立后，党是在不断总结经验、修正错误中推进社会主义建设的。针对"大跃进"中出现的经济发展比例失衡的现象，毛泽东在《十年总结》中做了自我批评，承认他"本人也有过许多错误"[1]。1962年，在"七千人大会"上，毛泽东再次强调了批评和自我批评，申明"我们的态度是：坚持真理，随时修正错误"，对错误和问题开诚布公，充分发扬民主，给受到错误处理的同志平反和赔礼道歉，体现出共产党人坦诚的态度和无私的胸怀。

"文革"结束后，中国共产党反思"文革"的错误，进行了自我批评，否定了"以阶级斗争为纲"和"两个凡是"，把党和国家的工作重心转移到经济建设上来，实行改革开放。邓小平指出："不犯错误的党，不犯错误的人，不犯错误的领导是没有的，问题在于及时总结经验，用批评与自我批评的精神检查工作。这样，就可以不使小错误发展为大错误，发展为路线性的错误；就可以使党员和干部从正确经验中受到教育，也可以把错误变成肥料，将坏事变成好事。"[2] 1981年，党的十一届六中全会通过的《关于建国以

---

[1] 《毛泽东文集》第8卷，人民出版社1999年版，第197页。
[2] 《邓小平文选》第1卷，人民出版社1994年版，第346—347页。

来党的若干历史问题的决议》，对"文革"的错误进行了充分而恰当的分析评价，区别了毛泽东的历史功绩和晚年所犯的错误，坚持了毛泽东思想，这对统一全党思想、团结一致向前看起到了至关重要的作用。

（二）中国特色社会主义继承发扬了批评与自我批评的优良传统

中国特色社会主义的发展离不开党内积极的思想斗争。批评与自我批评的武器不能丢。批评与自我批评首先要站在马克思主义的立场上进行，邓小平指出："批评或自我批评都要站在马克思主义立场上，不能站在'左'的立场上"，坚持实事求是的原则，"要进行充分的说理和实事求是的科学分析"，"绝不能以偏概全，草木皆兵，不能以势压人，强词夺理"[1]。在批判的方法上，邓小平吸取"文革"教训，强调"批评的方法要讲究，分寸要适当，不要搞围攻、搞运动"[2]。不能再以阶级斗争的方式进行，不能一批评就无限上纲、残酷斗争、无情打击，这就严重扭曲了批评与自我批评，导致大家不敢、不愿进行批评与自我批评，宁愿当"老好人"。邓小平还强调通过制度规范，"使党内的批判和自我批评能经常开展。党内不论什么人，不论职务高低，都要能接受批评和进行自我批评"[3]。

党中央把批评与自我批评提高到党性原则的高度，强调领导干部带头发扬批评与自我批评的优良传统。江泽民总结了开展党内思想斗争的公式，即"团结—批评和自我批评—团结"。他强调坚持和发扬批评和自我批评的传统，防止小错逐渐积累铸成大错。[4] 他还指出："批评和自我批评是我们维护党的纯洁性、增强党的战斗力的武器，所有党员都必须在党内生活中学会正确运用这个武器，

---

[1]《邓小平文选》第3卷，人民出版社1993年版，第47页。
[2]《邓小平文选》第2卷，人民出版社1994年版，第390页。
[3]《邓小平文选》第3卷，人民出版社1993年版，第38页。
[4] 参见《江泽民文选》第1卷，人民出版社2006年版，第624—625页。

领导干部更要以身作则，使党的优良作风放射出新的光彩。"① 胡锦涛强调："开展批评和自我批评的过程，是正确认识自己，加强党性锻炼的过程；也是自觉坚持真理、修正错误的过程，又是学习在正常的党内生活中接受组织、同志、群众的帮助和监督的过程。……领导干部首先是主要领导干部，一定要以对党对人民对历史高度负责的态度，认识恢复和发扬党的这一优良传统的重要性，带头把这个好武器运用起来，把整个班子以至本单位各级领导干部带动起来。开展批评和自我批评，必须抓住重点，着力从世界观上解决好存在的突出问题。尤其是要解决好群众意见比较集中、反映最强烈的问题。要抓住问题的实质进行深入剖析，从思想上政治上划清是非界限。既要防止'空对空'，也要防止就事论事。"他要求"自我批评襟怀坦白，批评别人真情实意……做到讲真理不讲面子，讲原则不讲关系，讲党性不讲私情"②。2009年，党的十七届六中全会通过了《中共中央关于加强和改进新形势下党的建设若干重大问题的决定》，明确提出要大兴批评和自我批评之风，"坚决反对上下级之间和干部之间逢迎讨好、相互吹捧，坚决反对党内生活庸俗化。领导班子要开展严肃认真的批评和自我批评，做到知无不言、言无不尽，言者无罪、闻者足戒，有则改之、无则加勉"③。

最后，把批评与自我批评作为密切联系群众的重要抓手。在党的群众路线教育实践活动中，党中央提出"照镜子、正衣冠、洗洗澡、治治病"的总要求，通过批评与自我批评，同志之间相互提醒、指出缺点，同时自己检查自己是否有官僚主义、形式主义、享乐主义等方面的问题，红红脸，出出汗，不断进行"自我净化、

---

① 参见《江泽民文选》第1卷，人民出版社2006年版，第96页。
② 这是胡锦涛在中央和中央国家机关第一批"三讲"教育单位负责人和巡视组长会议上的讲话。
③ 中共中央文献研究室编：《十七大以来重要文献选编》（中），中央文献出版社2011年版，第159页。

自我完善、自我革新、自我提高"。习近平在参加河北省委常委班子党的群众路线教育实践活动专题民主生活会时强调指出,"批评和自我批评是一剂良药,是对同志、对自己的真正爱护。开展批评和自我批评需要勇气和党性,不能把我们防身治病的武器给丢掉了。忠言逆耳,良药苦口。作为共产党人,有话要放到桌面上来讲。批评要出以公心、态度诚恳、讲究方法,要实事求是、分清是非、辨别真假,切忌从个人恩怨、得失、利害、亲疏出发看事待人"[①]。通过批评与自我批评,提高了党员干部的党性修养,密切了党群关系。

第三节　坚持和遵循基本思想原则

中国共产党在 90 多年的奋斗中形成了基本的思想原则,主要包括独立自主、实事求是和马克思主义中国化。独立自主是建设和发展中国特色社会主义的基本立足点,实事求是是党的思想路线的核心,马克思主义中国化是中国特色社会主义进行理论创新和推动实践发展的重要原则。实践证明,什么时候党坚持了这些思想原则,事业就会顺利推进,什么时候背离了这些思想原则,事业就会遭受挫折。发展中国特色社会主义仍然要坚持这些基本思想原则。

一　独立自主

独立自主是中国共产党人在长期革命斗争中对自身成功经验的科学总结。干革命、搞建设、抓改革要凝聚全中国人的智慧,依靠中国人自己的力量,不能依赖外国,但不排斥必要的援助,把独立自主与扩大开放结合起来。外交政策上坚持独立自主的和平外交政策,不当头,不结盟,不屈服于任何霸权,坚决维护国家利益。独立自主是毛泽东思想活的灵魂之一,体现了中国人自尊自立自强的

---

① 参见人民网（http://bbs1.people.com.cn/post/1/0/1/133612208.html）。

品格。

（一）独立自主的基本内涵

独立自主源自中华民族的文化传统。中国文化传统认为人应当自强自立自省。《易经》中说："天行健，君子以自强不息。"《论语·子罕》中说："三军可夺帅也，匹夫不可夺志也。"要有一种"浩然正气"，强调了人的自主性。《孟子·离娄上》中说："夫人必自侮，然后人侮之；家必自毁，而后人毁之；国必自伐，而后人伐之。《太甲》曰：'天作孽，犹可违；自作孽，不可活'。"《周易》中讲："人必自助而后人助之，而后天助之。"《易经》中说："君子以独立不惧，遁世不闷。"意思是独立自主，首先要把自己的事情办好，就不会被人家击垮，强调人的自立。《孟子·公孙丑上》中说君子应当"反求诸己"，是要自省自励。

从内涵上讲，独立自主是指中国人靠自己的力量，坚持从本国实际出发，开动脑筋自己想问题、想办法，以自立、自尊、自信的态度独立地寻找出适合中国情况的前进道路，决不机械地照搬别国的经验和模式，也不会屈从于任何外来的压力。独立自主是革命、建设、改革的基本立足点，也体现了中国共产党人的品格和气节。

马克思主义经典作家关于独立自主思想的论述。第一，立足于本国。马克思在《哥达纲领批判》中指出："为了能够进行斗争，工人阶级必须在国内作为阶级组织起来，而且它的直接的斗争舞台就是本国。"[①] 离开本国实际，独立自主就是空谈。第二，在统一战线中保持自己的独立性，马克思、恩格斯在《关于工人阶级的政治行动》中指出："工人的政党不应当成为某一个资产阶级政党的尾巴，而应当成为一个独立的政党，它有自己的目的和自己的政治。"[②] 列宁在《社会民主党在1905—1907年俄国第一次革命中的土地纲领》中指出："社会民主党作为国际无产阶级的政党，作为

[①]《马克思恩格斯选集》第3卷，人民出版社1995年版，第308页。
[②]《马克思恩格斯文集》第3卷，人民出版社2009年版，第224—225页。

争取在全世界实现社会主义的政党,当然不能把自己和任何资产阶级革命的任何时期联结在一起,不能把自己的命运同某一资产阶级革命的某种结局联结在一起。无论结局怎样,我们都应当是独立的、纯粹无产阶级的政党,应当坚定不移地领导劳动群众去实现他们的伟大的社会主义目标。"[1] 第三,在处理党际、国际的关系上坚持独立自主原则。"民族独立实际上是一切国际合作的基础"[2]"国际联合只能存在于国家之间,因而这些国家的存在、它们在内部事务上的自主和独立也就包括在国际主义这一概念本身之中"[3]。邓小平说:"独立自主才真正体现了马克思主义。"[4]

独立自主是毛泽东思想活的灵魂之一。毛泽东深受中国传统文化的濡染,在他身上体现出中华民族和中国共产党自立、自尊、自信、自强的高贵品格。早年求学时他就崇尚独立自主,如他说:"有独立心,是谓豪杰"[5]"人人依自己真正主张以行,不盲从他人是非"。他对"独立不惧,遁世不闷"的解释是:"泰山崩于前而色不动,猛虎蹄于后而魂不惊,独立不惧之谓也。邦无道则愚,邦无道贫且贱焉可也;一箪食一瓢饮,在陋巷不改其乐,遁世不闷之谓也。"[6] 面对国破山河在,毛泽东认为无独立地位的民族没有自由,"被征服的民族不自由"[7],得自由首先要独立。1935年,面对日本侵华的嚣张气焰,毛泽东在《论反对日本帝国主义的策略》中写道:"我们中华民族有同自己的敌人血战到底的气概,有在自力更生的基础上光复旧物的决心,有自立于世界民族之林的能力。"[8] 在《关于建国以来党的若干历史问题的决议》中,中国共

---

[1]《列宁选集》第1卷,人民出版社1995年版,第783页。
[2]《马克思恩格斯文集》第10卷,人民出版社2009年版,第473页。
[3]《马克思恩格斯全集》第39卷,人民出版社1974年版,第84页。
[4]《邓小平文选》第3卷,人民出版社1993年版,第191页。
[5]《毛泽东早期文稿》,湖南出版社1990年版,第581页。
[6] 同上书,第594页。
[7] 同上书,第590页。
[8]《毛泽东选集》第1卷,人民出版社1991年版,第161页。

产党把独立自主概括为毛泽东思想活的灵魂。

　　独立自主在党的历史上发挥重要作用。独立自主是中国革命取得胜利的前提，独立自主的缺失导致大革命失败。从中国共产党成立到遵义会议，是革命道路的探索时期，发生了右的和"左"的错误，这对于一个幼年时期的党来说是必然会出现的。从遵义会议以后，以毛泽东为代表的中国共产党人探索出了一条符合中国实际的革命道路，即农村包围城市，武装夺取政权的道路。毛泽东讲："真正懂得独立自主是从遵义会议开始的。"① 遵义会议之前，党的政策受共产国际影响很大。中国共产党是在共产国际的帮助下建立起来的，作为共产国际的一个支部存在，共产国际与中国共产党是领导与被领导的关系，当共产国际强调与国民党合作时出现右倾，当时党的领导人陈独秀一味强调服从，放弃了革命统一战线的领导权，导致大革命失败；当共产国际强调进攻时出现"左"倾，实行冒险主义与关门主义，根据地无法立足，被迫长征。

　　独立自主探索中国革命道路使中国革命走向成功。遵义会议之后，中国共产党在毛泽东的领导下，根据实际情况，独立自主地开展革命斗争，首先，把原则性与灵活性相结合，在长征途中，与共产国际"电讯中断"的情况下，把原则性与灵活性结合起来，完成战略转移。其次，独立自主与统一战线相结合。在抗日民族统一战线中，强调坚持在统一战线中的独立自主，既反对"左"倾关门主义，又反对右倾投降主义，在党的六届六中全会上毛泽东专门讲《统一战线中的独立自主问题》，指出"一切经过统一战线"是不对的，不能"自己把自己的手脚束缚起来"，要"既统一，又独立"②，把两者结合起来。再次，把独立自主与争取外援相结合。抗战胜利归根到底靠自己的力量，这是基本立足点。毛泽东同志指出"放在自己力量的基点上，叫做自力更生。……我们能够依靠

---

① 《毛泽东文集》第8卷，人民出版社1999年版，第339页。
② 《毛泽东选集》第2卷，人民出版社1991年版，第540页。

自己组织的力量，打败一切中外反动派"①。另外，我们也欢迎和需要援助，但不依赖援助。毛泽东说："我们是主张自力更生的。我们希望有外援，但是我们不能依赖它，我们依靠自己的力量，依靠全体军民的创造力。"② 他指出："中国的问题还要靠中国人自己努力，单有国外情况的好转，是不能解决问题的。"③ 最后，把独立自主与自力更生、艰苦奋斗相结合。1941年在日军与国民党军队夹击的情况下，在根据地开展了大生产运动，提出"自己动手，丰衣足食"的号召，发扬自力更生、艰苦奋斗的光荣传统，如八路军三五九旅开进南泥湾，全旅上下人人动手开荒种地，使这个昔日荒芜之地变成了"陕北的好江南"。另外，根据地的党政军各方面人员都投入到大生产运动中，毛泽东、朱德等中央领导同志带头参加生产劳动，利用休息时间开荒种菜，各根据地还注意运用互助合作的形式把农民组织起来，提高劳动生产率。进行大生产运动，使许多部队实现了粮食和日用品的全部自给或部分自给，也减轻了人民负担，巩固了抗日根据地，为最终取得抗战胜利奠定了物质基础。

独立自主是顺利推进社会主义建设的保证。一是自主探索不照抄。坚持从中国实际出发建设社会主义，不能照抄照搬别国做法。新中国成立后没有建设社会主义的经验，向苏联学习，出现了照搬照抄苏联做法的倾向。毛泽东看到了照搬苏联经验的弊端，他告诫全党说："照抄是很危险的，成功的经验，在这个国家是成功的，但在另一个国家如果不同本国的情况相结合而一模一样地照搬就会导向失败。照抄别国的经验是要吃亏的，照抄是一定会上当的。这是一条重要的国际经验。"④ 1962年在扩大的中央工作会议上，毛泽东指出："因为我们没有经验，在经济建设方面，我们只得照抄

---

① 《毛泽东选集》第4卷，人民出版社1991年版，第1132页。
② 《毛泽东选集》第3卷，人民出版社1991年版，第1016页。
③ 《毛泽东文集》第3卷，人民出版社1996年版，第169页。
④ 《毛泽东文集》第7卷，人民出版社1999年版，第64页。

苏联,特别是在重工业方面,几乎一切都照抄苏联,自己的创造性很少。这在当时是完全必要的,同时又是一个缺点,缺乏创造、缺乏独立自主的能力。这当然不是长久之计。"① 20 世纪 50 年代后期,苏联本身也出现了这样那样的问题,毛泽东提出要"以苏为戒",坚持从中国实际出发独立自主地建设社会主义,以《论十大关系》和《关于正确处理人民内部矛盾的问题》的发表为标志,中国开始了独立探索自己的社会主义建设道路,虽然有曲折并走过弯路,但取得了很大成绩。二是自力更生搞建设。社会主义建设主要依靠自己的力量,坚持自力更生为主,争取外援为辅。在新中国成立前夕毛泽东说:"要学会自力更生,准备没有援助。"② 1958 年他说:"自力更生为主,争取外援为辅,破除迷信,独立自主地干工业、干农业、干技术革命和文化革命,打倒奴隶思想,埋葬教条主义,认真学习外国的好经验,也一定研究外国的坏经验——引以为戒,这就是我们的路线。"③ 在对外贸易上毛泽东也是坚持如此,他说:"自力更生为主,争取外援为辅,平等互利,互通有无,帮助民族主义国家建立独立经济。"④ 三是和平共处搞外交。中国在和平共处五项原则的基础上发展同所有国家的友好合作关系,即互相尊重主权和领土完整、互不侵犯、互不干涉内政、平等互利、和平共处。新中国成立之初,帝国主义妄图把新生共和国扼杀在摇篮之中,中国在外交上是"一边倒"策略,在恢复性建设上得到苏联援助,后来中苏交恶,苏联撤走专家并逼迫还债,中国凭借自力更生艰苦奋斗渡过难关,很多项目和技术是自己搞出来的。新中国成立之初,美国把战火烧到鸭绿江边,中国果断出兵抗美援朝,在朝鲜战场上打败了美帝国主义的嚣张气焰。20 世纪 50 年代末 60 年代初,面对苏联大国沙文主义的干涉,中国同时反对

---

① 《毛泽东文集》第 8 卷,人民出版社 1999 年版,第 305 页。
② 《毛泽东文集》第 3 卷,人民出版社 1996 年版,第 393 页。
③ 《毛泽东文集》第 7 卷,人民出版社 1999 年版,第 380 页。
④ 《建国以来毛泽东文稿》第 7 册,中央文献出版社 1992 年版,第 641 页。

美苏霸权主义，坚决捍卫中国的独立主权，苏联想搞所谓的"长波电台""联合舰队"，被中国严正拒绝。在主权问题上毛泽东说得坚决果断："要讲政治条件，连半个指头都不行"①，宁可"一万年不要援助"②。1964年，毛泽东指出："不许世界上有哪个大国在我们头上拉屎拉尿。……不管资本主义大国也好，社会主义大国也好，谁要控制我们，反对我们，我们是不允许的。"③ 显示出中国的自信和尊严。

（二）中国特色社会主义坚持了独立自主的原则

独立自主的原则立场永远要坚持。发展中国特色社会主义，独立自主依然是基本立足点。

首先，独立自主地探索中国特色社会主义道路。中国共产党提出走自己的路。1982年，邓小平在党的十二大开幕式上说："我们的现代化建设，必须从中国的实际出发。……照抄照搬别国经验、别国模式，从来不能得到成功。"④ 他紧接着指出："走自己的道路，建设有中国特色的社会主义，这就是我们总结长期历史经验得出的基本结论。"⑤ 因为独立自主才会拥有自己的优势和特色。

其次，独立自主地搞外交。坚持独立自主的和平外交政策是坚持中国特色社会主义道路的必然要求，对一切国际事务，都从中国人民的根本利益和各国人民的共同利益出发，根据事情本身的是非曲直来决定自己的立场和政策，独立自主地处理国际关系中的问题，实行彻底的不结盟政策，不依附任何大国，不同任何大国或国家集团结盟，不搞军事集团，不参加军备竞赛，不进行军事扩张。邓小平说："为什么说我们是独立自主的？就是因为我们坚持有中国特色的社会主义道路。否则，只能是看着美国人的脸色行事，看

---

① 《毛泽东文集》第 7 卷，人民出版社 1999 年版，第 391 页。
② 同上书，第 392 页。
③ 《毛泽东文集》第 8 卷，人民出版社 1999 年版，第 370 页。
④ 《邓小平文选》第 3 卷，人民出版社 1993 年版，第 2 页。
⑤ 同上书，第 3 页。

着发达国家的脸色行事,或者看着苏联人的脸色行事,那还有什么独立性啊!"①

最后,独立自由与对外开放相统一。邓小平说:"我们一方面实行开放政策,另一方面仍坚持建国以来毛泽东主席一贯倡导的自力更生为主的方针。必须在自力更生的基础上争取外援,主要依靠自己的艰苦奋斗。"② 针对新中国成立以后很少同外国进行经济技术合作交流的情况,邓小平大力推动对外开放。他指出:"现在的世界是开放的世界""中国的发展离不开世界"。邓小平说:"任何一个国家要发展,孤立起来,闭关自守是不可能的。"③ 再不开放就是逆历史潮流。独立自主不能片面理解,封闭自己不是独立自主,邓小平明确指出"独立自主不是闭关自守,自力更生不是盲目排外"④。邓小平的论述表明他清醒地认识到对外开放的重要性,是要在对外开放中坚持独立自主,不是以自我封闭去标榜独立自主。2001年中国加入WTO,积极融入世界一体化进程,这是独立自主、自力更生原则的新发展、新运用。

二 实事求是

实事求是是贯穿于中国共产党人的全部理论和实践的基本指导原则,是中国共产党思想路线的核心,显示了中国共产党人的做派。

(一) 实事求是的基本内涵

"实事求是"这一命题,最早在班固的《汉书·河间献王传》中有记载,书中提到汉景帝刘启的第三个儿子河间献王刘德在治学上"修学好古,实事求是。从民得善书,必为好写与之,留其真"。这里是指一种做学问的态度。后来唐代经学家颜师古训"实

---

① 《邓小平文选》第3卷,人民出版社1993年版,第311页。
② 《邓小平文选》第2卷,人民出版社1994年版,第406页。
③ 《邓小平文选》第3卷,人民出版社1993年版,第117页。
④ 《邓小平文选》第2卷,人民出版社1994年版,第91页。

事求是"为"务得事实，每求真是也"。"务得事实"，指做学问务必得到充分的事实根据；"每求真是"，是指人们在研究古代的历史文献、文物时，要分清它们的是非、真假、对错。这里的"是"不是我们现在理解的规律，而是"是非"的是，是一个考据学命题而不是一个哲学命题，到了近代，才成为一个哲学命题。随着西学东渐，西方的自然科学知识大量传入中国，有人将实事求是与现代西方科学联系起来。郭嵩焘认为："实事求是，西学之本也。"[①]他还说："西人格致之学，所以牢笼天地，驱役万物，皆实事求是之效也。"[②] 此外，郑观应说："闻西国设有数科，量材取士。……无论何学，总期实事求是，坐而言者，可起而行焉。"[③] 严复认为西学"初不设成心于其间，但实事求是，考其变象因果相生而谨记之"[④]。这里，把实事求是与实践相联系，与科学相沟通，赋予了实事求是以现代科学精神，这为毛泽东对实事求是命题进行马克思主义的改造做了必要铺垫。

1. 毛泽东对实事求是的独特贡献

首先，中国传统文化的熏染。中国传统文化中有经世致用的传统，讲求实际、注重实效，追求"修齐治平"和"内圣外王"的理想人格。孔子提倡"入世"，有匡扶天下的情怀。东汉的王充强调学用一致，重视实际效果。北宋文人则提倡文以致用。针对宋明理学空谈心性的弊端，明清之际实学兴起，尤其是鸦片战争以来，社会危机加深，诸如龚自珍、林则徐、魏源、曾国藩等有识之士反对脱离实际，提倡关注社会现实，经世济用。"湖湘文化"中更是带有经世致用的色彩，毛泽东的老师杨昌济便是其中之一。毛泽东在早期求学期间，深受"湖湘文化"熏染，重实行、重实理、重实学，不尚空谈，讲求实用。毛泽东提出要"踏着人生社会的实

[①] 《郭嵩焘日记》第3卷，湖南人民出版社1982年版，第731页。
[②] 同上书，第766页。
[③] 夏东元：《郑观应集》（上册），上海人民出版社1988年版，第104页。
[④] 王栻：《严复集》第5册，中华书局1986年版，第1248页。

际说话",要"引入实际去研究实事和真理"。1913年,毛泽东在《讲堂录》中写道:"不说大话,不好虚名,不行架空之事,不谈过高之理",要有"真精神:实意做事,真心求学"①。他后来在设计自己的人生道路和考虑中国的未来道路时,也始终没有脱离这一基本立场。

其次,对马克思主义精神的正确把握。马克思主义经典作家并没有对实事求是做过直接论述,但辩证唯物主义和历史唯物主义体现了实事求是的精神。例如,马克思在《共产党宣言》中指出:"共产党人的理论原理,决不是以这个或那个世界改革家所发明或发现的思想、原则为根据的。这些原理不过是现存的阶级斗争、我们眼前的历史运动的真实关系的一般表述。"②马克思、恩格斯在《德意志意识形态》中指出:"按照事物的真实面目及其产生情况来理解事物。"③恩格斯在《共产主义者和卡尔·海因岑》中说:"共产主义不是教义,而是运动。它不是从原则出发,而是从事实出发。共产主义者不是把某种哲学作为前提,而是把迄今为止的全部历史,特别是这一历史目前在文明各国造成的实际结果作为前提。"④恩格斯在《自然辩证法》中指出:"在自然界和历史的每一科学领域中,都必须从既有的事实出发,因而在自然科学中要从物质的各种实实在在的形式和运动形式出发;因此,在理论自然科学中也不是设计种种联系塞到事实中去,而是从事实中发现这些联系。"⑤毛泽东正确把握了辩证唯物主义的精神,对实事求是进行了马克思主义中国化的改造,赋予其科学性。正如邓小平所言:"马克思、恩格斯创立了辩证唯物主义和历史唯物主义的思想路

---

① 《毛泽东早期文稿》,湖南出版社1990年版,第581页。
② 《马克思恩格斯选集》第1卷,人民出版社1995年版,第285页。
③ 同上书,第76页。
④ 同上书,第210—211页。
⑤ 《马克思恩格斯选集》第4卷,人民出版社1995年版,第288页。

线,毛泽东同志用中国语言概括为'实事求是'四个大字。"①

最后,对实事求是的系统阐释。毛泽东对实事求是思想路线的全面深刻阐释是在延安整风期间。1938年10月,毛泽东在六届六中全会上做的《中国共产党在民族战争中的地位》报告中说:"共产党员应是实事求是的模范,又是具有远见卓识的模范。因为只有实事求是,才能完成确定的任务;只有远见卓识,才能不失前进的方向。"②他从党的作风的高度提出要把崇高的革命理想和脚踏实地的务实精神结合起来,1940年1月,他在《新民主主义论》中指出:"科学的态度是'实事求是','自以为是'和'好为人师'那样狂妄的态度是决不能解决问题的。"③1941年,在《改造我们的学习》一文中,毛泽东给"实事求是"下了一个科学定义:"'实事'就是客观存在着的一切事物,'是'就是客观事物的内部联系,即规律性,'求'就是我们去研究。我们要从国内外、省内外、县内外、区内外的实际情况出发,从其中引出其固有的而不是臆造的规律性,即找出周围事变的内部联系,作为我们行动的向导。"④文中毛泽东清算主观主义的错误,多处用了"实事求是",从党性的高度强调要实事求是,他说:"不凭主观想象,不凭一时的热情,不凭死的书本,而凭客观存在的事实,详细地占有材料,在马克思列宁主义一般原理的指导下,从这些材料中引出正确的结论。……这种态度,有实事求是之意,无哗众取宠之心。这种态度,就是党性的表现,就是理论和实际统一的马克思列宁主义的作风。"⑤在《整顿党的作风》一文中,毛泽东强调理论联系实际,把马克思列宁主义理论和中国革命实际比喻成"矢"和"的",做到"有的放矢","善于应用马克思列宁主义的立场、观点和方法,

---

① 《邓小平文选》第2卷,人民出版社1994年版,第278页。
② 《毛泽东选集》第2卷,人民出版社1991年版,第522—523页。
③ 同上书,第662—663页。
④ 《毛泽东选集》第3卷,人民出版社1991年版,第801页。
⑤ 《毛泽东选集》第3卷,人民出版社1991年版,第801页。

善于应用列宁斯大林关于中国革命的学说,进一步地从中国的历史实际和革命实际的认真研究中,在各方面作出合乎中国需要的理论性的创造,才叫做理论和实际相联系"[1]。可见,毛泽东把实事求是与一切从实际出发、理论联系实际、在实践中检验真理与发展真理有机整合,内在地包含着一切从实际出发、理论联系实际、在实践中检验真理与发展真理的内容。一切从实际出发是做到实事求是的前提和基础,理论联系实际是做到实事求是的根本途径和方法,在实践中检验真理与发展真理是实事求是的验证与目的。

2. 坚持实事求是具有重要的理论意义和实践意义

首先,理论意义。实事求是思想路线是马克思主义认识论在实践中的运用和发展。一是正确看待认识与实践的关系。在认识和实践的关系上,马克思主义认为实践决定认识,实践是人的认识来源,认识是否具有真理性必须通过实践来检验;反之,认识对实践具有能动反作用,在正确认识的指导下将会促进实践的发展,把世界的客观性与思维的能动性结合起来。毛泽东在《实践论》中明确提出,"实践的观点是辩证唯物论的认识论之第一的和基本的观点"[2],求是的过程是一个探索事物本身固有的客观规律性的过程,是一个发挥人的主观能动性的过程。二是正确把握认识活动合规律性与合目的性的统一。马克思主义认为人的认识活动是合规律性与合目的性的统一,求是的目的在于指导实践,达到改造世界的目的。马克思在《〈黑格尔法哲学批判〉导言》中说:"理论在一个国家实现的程度,总是决定于理论满足这个国家的需要的程度"[3],是"为我自身而存在的"[4]。他在《神圣家族》中指出:"历史不过是追求着自己目的的人的活动而已。"[5] 主体根据自身的目的,

---

[1] 《毛泽东选集》第 3 卷,人民出版社 1991 年版,第 820 页。
[2] 《毛泽东选集》第 1 卷,人民出版社 1991 年版,第 284 页。
[3] 《马克思恩格斯选集》第 1 卷,人民出版社 1995 年版,第 11 页。
[4] 同上书,第 81 页。
[5] 《马克思恩格斯文集》第 1 卷,人民出版社 2009 年版,第 295 页。

采取适当的手段和方法改造客体对象，创造出能满足自己需要的新客体。从历史上看，19世纪末20世纪初的中国，哪个理论能救亡图存，能使民族获得独立、人民获得解放，它就是好的理论，就是毛泽东所讲的"香的马克思主义"和"活的马克思主义"①。用马克思主义之"矢"去射中国革命之"的"，理论联系实际，解决中国问题，正是实事求是的要求所在。

实事求是是毛泽东思想的精髓。所谓精髓，对于某一理论而言，指的是能使这一理论得以形成和发展并贯穿其始终，同时体现在这一理论体系各个基本观点的最本质的东西。邓小平指出："实事求是，是毛泽东思想的出发点、根本点。"② 实事求是贯穿于毛泽东思想形成和发展的始终。1981年，党的十一届六中全会通过的《关于建国以来党的若干历史问题的决议》，把"实事求是"作为毛泽东思想的活的灵魂，即体现在毛泽东思想各个组成部分的立场、观点和方法，这是对毛泽东思想认识的升华。

其次，实践意义。实事求是是党制定和执行正确政治路线的思想基础。政治路线是党为实现一定历史时期的奋斗目标而制定的总路线和总政策，集中体现了党的政治主张，是制定和执行其他具体路线的基本依据。政治路线是党的生命线，是广大人民群众根本利益的集中表现。正确的政治路线不是凭空产生的，必须以正确的思想路线为基础，而实事求是正是我党坚持的思想路线。党的历史证明，凡是坚持实事求是，就能制定和执行正确的政治路线，推进党的事业；相反，违背实事求是思想路线，党的事业就遭受挫折。此外，党对错误的政治路线的纠正也是恢复和坚持实事求是思想路线的结果。

实事求是是加强党的作风建设和提高领导能力的重要内容。党的作风是一个政党及其党员在政治、思想、工作和生活等各个方面

---

① 《毛泽东文集》第3卷，人民出版社1996年版，第332页。
② 《邓小平文选》第2卷，人民出版社1994年版，第114页。

一贯表现出来的风格、风尚、品质和态度，是党的性质、宗旨和世界观在党的活动中的表现。毛泽东在《论联合政府》一文中，把党的作风概括为理论和实际相结合的作风、密切联系群众的作风和自我批评的作风。党的作风事关党在群众心中的形象、关系到党的领导能力、关系党的生死存亡。其中，理论和实际相结合强调的是实事求是。密切联系群众，首先要了解群众所想、所需、所急、所苦，才能领导群众，也是强调实事求是。自我批评的作风是反思总结经验教训，避免华而不实，以更好改进工作、提高领导水平，这也是实事求是的意义所在。

（二）中国特色社会主义坚持了实事求是的思想路线

中国特色社会主义的顺利发展依然要坚持实事求是。首先，实事求是是中国特色社会主义形成与发展的思想武器。改革开放之初，党开展真理标准大讨论，恢复了实事求是思想路线。邓小平指出："实事求是，是无产阶级世界观的基础，是马克思主义的思想基础。过去我们搞革命所取得的一切胜利，是靠实事求是；现在我们要实现四个现代化，同样要靠实事求是。"[①] 历史表明，在经历了"文化大革命"这样长时间的对实事求是精神的破坏之后，中国共产党人更加深切地感受到应把实事求是贯穿于改革开放的全过程，江泽民强调"与时俱进"的重要性，指出一切理论和工作都要体现时代性，把握规律性，赋予创造性。胡锦涛强调了求真务实的重要性，是对实事求是认识的深化。其次，实事求是是解放思想的法宝。邓小平针对"文革"对人们思想的束缚，强调解放思想。但解放思想不是乱想、瞎想、妄想，而是在实事求是的基础上的解放思想，只有实事求是才能做到真正的解放思想，两者是辩证统一的。最后，实事求是是中国特色社会主义理论体系的精髓。中国特色社会主义理论体系是毛泽东思想的继承和发展，实事求是作为毛泽东思想的精髓，当然也是中国特色社会主义理论体系的精髓，体

[①] 《邓小平文选》第 2 卷，人民出版社 1994 年版，第 143 页。

现在"三个代表"重要思想、科学发展观的方方面面。江泽民指出："实事求是是马克思列宁主义的精髓，是毛泽东思想的精髓，也是邓小平理论的精髓。"[①] 当前，我国正处于全面建成小康社会、全面深化改革推进中国特色的社会主义新的伟大历史实践中，实事求是仍然是我们前进的精神动力，应当传承下去并不断发扬光大。

三 马克思主义中国化

中国共产党面对中国问题，推进了马克思主义中国化。马克思主义中国化是中国共产党进行理论创新和推动实践发展的基本原则，是理论、实践、政治、文化等一系列因素的综合，既遵循了马克思主义基本原理，又避免了教条主义，成功解决了中国问题，体现了中国共产党人的政治智慧。

（一）马克思主义中国化的来龙去脉

1. 马克思主义的内涵

马克思主义中国化的基本内涵是把马克思主义的普遍真理与中国具体实际相结合。结合的过程就是"化"的过程，涉及为什么化、化什么、怎么化的问题。所谓化，就是"彻头彻尾彻里彻外之谓也"[②]，实质是创新。化是一个过程，这个过程是马克思主义与中国实践、中国历史和中国文化互相结合起来，也是在同各种社会思潮以及同党内"左"的或右的错误思想做斗争的过程。这个过程不会完结，是一个随实践发展而与时俱进的过程。化的目的就是解决中国问题，推动中国现代化进程。化必然要有结果，化的结果是解决中国面临的问题，同时创造出中国的马克思主义。

中国共产党对马克思主义的认识经历了一个过程。在中国共产党成立之初，中国处于内忧外患的境况，中国深受封建主义、官僚

---

① 《江泽民文选》第 2 卷，人民出版社 2006 年版，第 9 页。
② 《毛泽东选集》第 3 卷，人民出版社 1991 年版，第 841 页。

主义和帝国主义的压迫,救亡图存是首要任务。这个时候的中国也是各种思潮涌汇之际,马克思主义作为其中一种思潮也传入中国,主要通过日本和欧洲两个渠道,但当时并没有引起巨大影响。直到十月革命胜利,使中国先进分子看到了希望,马克思主义迅速被他们接受,成为改造中国的思想武器。陈独秀、李大钊、蔡和森、毛泽东等成为早期共产主义者,他们通过报刊等各种途径大力宣传马克思主义,自觉把马克思主义做中国之应用。在对待马克思主义本身方面,陈独秀说:"我以为相信一种主义,不应该空空洞洞的盲从,必定要知道它的精髓所在;如果指不出它的精髓,就不配说信什么主义,也不配批评什么主义。"① 在马克思主义具体运用方面,李大钊指出:"一个社会主义者,为使他的主义在世界上发生一些影响,必须要研究怎么可以把他的理想尽量应用于环绕着他的实境。"② 可见,中国早期共产主义者对马克思主义中国化的基本原则有着比较正确的认识。

中国共产党在总结革命经验教训以及同党内各种错误思想的斗争中深化了对马克思主义中国化的认识。1936年至抗战初期,中国共产党发起了新启蒙运动,初步提出了马克思主义的"中国化";1937年毛泽东写了《矛盾论》和《实践论》,为马克思主义中国化奠定了哲学基础;1938年毛泽东在《中国共产党在民族战争中的地位》中明确指出:"马克思主义必须和我国的具体特点相结合并通过一定的民族形式才能实现。马克思列宁主义的伟大力量,就在于它是和各个国家具体的革命实践相联系的。对于中国共产党说来,就是要学会把马克思列宁主义的理论应用于中国的具体的环境。"他还说:"离开中国特点来谈马克思主义,只是抽象的空洞的马克思主义。因此,使马克思主义在中国具体化,使之在其每一表现中带着必须有的中国的特性,即是说,按照中国的特点去

---

① 《陈独秀文章选编》(中册),生活·读书·新知三联书店1984年版,第93页。
② 《李大钊文集》(下册),人民出版社1984年版,第34页。

应用它。"① 在延安整风中,党对教条主义进行了清算,马克思主义中国化成为全党共识。1945年,党的七大把毛泽东思想确立为党的指导思想,认为毛泽东思想是中国化的马克思主义。

2. 马克思主义中国化对理论发展与实践发展具有重要意义

首先,理论意义。马克思主义中国化体现了对待马克思主义的科学态度。马克思主义中国化的过程和理论成果,体现了理论与实践的统一,坚持与发展的统一;既反对轻视甚至背离马克思主义的倾向,又反对教条主义地对待马克思主义。马克思主义不是教条,它提供的是研究方法,是一个开放的科学体系,而静止地、孤立地、片面地对待马克思主义,不是真正的马克思主义,只有把马克思主义具体化,运用马克思主义的立场、观点和方法去研究解决具体问题,才是真正的马克思主义者。所以,马克思主义中国化体现出科学地对待马克思主义。此外,马克思主义中国化为解决中国问题提供了科学指南。马克思主义是实现无产阶级解放的科学理论,马克思主义的生命力就在于在各国具体实际中的运用,中国共产党坚持马克思主义中国化的基本原则,避免犯本本主义和经验主义的错误,成功解决了中国发展各个历史阶段中的问题,实现了"两次飞跃",中国以一个崭新的姿态出现在世界舞台上。

其次,实践意义。马克思主义中国化体现出中国共产党的先进性。党的先进性首先应表现在指导思想的先进性。从马克思主义化历史看,马克思主义中国化有"两次飞跃",产生了"两大理论成果",是中国共产党理论上的与时俱进,推进了中国的现代化,体现了党的先进性。

马克思主义中国化有利于马克思主义在中国的传播和深入人心。马克思主义具有的科学性、实践性和革命性,以及与中国文化的契合性,在20世纪初的各种社会思潮中脱颖而出,成为中国先进分子的信仰。但马克思主义作为一个舶来品,其语言、思想不易

---

① 《毛泽东选集》第2卷,人民出版社1991年版,第534页。

被中国普通老百姓理解,这就可能造成马克思主义不能深入人心,不会"变为群众手中的尖锐武器"①,起不到指导革命的作用。只有马克思主义中国化,用中国老百姓听得明白、容易理解的语言形式表现出来,才能扩大马克思主义的影响力,成为中国革命的科学指南,所以需要马克思主义的中国化。

马克思主义中国化有利于对中国传统文化的改造和对西方文化的科学吸纳。以儒家为主的中国传统文化总体上属于前现代文化,不可能引领中国实现现代化,而马克思主义诞生于19世纪的西方现代社会,是在对西方资本主义批判中产生的现代科学理论,是反西方传统的。所以,坚持马克思主义中国化的原则,可以有力回应西方文化中的不利因素对中国的冲击,有利于对传统文化进行现代化改造,不断创造出具有中国特色的先进文化。

(二)中国特色社会主义遵循了马克思主义中国化的基本原则

中国特色社会主义本身就是马克思主义中国化的理论成果,发展中国特色社会主义必然要遵循马克思主义中国化。

首先,在继续解决中国问题中体现马克思主义的旨归。面向中国问题是马克思主义中国化的旨归,中国特色社会主义在解决中国问题中实现自身的发展。改革开放以来,中国特色社会主义主要在于回答了"什么是社会主义,怎样建设社会主义""建设一个什么样的党,怎样建设党""实现什么样的发展,怎样发展"等一系列问题。总体上讲,中国特色社会主义回答的问题是在中国这样人口多、底子薄的东方大国建设什么样的社会主义、怎样建设社会主义,这个问题还将继续得到回答。

其次,不断进行理论创新才能体现马克思主义中国化的本质。十五大报告指出,马克思主义中国化有"两次飞跃",产生了"两大理论成果",这两大理论成果是毛泽东思想和邓小平理论。之后党的理论又有新的丰富和发展,产生了"三个代

---

① 《毛泽东文集》第8卷,人民出版社1999年版,第323页。

表"重要思想和科学发展观,邓小平理论、"三个代表"重要思想和科学发展观构成了中国特色社会主义理论体系的主要内容。中国特色社会主义是一个开放的理论体系,只有以新理论丰富发展它,才能真正体现马克思主义的本质和马克思主义中国化的本质。

最后,以马克思时代化、大众化推进马克思主义中国化。党的十七届四中全会明确提出了推进马克思主义中国化、时代化、大众化。马克思主义时代化,是指"马克思主义基本原理要与时代发展相结合,把握时代特征、体现时代精神、吸收时代成果、引领时代潮流、解答时代课题"[1],做到与时俱进。马克思主义的大众化是指,把马克思主义的基本原理用人民群众所喜闻乐见且简洁明白的话语讲清楚、说明白,被广大人民群众普遍认同和接受,"主要包括体现大众立场、关注大众生活、运用大众表述、契合大众心灵、诉诸大众实践、解决大众难题"[2]。马克思主义中国化与马克思主义时代化、大众化是统一的,三者构成了"一体两翼"的格局,马克思主义中国化是一体,时代化和大众化是两翼,目的是实现马克思主义中国化在新的时代条件下的创新发展。

综上所述,中国共产党在各个历史时期的奋斗中凝结而成的红色文化,是党的宝贵精神财富,是中华民族精神的独特展现,也是当代中华文化的重要内容。可以说,传承红色文化,也是传承中华文脉。红色文化中的红色精神、优良传统和思想原则,随着时代条件变化而不断丰富发展,对党的理论创新和实践发展仍具有重要指导意义。独特的精神气质是中国共产党区别于其他政党的显著标志,丢掉了精神和传统,背离了思想原则,中国共产党的本质就会

---

[1] 韩庆祥、陈远章:《马克思主义中国化时代化大众化要论》,《马克思主义与现实》2013年第3期。
[2] 同上。

改变，发展中国特色社会主义也就无从谈起。所以，中国特色社会主义受红色文化滋养，中国特色社会主义的顺利发展必然要求传承弘扬红色文化。

第四章 中国特色社会主义对西方现代文化的吸纳和借鉴

西方现代文化是现代化的产物，现代化是18世纪工业革命以来人类社会所发生的从传统到现代的深刻变化，涉及经济、政治、文化、社会、生态、心理等方方面面，其基本特征表现为市场化、民主化、法治化、国际化、社会化等。西方现代文化集中体现在自欧洲文艺复兴以来形成的价值理念、精神追求，伴随着资本主义向全世界扩散，深刻影响了人类文明的进程。中国特色社会主义的产生发展是在全球化条件下实现现代化的过程，吸收借鉴了西方现代文化中的自由平等人权观念、民主法治原则、市场意识和科学精神。改革开放以后，中国积极主动融入世界现代化进程中，逐步把握现代化的共同规律，吸纳借鉴西方现代先进的思想，并赋予其新的内涵，呈现出越来越多的现代性特征，成功探索出了一条中国式的现代化之路。

第一节 学习和吸纳西方现代化理论

西方作为早发型现代化社会，其现代化道路呈现出人类文明发展的共性。西方现代文化是在西方现代化过程中逐渐形成的。中国特色社会主义形成和发展同样是一个现代化的过程，需要借鉴西方现代化的经验，吸纳西方现代文化的积极成果，目的是使中国转变成为一个现代化的国家。

一 现代化理论

现代化反映了人类文明进步的状态和趋势。现代化这个概念内涵丰富，而又定义繁多，并不完全统一。罗荣渠认为："广义而言，现代化作为一个世界性的历史过程，是指人类社会从工业革命以来所经历的一场急剧变革，这一变革以工业化为推动力，导致传统的农业社会向现代工业社会的全球性的大转变过程，它使工业主义渗透到经济、政治、文化、思想各个领域，引起深刻的相应变化。"狭义而言，是指发展中国家实现工业化，赶上发达国家的发展过程。[①] 也就是欠发达和不发达国家在现代国际体系的影响下，向现代工业社会转变、加速社会发展和缩小与发达国家差距的过程。何传启认为，"现代化指18世纪工业革命以来人类社会所发生的深刻变化，这种变化包括从传统经济向现代经济、传统社会向现代社会、传统政治向现代政治、传统文明向现代文明等各个方面的转变"[②]。现代化对西方来说，是相对于中世纪来说的，一般是指自工业革命以来的社会变迁过程；而对于中国来说，是自近代以来中国在西方帝国主义列强压迫和剥削下逐步疏离传统社会而向西方先进国家学习的过程。现代化的内涵既包括人类社会普遍的进步趋向，也包括像中国这样的国家向先进国家学习的特殊路径。概而言之，现代化是18世纪工业革命以来人类社会所发生的从传统到现代的深刻变化，既发生在先行国家，又存在于发展中国家。现代化是一个近乎包罗万象的社会变迁过程，大致包括经济现代化、政治现代化、文化现代化、社会现代化、人的现代化，一般涉及经济、政治、文化、社会、生态、心理等方面。

现代化理论孕育于18世纪中期，由于发生了工业革命，社会

[①] 罗荣渠：《现代化新论：世界与中国的现代化进程》，商务印书馆2004年版，第17页。

[②] 何传启：《东方复兴：现代化的三条道路》，商务印书馆2003年版，第90页。

生活变化显著,当时有人从社会变迁的视角来描述与传统社会不同的现代社会,代表人物是孔德、斯宾塞、迪尔凯姆、马克斯·韦伯,他们主张社会进化论。迪尔凯姆认为社会分工促成了社会变化,马克斯·韦伯分析了人的思想观念随之社会变革而发生变革。现代化作为一种理论研究是从20世纪50年代兴起的,到20世纪六七十年代,现代化理论的研究形成了比较系统的现代化理论,被称为经典现代化理论。20世纪70年代以后,现代化理论进入反思、修正和批判时期,开始出现新的现代化理论,如后现代化理论、第二次现代化理论等。

(一)经典现代化理论

总体上看,现代化不是社会某一方面的变革,而是涉及整体性的各个层面的结构、功能的变化。罗兹曼认为:"所谓走向现代化,指的是从一个以农业为基础的人均收入很低的社会,走向着重利用科学和技术的都市化和工业化社会的这样一种巨大转变。"[1]现代化涉及人类生活的方方面面,从具体学科来切入往往有盲人摸象的印象。艾森斯塔德用系统的视角看待社会,分析了现代化过程中社会分化、结构变迁、抗拒力量对社会系统的冲击,为了维持自身的存在并提高对变化的容纳能力,必须有体制的变革和价值观的更新,提高容纳变迁的能力,"形成一种能够容纳持续变迁的问题与要求的制度结构"[2],实现社会整合。

现代化的发展阶段及其特征。现代化过程可以分为一系列发展阶段,不同阶段又具有不同的特征。罗斯托在《经济发展阶段:非共产党宣言》中把社会发展分为五个阶段,即传统社会阶段、为起飞创造前提的阶段、起飞阶段、成熟阶段和高额的大众消费阶段。布莱克在《现代化的动力》中把现代化分为四个阶段,即现

---

[1] [美] 罗兹曼:《中国的现代化》,江苏人民出版社2003年版,第2页。
[2] [以色列] 艾森斯塔德:《现代化:抗拒与变迁》,张旅平、沈原、陈育国等译,中国人民大学出版社1989年版,第49页。

代性的挑战、现代化领导的稳固、经济和社会的转型、社会整合。亨廷顿概括了现代化过程的九个特征,即革命性、复杂性、系统性、全球性、长期性、阶段性、同质化、不可逆性和进步性。[①] 其中,革命性是根据现代社会和传统社会的比较推出来的;复杂性是指不能简单地将现代化过程归纳为某一种因素或某一个范围;系统性是指一个因素的变化,将关系和影响到其他各种因素;全球性是指现代化起始于15世纪和16世纪的欧洲,但现在已经成为全世界的现象;长期性是说现代化所涉及的整个变化需要时间才能解决;阶段性是说一切社会进行现代化的过程,都有可能区别出不同的水平和阶段;同质化的过程是指传统社会存在有许多不同的类型,现代社会却基本相似;不可逆性是指现代化过程的某些方面可能出现暂时的挫折和偶然的倒退,但在整体上,现代化基本上是个长期的趋势;进步性是指现代化的冲击很大,变化深刻,代价是必然的,但从长远的观点看,现代化增加了全人类在文化和物质方面的幸福。

现代化不仅是物的方面,还应包括人的现代化。人的现代化是现代化理论的重要组成部分,英格尔斯是代表人物,他关注现代化过程中人的心理和行为的改变,把人看作是现代化进程中最基本的因素,认为"只有国民在心理和行为上都转变为现代的人格,它的现代政治、经济和文化管理机构中的工作人员都获得了某种与现代化发展相适应的现代性,这样的国家才可真正称之为现代化的国家"[②]。他归纳了现代人的12个心理特征:"(1)乐于接受新的生活经验、新的思想观念和新的行为方式;(2)接受社会的改革和变化;(3)思路开阔,头脑开放,尊重并愿意考虑各方面的不同意见、看法;(4)注重现在与未来,守时惜时;(5)强烈的个人

---

① [美]西里尔·E. 布莱克:《比较现代化》,杨豫、陈祖洲译,上海译文出版社1996年版,第44—47页。
② [美]英格尔斯:《人的现代化》,殷陆君译,四川人民出版社1985年版,第8页。

效能感,对人和社会的能力充满信心,办事讲求效率;(6)重视有计划的生活和工作;(7)尊重知识;(8)可依赖性和信任感;(9)重视专门技术;(10)对教育的内容和传统智慧敢于提出挑战;(11)相互了解、尊重和自尊;(12)了解生产和过程。"[①]

从现代化的启动原因和时间进程上,有的学者把现代化模式分为内生型现代化和应激型现代化,如艾森斯塔德把从社会自身不断发展出现代化因素的称为内生型现代化,如英美;把在外部因素的刺激下,或者在外部压力下,启动并逐步实现现代化的称为应激型现代化。中国学者罗荣渠有类似分类,分为内源的现代化和外缘或外诱的现代化。罗荣渠按经济形态把各国现代化道路分为资本主义类型、社会主义类型和混合类型三类。其中,资本主义类型是"资本主义私有制+自由市场+分权型或集权型现代国家机构",苏联式的社会主义类型是"社会主义公有制+计划指令与有限市场结合+集权型现代国家机构",正在探索的混合型现代化类型是"混合经济+自由市场+集权或分权型现代国家机构"[②]。还有以沃勒斯坦为代表的世界体系理论。世界体系理论把世界体系作为研究单位,从整体性视角来解释16世纪以来的世界史,提出了"中心—半边缘—边缘"地区的依附关系,世界体系即是资本主义体系,它是一个不断融入、不断边缘化的动态过程。

现代化过程具有不同模式。各国实现现代化的道路各异,学者对此做了不同的区分,以更好理解现代化在具体国家的特殊实现形式。如亨廷顿的《变化社会中的政治秩序》中用大量事实说明了许多新兴国家经济发展了,却导致了政治衰朽,政治参与的扩大却导致了社会秩序的动荡,他从政治学角度阐述了现代化涉及的权威的合理化、结构的分化和政治参与的扩大三个方面,他把政治现代

[①] [美]英格尔斯:《人的现代化》,殷陆君译,四川人民出版社1985年版,第23页。

[②] 罗荣渠:《现代化新论:世界与中国的现代化进程》,商务印书馆2004年版,第162—168页。

化的类型分为欧洲大陆型、英国型和美国型。格尔申克隆在对欧洲后发国家工业化经验研究的基础上提出了"追赶模式",他用八个工业化类型来分析欧洲后发国家的工业化,即本地型—引进型、被迫—自发型、生产资料优先型—消费资料优先型、通货膨胀型—通货稳定型、数量变化型—结构变化型、连续型—间断型、农业发展型—农业停滞型、经济动机型—政治目的型。①

(二) 后现代化理论

20世纪70年代,现代化理论由经典现代化理论向后现代化理论演进。后现代化理论是在探索工业化以后的发展,这是由于已经工业化的社会出现的一些新现象,经典现代化理论无法解释。后现代化理论的代表人物是贝尔、托夫勒和英格尔哈特。贝尔在其名著《后工业社会的来临》中,把人类社会的发展概括为前工业社会、工业社会和后工业社会三个阶段。其中前工业社会是传统方式构成的农业社会;工业社会是商品经济社会,机器处于主导地位;而后工业社会是以服务业为基础,信息成为主要的资源,专业人员与民众之间的冲突是后工业社会的冲突特点。贝尔提出了"中轴原理"或"中轴结构",认为技术和知识是后工业社会的中轴,他指出:"后工业社会,是双重意义上的一个知识社会:首先,革新的源泉越来越多地来自研究与发展(更直接地说,由于理论知识处于中心地位,在科学和技术之间存在了一种新型关系);第二,社会的力量——按大部分国民生产总值和大部分就业情况来衡量——越来越多地在于知识领域。"②后工业社会只是一个预测,属于未来学范畴,这个概念"并不是一幅完整的社会秩序图画;它是描述和说明社会上社会结构(即经济、技术和等级制度)中轴变化的一

---

① [美]亨廷顿:《现代化——理论与历史经验的再探讨》,罗荣渠译,上海译文出版社1993年版,第222页。

② [美]贝尔:《后工业社会的来临》,高铦等译,新华出版社1997年版,第234页。

种尝试"①。

美国学者托夫勒在《第三次浪潮》中把从农业革命带来的农业文明的兴起比作第一次浪潮，把从农业文明向工业文明的过渡比作第二次浪潮，而第三次浪潮以电子工业、宇航工业、海洋工业、遗传工程组成工业群；社会进步不再以技术和物质生活标准来衡量，而以丰富多彩的文化来衡量。这个时代，鼓励个人人性发展，但不是创造某个理想的超人，而是培养一种新的社会性格。在第三次浪潮条件下发展新的民主，摈弃谬误和吓人的观念。"第三次浪潮文明"是对未来社会设计的一种蓝图，其立足点是现代科技的发展，在国家政治、工业、家庭结构、社会规范和生活方式等各个方面都会引起新变化。

美国学者英格尔哈特把1970年以来发达国家发生的变化称为后现代化，把发展中国家发生的变化称为现代化。他在《现代化、文化变迁和民主：人类发展时序》一书中，提出了后现代化理论的四个基本观点：一是现代化转型不是线性的；二是社会和文化的变迁存在着路径依赖，一个社会的价值体系反映了现代化的驱动力与维持传统的影响力之间的互动；三是现代化不是西方化；四是现代化并不会自动产生民主，从长期看，现代化所带来的社会和文化变化将使民主化的可能性增加。英格尔哈特的研究着重阐述后物质主义价值观，在《现代化与后现代化》中，他指出后现代化使人们的价值观从生存价值观转向更加注重自我表现的幸福价值观，即后物质主义价值观，人们更加关注环境保护、对多元文化的宽容、政治参与、对同性恋的宽容等。

（三）第二次现代化理论

20世纪90年代，中国学者何传启提出了第二次现代化理论。他把迄今为止人类文明发展分为四个阶段，即工具时代、农业时

---

① ［美］贝尔：《后工业社会的来临》，高铦等译，新华出版社1997年版，第132页。

代、工业时代和知识时代。在漫长的历史中，人类社会经历了三次转折，第一次转折是从工具时代的狩猎和采集转向农业时代的种植和畜牧，第二次转折是从农业时代的种植和畜牧转向工业时代的工业和服务，第三次转折是从工业时代的工业和服务转向知识时代的知识和信息，其间发生了四次革命，即工具革命、农业革命、工业革命和知识革命。何传启提出，第一次现代化是从农业时代向工业时代、农业经济向工业经济、农业社会向工业社会、农业文明向工业文明的转变过程，就是20世纪50年代提出的经典的现代化，以工业化、城市化和民主化为基本特征。第二次现代化指从工业时代向知识时代、工业经济向知识经济、工业社会向知识社会、工业文明向知识文明的转变过程，其特点是知识化、信息化、网络化和全球化。[①]

  中国特色社会主义的产生和发展过程就是实现现代化的过程。中国的现代化进程可追溯到19世纪60年代的洋务运动，从学习西方的现代技术开始，现代意识逐渐增强。20世纪30年代，诸如胡适、陈序经等知识分子从"西化"逐渐觉悟到要"现代化"，学习西方不是目的，实现现代化才是目的。正如冯友兰所说："以前所谓西洋文化之所以是优越的，并不是因为它是西洋的，而是因为它是近代的或现代的。我们近百年来之所以到处吃亏，并不是因为我们的文化是中国的，而是因为我们的文化是中古的。这个觉悟是很大的。"[②] 中国的现代化进程是伴随着政府的衰败化、国家的边缘化以及政治的革命化[③]，救亡图存成为第一位的。一个简单的基本事实是，民族独立是国家富强、实现现代化的基本前提，中国实现

[①] 何传启：《东方复兴：现代化的第三条道路》，商务印书馆2003年版，第90—91页。

[②] 罗荣渠：《从"西方"到现代化——五四以来有关中国的文化趋向和发展道路论争文选》，黄山书社2008年版，第346页。

[③] 罗荣渠：《现代化新论：世界与中国的现代化进程》，商务印书馆2004年版，第491—494页。

民族独立是通过暴力革命的方式，最终走上了社会主义的道路。新中国成立后，1953年，毛泽东提出要"实现国家的社会主义工业化，就可以促进农业和交通运输业的现代化，就可以建立和巩固现代化的国防"①。在1959年12月至1960年2月，毛泽东又指出："建设社会主义，原来要求是实现工业现代化、农业现代化、科学文化现代化，现在要加上国防现代化。"② 1964年12月，周恩来在三届人大一次会议上所做的《政府工作报告》中指出"今后发展国民经济的主要任务，总的说来，就是要在不太长的历史时期内，把我国建设成为一个具有现代农业、现代工业、现代国防和现代科学技术的社会主义强国，赶上和超过世界先进水平"③，并提出了"两步走"战略。但从新中国成立后到改革开放前的现代化建设更多的是仿效苏联，基本照搬了"苏联模式"，高度集中的计划体制在新中国成立初期较快地形成了较完整的国民经济体系，为巩固国家政权发挥了重大积极作用，同时促进了现代民主、教育、科学、城市、社会保障等事业的发展，大大提升了国家的现代化程度。但这一时期"左"的思想逐渐占"上风"，发展为"以阶级斗争为纲"，现代化建设逐渐脱离经济发展和社会秩序，违背了社会发展规律，现代化建设必然面临改革。

改革开放以来，中国的现代化进程重新回到正确的轨道上，突出了经济发展和生产力的提高，强调社会秩序稳定，积极融入国际社会，走中国式的现代化道路。历史表明，现代化不等于资本主义化或西方化，现代化也有消极后果，需要鉴别扬弃。邓小平指出："资本主义已经有了几百年历史，各国人民在资本主义制度下所发展的科学和技术，所积累的各种有益的知识和经验，都是我们必须继承和学习的。我们要有计划、有选择地引进资本主义国家的先进

---

① 《建国以来重要文献选编》第4册，中央文献出版社2011年版，第605页。
② 《毛泽东文集》第8卷，人民出版社1999年版，第116页。
③ 《周恩来选集》（下卷），人民出版社1984年版，第439页。

技术和其他对我们有益的东西,但是我们决不学习和引进资本主义制度,决不学习和引进各种丑恶颓废的东西。"① 我们积极吸收借鉴西方发达国家和其他发展中国家在现代化过程中的经验教训,走中国式的现代化道路。

二 现代性特征

现代化反映了人类社会生活各个方面的进步状态,是自工业革命以来整个社会的变革过程,具有明显不同于传统的特征。德赛提出,14—15世纪以来的现代化既是过程,又是产物,主要在以下方面体现出来:一是在思想领域内是理性、世俗主义;二是在社会流动和社会结构方面的变化,人们以新的社会化行为和专业化分工联系在一起;三是政治方面的变化,诸如政权合法性来源于人民认可和对公民负责、社会力量增强、政治民主和自由;四是经济方面的变化,机械化程度越来越高,经济单位日益专门化,第二产业和第三产业超过传统的农业,经济具有自我持续增长能力,工业化成为现代化的主要特征等;五是生态领域,城市化程度增强;六是思想领域,学科知识更为系统,教育发达,重要的是,出现新的文化观,即强调进步和改善,强调幸福和自发地表现自己的能力和感情,强调个人价值的发展和效率,进而出现新的人格定向、品性和特征,强调契约、机会均等的社会规则。② 布莱克假定所有人类活动可以分为知识、政治、经济、社会和心理五个方面,他认为现代化的过程在这五个方面引起了复杂变革。在知识方面,文艺复兴、科学革命提升了人们的生活质量,知识的广泛传播,改变了人们的价值观,"知识处于中心地位"③;政治上表现为统一制定政策,高

---

① 《邓小平文选》第2卷,人民出版社1994年版,第167—168页。
② [美] 西里尔·E. 布莱克:《比较现代化》,杨豫、陈祖洲译,上海译文出版社1996年版,第134—138页。
③ [美] C. E. 布莱克:《现代化的动力——一个比较史的研究》,景跃进、张静译,浙江人民出版社1989年版,第11页。

度统一的科层体制造就了现代国家职能的集中化和管理化,政府民主化以及公民的政治参与;经济方面,科学技术革命、机械化和专业分工致使经济总量迅速增长;社会方面表现为城市化、教育普及、男女权利的平等、通信工具的发达、人民健康水平的提高、收入分配的公平化等;心理方面,传统的行为模式被抛弃,"适应性、主创性以及热情是取得成功的品质","人们从传统社会大量压抑个性的习俗和信仰中解放了出来"[①],个人主义得到尊崇。但布莱克也看到了现代化的困扰,新的生活方式取代了旧的生活方式,也伴随着个体间的疏离、自杀、离婚、暴力等不良社会后果。帕森斯认为社会结构的分化程度和功能的成熟程度代表了社会发展水平,传统社会向现代社会的转变是社会结合、功能的转变以及社会的整合,表现在政治方面的普选制、党派制度和科层制度等,还表现在信仰自由、社会流动、家庭的变化、知识的普及、社会世俗化以及对社会分化造成的破坏、冲突、失调和紧张关系的社会整合。在《现代化与社会结构》一书中,列维分析了现代化的特征,包括各种政治经济组织的专业化程度高,相互之间依存,功能是非自足的;伦理具有普遍主义性质;国家权力是集权但不是专制;社会关系是合理主义、普遍主义、功能有限和感情中立;发达的交换媒介和市场;高度发达的科层制组织;家庭小型化,其功能也在缩小。[②]穆尔认为现代化特征表现在四个方面:一是价值观念上,由任人唯亲到任人唯贤;二是在制度上,建立能够为使经济发展而动员土地和资本的可转让的所有制、使劳动力能够自由流动的劳动市场制度和促进流通的商品交换系统;三是在组织上,建立专业化、金字塔式的科层制组织和合适的国家财政组织;四是在个人动机上,培养有创造精神的个性、业绩主义志向、向上的积极性、对教

---

① [美] C.E. 布莱克:《现代化的动力——一个比较史的研究》,景跃进、张静译,浙江人民出版社1989年版,第22页。
② [美] 亨廷顿:《现代化——理论与历史经验的再探讨》,罗荣渠译,上海译文出版社1993年版,第112—113页。

育的渴求和活动热情。由此可见,现代化的特征主要表现在以下方面。

第一,工业化、市场化。现代化的推进和在全世界的扩散主要是以近代资本主义生产方式,是市场化、产业化和规模化经济方式。市场经济的发展使市场不断扩大,由此带来了经济全球化,资本、劳动力等生产要素在全世界范围流动,世界紧密联系在一起。另外,产业结构也发生了变化,传统工业比重逐步减少,服务业比重增大。

第二,民主化、法治化。一是民主制度的逐渐确立和普及,否定了传统的专制体制;二是确立了近代行政官僚制度,即行政制度和机构的合理化、理性化、行政法治化。

第三,科学化。西方经历了文艺复兴、启蒙运动和科学革命,科学理性得到人们普遍认同,传统、保守、封闭观念被抛弃,逐渐摆脱了血缘、关系、情感等因素的羁绊,主要按规则办事。

第四,社会化。封建家庭关系的解体,个人主义原则的确立,人们主要依据利益化纽带,通过社会团体的形式联系起来,人与人之间结成平等的契约关系,享有和承担相应的权利和义务,对个人的评价主要依据个人的能力和品德。

正如吴敬琏指出:"在各国走向繁荣昌盛的过程中,有一些共同的因素起着关键性的作用,而对这些共同因素的偏离,不论这种偏离朝向哪个方向,总会招致逆转和挫折。通观500年来世界主要国家的发展历程,这种共同的因素大致包括以下这些:(1)确立了自由市场经济制度;(2)建立法治;(3)实行宪政民主;(4)保证思想自由和学术独立;(5)逐步形成了'橄榄形的社会结构'。"[①]可以看出,现代化的典型特征包括工业化、城市化、信息化、国际化、民主化、法治化、市场化、社会化等。其中,西方现代化中体现出的民主法治精神、科学精神、市场意识等文化成果,是现代西方文化的精髓所在。

[①] 陈会颖:《大国崛起的文化解读》,凤凰出版社2009年版,第1页。

中国特色社会主义的产生和发展过程就是实现现代化的过程，本身越来越呈现现代化的特征。具体来说，在市场化方面，中国坚持市场化改革方向，党的十二大正式提出经济体制改革的目标是建立社会主义市场经济体制，并不断完善之。其中，发挥市场在资源配置中的决定性作用，政府做好宏观调控，建立现代企业制度，完善市场体系，健全市场法律法规，营造规范有序、公平竞争的市场环境，同时避免市场经济可能的弊端。在城市化方面，《国家新型城镇化规划（2014—2020年）》中的数据显示，1978—2013年，城镇常住人口从1.7亿人增加到7.3亿人，城镇化率从17.9%提升到53.7%；城市数量从193个增加到658个，建制镇的数量从2173个增加到20113个。京津冀、长江三角洲、珠江三角洲三大城市群，以2.8%的国土面积集聚了18%的人口，创造了36%的国内生产总值。中国的城镇化借鉴了西方发达国家城市化过程中的经验教训，走中国特色的城镇化道路，避免在城市化发展中出现的生态环境破坏、城乡差距扩大，忽视人的城市化问题，注重统筹城乡发展，努力实现城乡一体化发展，重视人的城市化。在民主法治化方面，民主法治是治国理政的基本遵循，不过没有十全十美的民主和法治，中国特色社会主义吸纳了资本主义民主法治的一些原则，提出依法治国，创造了符合中国国情的政党制度、社会主义基层民主制度和社会主义协商民主形式，把依法治国与以德治国相结合，但决不照抄资本主义政治制度。在国际化方面，中国积极融入全球化进程，于2001年加入了WTO，积极参与全球治理。在工业化方面，中国走新型工业化道路，信息化与工业化同时并举，现代工业、现代农业与第三产业协调发展。在信息化方面，互联网以及网络经济迅速发展，网民超过6亿人，产生了诸如百度、阿里巴巴、腾讯、京东等互联网巨型企业，信息网络已成为中国人日常生活不可或缺的一部分。总之，中国的现代化建设呈现出越来越多的现代性，但还没有完成，学习借鉴西方现代化是必要的，更重要的是要有我们自己的创造，对人类发展有所贡献。

第二节 吸收和借鉴现代思想观念

中国特色社会主义产生与发展于中西文化的交流中，不是在孤立封闭的环境中发展的，而是不断吸收借鉴现代西方先进思想，把它作为养料促进自身的现代化。从历史和现实来看，中国特色社会主义主要吸收借鉴了自由平等人权观念、民主法治原则、科学精神和市场意识。崇尚自由、追求平等、尊重人权是政治文明的标志，但自由平等人权观念又具有意识形态和制度属性，资本主义与社会主义在自由平等人权观念上存在本质区别。从现代化的进程看，民主化和法治化是现代化的基本特征，西方民主法治在历史发展中形成了若干基本原则，包括人民主权、代议制、选举竞争、分权制衡、宪法法律至上、法律面前人人平等，被人们所普遍认同，是西方现代政治文化的精髓。从现代化的进程看，科学技术是成就西方现代文明的重要基石，科学的发展内蕴着科学精神，即创新精神、求真精神等。市场化是现代化的基本特征之一，市场经济以其独特优势获得广泛运用，发展市场经济要求人们具有崇尚自由、公平竞争、遵守契约等精神。改革开放以来，中国经济从计划经济体制向市场经济体制转轨，发展中国特色社会主义必然需要培育正确的市场意识。这些都是发展中国特色社会主义需要吸纳借鉴之处。

一 自由平等人权观念

自由平等人权是西方现代文化中的基本价值理念，在一定意义上，现代化进程就是人们追求自由平等人权的过程。自由平等和人权是一致的，自由权和平等权是基本人权，自由必然要求平等，平等也体现自由，三种具有一致性。

（一）自由平等人权的基本理论

1. 崇尚自由

一般来说，自由就是从被束缚中解放出来，能够按照自己的意志、自己的目的去行动，而不被外界强制或限制。哈耶克认为自由是指"一些人对另一些人所施以的强制，在社会中被减至最小可能之限度"①。外延上，自由包括意志自由、政治自由、经济自由、言论自由、人身自由等。孟德斯鸠把自由分为哲学上的自由和政治上的自由，他认为："就哲理而言，自由就是行使自己的意志，或者至少（假如需要从所有各类体系来谈的话）是自认为在行使自己的意志。政治自由是享有安全，或者至少是自认为自己享有安全。"②以赛亚·伯林把自由概括为积极自由和消极自由两种，积极自由指的是人成为自己的主人，自主地决定自己的行为的自由，意味着"我希望我的生活与决定取决于我自己，而不是取决于随便哪种外在的强制力。我希望成为我自己的而不是他人的意志活动的工具。我希望成为一个主体，而不是一个客体"③。消极自由指的是不受别人阻止、不被他人干涉地行动或做出选择的自由，意味着"如果别人阻止我做我本来能够做的事，那么我就是不自由的；如果我的不被干涉的行动的领域被别人挤压至某种最小的程度，我便可以说是被强制的，或者说，是处于奴役状态的"④。

（1）西方自由观念的哲学基础。西方现代自由观念的哲学基础是个人主义，强调个人独立和意志自由，它与集体主义相对，认为个人的存在先于集体的存在，个人利益高于集体利益，任何集体最终都是为了服务于个人利益而发展起来的。在道德上，否认道德的绝对性，认为道德在本质上是个人的。在宗教上，新教的产生就是维护个人主义，马克斯·韦伯阐述了新教与资本主义发展的关系，认为个人有权通过他自己的方式并通过自己努力与上帝建立直

---

① ［英］哈耶克：《自由秩序原理》（上），邓正来译，生活·读书·新知三联书店1997年版，第3页。
② ［法］孟德斯鸠：《论法的精神》（上卷），许明龙译，商务印书馆2012年版，第222页。
③ ［英］以赛亚·伯林：《自由论》，胡传胜译，译林出版社2003年版，第178页。
④ 同上书，第189页。

接联系。在政治上,强调个人权利至高无上,即"公民权",包括言论、结社、出版自由等,密尔用的是"思想自由"和"讨论自由"①。在经济上,强调个人追求自己经济利益的正当性,政府应尽量少地干预经济。

(2) 西方素有崇尚自由的传统。阿克顿认为,自由对人类来说是最宝贵的:"自由是贯穿于几千年的人类历史中唯一的内在连续性和一致性的因素……自由所追求的事业也就是正义和德性所追求的事业。"②自由最早可以追溯至古希腊,可以说,人类的历史就是不断扩展自由空间,走向全面自由的历史,正如弗洛姆所言:"人类历史是个体化增长的历史,但也是自由增长的历史。"③在古代西方,自由一词最早被用来表示原始社会中无任何拘束的自然生活状态,在奴隶制时期,自由首先是同自由人与奴隶的区分相联结的,自由人不同于奴隶,他们不依附于任何人,不受他人的任何强制。

文艺复兴时期,人文主义把人的自由和尊严提高到至高地位。但丁认为"自由的第一原则就是意志的自由"④,天赋的理性和自由意志以及对神圣幸福的追求,是人的高贵之处。宗教改革家在"基督徒的自由"的口号下反对罗马教廷,提出了信仰和思想的自由。启蒙运动中,资产阶级思想家从人的天赋权利角度看待自由,而且把自由限制在法律的框架内。霍布斯认为自由在自然权利和社会权利范围内不同,自由首先以自然权利而存在,"这种自由就是用他自己的判断和理性认为最合适的手段去做任何事情的自由",当自然权利作为社会权利出现时,自由便要受到法律的制约,因此,"在法律未加规定的一切行为中,人们有自由去做自己的理性

---

① [英]密尔:《论自由》,许宝骙译,商务印书馆1959年版,第18页。
② [英]阿克顿:《自由与权力》,侯健、范亚峰译,商务印书馆2001年版,第307页。
③ [德]埃里希·弗洛姆:《逃避自由》,陈学明译,中国工人出版社1987年版,第309页。
④ 转引自张金华《自由论——一个热门话题的反思》,上海人民出版社1990年版,第21页。

认为最有利于自己的事情"①。洛克进一步指出，自由是社会成员"在他所受约束的法律许可范围内，随其所欲地处置或安排他的人身、行动、财富和他的全部财产的自由"②。孟德斯鸠探讨了同公民有关的法律与自由的关系，他说："在一个国家里，即在一个有法可依的社会里，自由仅仅是做他应该想要做的事和不被强迫去做他不应该想要去做的事。"③ 孟德斯鸠认为法律是自由的保障，脱离法律则无自由，他指出："自由是做法律所许可的一切事情的权利；倘若一个公民可以做法律所禁止的事情，那就没有自由可言了，因为，其他人同样也会有这个权力。"④ 卢梭提出社会契约论以实现自由："人是生而自由的，但却无往不在枷锁之中。"⑤ 人们通过订立契约将自身权利转让给集体，社会契约"以道德和法律的平等来代替自然所造成的人与人之间的身体上的不平等；从而，人们尽管可以在力量上和才智上不平等，但是由于约定并且根据权利，他们却是人人平等的"⑥。

19 世纪，法国大革命时期的孔斯坦，把自由分为政治自由和个人自由，前者是指公民参与政治的自由，后者是指个人的言论、财产、经营贸易自由。他认为国家应该保护个人自由，他提出了"五权说"，并主张实行君主立宪。这一时期随着资本主义矛盾的暴露，空想社会主义者们批判资本主义制度，揭露其现实与说教的不符，资本主义自由平等的虚伪。如布朗基指出："当人们缺少面包的时候，就没有自由。当富豪并列在贫困旁边制造丑事的时候，

---

① ［英］霍布斯：《利维坦》，黎思复、黎廷弼译，商务印书馆 1985 年版，第 164 页。
② ［英］洛克：《政府论》（下篇），叶启芳、瞿菊农译，商务印书馆 1964 年版，第 36 页。
③ ［法］孟德斯鸠：《论法的精神》（上卷），许明龙译，商务印书馆 2012 年版，第 184 页。
④ 同上。
⑤ ［法］卢梭：《社会契约论》，何兆武译，商务印书馆 2003 年版，第 4 页。
⑥ 同上书，第 30 页。

就没有平等。当女工领着自己饥饿的孩子沿着豪华的宅邸乞怜的时候，就没有博爱。"① 随着近代自然科学的发展，思想家对自由的讨论聚焦在对规律的认识，即必然性的把握上。黑格尔认为："精神在它的必然性里是自由的，也只有在必然性里才可以寻得到它的自由，一如它的必然性只是建筑在它的自由上面。"② 这一观点影响了马克思。

20世纪以来，人们对自由的讨论仍在继续。哲学上，萨特的存在主义认为，人就是自由，自由是先于本质的，把自由看成是绝对的，人在摆脱他人和社会的约束后，才能作为纯粹的主体而存在，才能真正获得自由。经济上，哈耶克强调了经济自由主义，等等。可见，自由是西方历史发展的永恒主题，其内涵和外延随着时代的发展而不断丰富。

2. 追求平等

平等是千百年来人们的理想和追求，是现代社会的基本价值观念。古今中外的思想家对平等的论述可谓汗牛充栋，众说纷纭。正如有的学者指出："平等乃是一个具有多种不同含义的多形概念。"③ 这里主要讨论西方现代平等理念。平等是指人与人之间在经济、政治、文化等各方面处于同等的地位，享有相同的权利。平等是一个复杂的观念体系和实践体系，从人性出发来理解，指的是"一切人在共同人性上平等"，"所有的人都具有相同的物种特性"④。但平等不是绝对的等同，平等承认人与人之间的差别。平等的内容很广，有政治平等、经济平等、社会平等、文化平等；平等在过程上可分为起点平等、机会平等、结果平等；平等从性质上

---

① 《布朗基文选》，商务印书馆1979年版，第46页。
② [德]黑格尔：《哲学史讲演录》第1卷，贺麟、王太庆译，商务印书馆1981年版，第31页。
③ [美]E.博登海默：《法理学：法律哲学与法律方法》，邓正来译，中国政法大学出版社1999年版，第28页。
④ [美]穆迪莫·艾德勒：《六大观念》，郗庆华、薛笙译，生活·读书·新知三联书店1991年版，第171页。

可以分为形式平等和实质平等。

西方有平等的传统。早在古希腊时期,亚里士多德就提出了两类平等,"一类为其数相等,另一类为比值相等。'数量相等'的意义是你所得到的相同事物在数目和容量上与他人所得者相等;'比值相等'的意义是根据各人的真价值,按比例分配与之相衡称的事物"①。他认为,所谓正义就是对于应该平等的方面给人们以平等的待遇,而在不应该平等的方面则对人们加以区别对待,也就是说平等不是绝对的同一。

中世纪基督教有创始平等说。《圣经》中指出,人不分民族、男女,"在基督耶稣那里都归于一了",也就是上帝面前人人平等,人人都有原罪,所以,没有人比别人更高贵,也否定了等级制,但欧洲中世纪封建教会的等级制却使平等只停留在思想层面,没有现实的制度。文艺复兴和宗教改革时期,平等是作为一项政治和宗教要求被提出的,霍布斯认为,人在"自然状态"下,人与人之间无论在体力和智力方面都没有任何明显的差别。洛克认为在自然状态下,人与人都是平等和独立的,"如不得本人的同意,不能把任何人置于这种状态之外,使受制于另一个人的政治权力"②。卢梭认为,私有制是产生不平等的根源,通过社会契约以实现平等,人们订立契约将自身权利转让给集体,社会契约"以道德和法律的平等来代替自然所造成的人与人之间的身体上的不平等;从而,人们尽管可以在力量上和才智上不平等,但是由于约定并且根据权利,他们却是人人平等的"③。潘恩也同样确认了人的平等权利是天赋的权利,他指出:"人权平等的光辉神圣原则(因为它是从造物主那里得来的)不但同活着的人有关,而且同世代相继的人有

---

① [古希腊]亚里士多德:《政治学》,吴寿彭译,商务印书馆1965年版,第238—239页。
② [英]洛克:《政府论》(下篇),叶启芳、瞿菊农译,商务印书馆1964年版,第59页。
③ [法]卢梭:《社会契约论》,何兆武译,商务印书馆2003年版,第30页。

关。根据每个人生下来在权利方面就和他同时代人平等的同样原则，每一代人同他前代的人在权利上都是平等的。"① "所有的人生来就是平等的，并具有平等的天赋权利"②。这种抽象的形式平等有利于新兴资产阶级权利的实现，正如恩格斯指出："只有能够自由地支配自己的人身、行动和财产并且彼此权利平等的人们才能缔结契约。创造这种'自由'和'平等'的人们，正是资本主义生产的主要工作之一。"③

现代平等观念从资本主义制度产生以来，经历了一个从强调形式平等到注重实质平等的发展过程。资本主义社会产生之初，资产阶级为了保障获取财富的合理性，启蒙运动中的思想家提出法律面前人人平等，排斥封建特权，要求每个人都有平等的机会，即机会平等，这使得资产阶级迅速崛起，但这种形式上的平等只是从抽象的法律人格意义上来要求平等地对待，而没有考虑现实生活中人与人之间先天禀赋和社会经济地位的不平等，结果对有产者有利，对无产者不利。随着资本主义经济的发展，这种形式平等导致了两极分化，阶级矛盾尖锐，随后人们提出了实质平等，与公平正义相联系，如罗尔斯在《正义论》中提出了两条正义原则，一是平等的自由原则，二是公平的机会平等原则和差别原则。其中，平等的自由原则意思是对于宪法规定的权利，每个人都应该不受阻碍地行使，对于社会的每种职位，每个人都有平等的竞争机会。差别原则是对社会弱者的倾斜，为此，罗尔斯提出了补偿原则。他指出："为了平等地对待所有人，提供真正的同等的机会，社会必须更多地注意那些天赋较低和出生于处境不利的社会地位的人们。"④ 为此，不仅需要政府的再分配政策，而且政府需对财富、机会、基本

---

① [美]潘恩：《潘恩选集》，马清槐译，商务印书馆1981年版，第140页。
② 同上书，第141页。
③ 《马克思恩格斯文集》第4卷，人民出版社2009年版，第93页。
④ [美]罗尔斯：《正义论》，何怀宏译，中国社会科学出版社1988年版，第101页。

权利进行平等分配。德沃金讨论了运气与平等的关系，认为运气可分为选择的运气和原生的运气。因选择的运气导致的不平等，应该由自己承担；因原生运气导致的不平等，则应该在共同体中获得补偿。阿玛蒂亚·森提出了"可行能力"①的概念，通过提高可行能力，实现经济发展的公平，可见，实质平等强调的是结果平等。

自由与平等是现代文明的两大价值维度，也是人类永恒的话题，有的学者讨论孰先孰后的问题，有的学者讨论哪一个更重要的问题，出现了自由主义与社群主义的论争。马克思主义也形成了自己的自由平等观，认为未来社会是一个自由人的联合体。总之，自由与平等代表了人类社会文明进步，中国特色社会主义也同样崇尚自由和追求平等。

3. 尊重人权

人权是指人作为人而享有的基本权利与尊严，是"以人的自然属性为基础、社会属性为本质的，人被当作人来对待的属于人的权利"②，体现的是人的尊严。从主体看，人权的主体是所有的人，不仅指个人，还包括国家。从人权的客体看，人权的内容十分广泛，涉及人身权利、政治权利、经济社会文化权利等方方面面，不仅限于国内，还包括国际范围的和平权、发展权、民族自决权等。从人权的存在形态看，包括应有权利、法定权利和实有权利。③ 其中，应有权利是指人按其本性应当享有的权利；法定权利是法律规定的权利，但不一定能够真正享有到；实有权利是指在现实生活中已经实现的权利。人权、民主与法治是人类政治文明的三大要素，是现代文明社会得以构建的三大支柱，人权理念也是西方现代文化的核心之一。

人权观念的萌芽古已有之，古希腊的亚里士多德认为，正义意

---

① [印度] 阿玛蒂亚·森：《以自由看待发展》，任赜等译，中国人民大学出版社2002年版，第62页。

② 卓泽渊：《法治国家论》，法律出版社2003年版，第48页。

③ 李步云：《论人权的三种存在形态》，《法学研究》1991年第4期。

味着某种平等，而这种平等适用于统一城邦或同一等级的自由民内部。斯多葛学派的西塞罗提出人超越于禽兽的地方，是人所具有的共性，"在种类上，人与人没有区别"①，从抽象意义上演化成了人的观念。罗马法学家盖尤斯在《法学阶梯》中提出了"万民法"，体现了普遍平等的人权要求。在中世纪，基督教政治哲学倡导"人的普遍的同胞关系"。在中世纪末期，诗人但丁首先提出"人权"概念："帝国的基石是人权"，帝国"不能做任何违反人权的事"②。当然，这一时期的人权只是萌芽，还不是我们现代所讲的人权。

（1）人权观念的发展。法国法学家卡雷尔·瓦萨克提出了"三代人权论"，阐释了近代人权的发展历程。③ 根据他的理论，第一代人权是17—18世纪的资产阶级启蒙思想家提出的"天赋人权"，人权被视为人与生俱来的权利，是上帝赋予的不可侵犯和剥夺的权利，包括平等、自由、生命、健康、追求幸福、财产权等，以霍布斯、洛克、卢梭、孟德斯鸠为代表，天赋人权成为资产阶级革命的理论先导。在资产阶级革命之后，保障人权成为各国宪法的基本原则，如美国1776年《独立宣言》公开宣布：一切人生而平等，上帝赋予他们生命权、自由权和追求幸福的权利，为了保障这些权利而组成政府，如果政府损害了这些权利，那么人民就有权推翻它，马克思称之为"第一个人权宣言"。第二代人权是指经济、社会和文化权利，这与社会主义革命相联系，以苏联的《被剥削劳动人民权利宣言》和德国的《魏玛宪法》为代表，核心是要求平等和社会公正，需要国家采取积极行动，保障公民平等地享有劳动权、物质帮助权、受教育权、参政权等，也被称为积极权利。第三代人权是指联合国成立以来出现的新权利，强调了生存权、发展

---

① 丛日云：《西方政治法律传统与近代人权学说》，《浙江学刊》2003年第2期。
② ［意］但丁：《论世界帝国》，朱虹译，商务印书馆1995年版，第76页。
③ 徐显明：《人权法原理》，中国政法大学出版社2008年版，第23—24页。

权、民族自决权等集体人权，反映了"二战"以后新独立的民族国家的要求。如今，保障人权已成为国际社会的共识，是人类社会走向现代化的标志。

（2）人权的价值。人权是人作为人享有的基本权利，既不可取代也不可转让，具有重要价值。人权的价值在于尊重人权能够满足个人、社会和国家的需要。首先，尊重人权有利于个人利益的保护。人权的本质属性首先表现为利益，包括物质的和精神的。人权所体现的利益在道德要求上既是利己的，又是无害于他人的，人权的无害性是所有利益主体都必须遵循的原则，为个人利益的实现划定了边界，有利于反对特权或强权，避免个人利益受到侵害。其次，尊重人权有利于社会稳定。稳定意味着秩序、安全与和平，人权有建立秩序与消除暴力的作用，通过人权的制度化和法制化，以民主和法治的手段，为全体社会成员设定了共同底线，既要求尊重他人人权，又要求他人尊重自己的人权，这样，个人的安全与社会的秩序才能保证。最后，尊重人权有利于维护公权力的道德标准。公权力既可能为善，又可能为恶，在公民与国家的关系中，国家确立保护人权原则，就会对公权力进行制约，避免对公民权利的侵害，使公权力为善。公权力被用来保护公民权利，就维护了公共权力的道德标准。总之，保障人权有利于对公民权利的保护和对公权力的监督制约，有利于实现民主法治，维护社会秩序。

（3）正确看待人权。首先，历史地看待人权。西方现代人权理念具有历史进步性，是为了反对封建特权提出来的，它以自由、平等为主要内容，以法律为保障，反映了资产阶级的利益要求，是资本主义制度确立和发展的理论先导，在历史上具有进步作用。但是"权利决不能超出社会的经济结构以及由经济结构制约的社会的文化发展"[1]，西方人权理念也不是凭空产生的，它是社会经济政治发展的产物，在性质上它是资产阶级的人权，是维护资本主义

---

[1]《马克思恩格斯选集》第3卷，人民出版社1995年版，第305页。

制度的。正如马克思所说,在资本主义市场经济运行中,"平等地剥削劳动力,是资本的首要的人权"①,所以,西方现代人权理念又具有历史局限性。其次,辩证地看待人权。人权是普遍性和特殊性的统一,人权的普遍性是指人类对人权的共同要求和理想。《世界人权宣言》《维也纳宣言和行动纲领》以及其他国际人权文书所共同承认的基本人权,就是人权普遍性的体现。人权的普遍性主要体现在:一是指享有人权的主体的普遍性。这种主体既包括个体,也包括集体。作为个体来讲,就是世界上所有的人都享有做人的最基本的权利,即"不分种族、肤色、性别、语言、宗教、政治或其他见解、国籍和社会出身、财产、出生或其他身份等任何区别。并且不得因一个所属的国家或领土的政治的、行政的或者国际的地位之不同而有所区别,无论该领土是独立领土、托管领土、非自治领土或者处于其他任何主权受限制的情况之下"②。作为集体来讲,就是每个国家或民族都享有平等的权利。③ 二是内容的普遍性,从政治权利到经济社会文化权利,从生存权到发展权,涉及方方面面的权利,而且不断丰富。三是价值的普遍性,世界各国都为人权的实现而努力。人权的特殊性是指世界上各个国家或民族由于不同的历史文化、社会制度和生产力发展水平,在人权实现方面具有不同的方式和途径。保障人权既不能只强调普遍性而对别国横加干涉或对别国照搬照抄,也不能只强调特殊性而故步自封。

(二) 中国特色社会主义吸收借鉴了自由平等人权理念

自由平等人权价值观念是人类的共同精神财富,这些价值理念不仅是西方现代文化的核心,而且也是社会主义的价值目标,当然也成为中国特色社会主义的价值追求,但自由平等人权具有历史性和阶级性,还要结合中国实际借鉴吸收。在自由方面,社会主义市

---

① 《马克思恩格斯文集》第5卷,人民出版社2009年版,第338页。
② 何海波:《人权十二讲》,天津人民出版社2008年版,第153页。
③ 韩云川:《坚持人权的普遍性和特殊性的统一》,《湖北社会科学》2000年第4期。

场经济扩大了人民群众的自由空间,户籍制度改革推进了城市化和迁徙自由,社会主义核心价值观明确了自由、平等的内容,并把对自由的保障纳入法治轨道。在平等方面,注重形式平等和实质平等的统一。改革开放之初,打破平均主义的大锅饭制度,让一部分人先富起来,然后再缩小东西差距、贫富差距,最终实现共同富裕。经济上给予各种所有制以平等待遇,加强社会保障以维护公平正义。同时也要看到,中国特色社会主义的自由平等观念不是建立在个人主义的基础上的,而是集体主义下的自由平等,与西方个人主义的自由平等有所不同。在人权方面,1991年,《中国的人权状况》白皮书明确指出:"享有充分的人权,是长期以来人类追求的理想。"[①] 党的十六大首次提出"尊重和保障人权"。2004年,将"国家尊重和保障人权"正式写入宪法。在2014年和2015年,国新办连续发布2013年和2014年的中国人权事业进展白皮书,详细介绍了发展权,民主权利,少数民族、老年人、妇女儿童、残疾人的权利,公正审判权,环境权等基本人权状况。社会主义民主法治保障公民自由权、平等权、受教育权等基本人权,但历史、文化和国情不同,中国人追求自由平等人权的历史与西方迥异,是近代以来在深受帝国主义剥削压迫下进行的,争取民族独立和人民解放是最大的自由平等人权。改革开放以来,中国追赶实现现代化,提高生产力和人民生活水平,把生存权和发展权作为中国人首要的人权。中国不认为人权是天赋的,人权也不是抽象的,而是认为人权是一定社会历史条件的产物,是经过斗争获得的,其内涵也会不断丰富。

二 民主法治原则

民主法治原则是现代政治文化的精髓。对"政治文化"经典

[①] 国务院新闻办公室:《中国的人权状况》,中央文献出版社1991年版,第1页。

界定的是阿尔蒙德,他在《公民文化——五国的政治态度和民主》一书中指出:政治文化是政治系统成员的行为取向或心理素质,即政治制度的内化。政治文化可以概括为政治认知、情感与评价。派伊在《政治文化与政治发展》的"导言"中指出政治文化包括社会的各种传统、公共机构的精神、公民的情感与集体的理性以及领导人的风格与行为规范,等等。[①] 换句话说,政治文化就是关于政治体系的认知、态度、感情、思想等主观性因素的综合,它规定了政治过程的含义、形式和方式。政治社会化使人们养成了关于一定社会政治认识和感情,结果也形成了一个社会全体成员的基本一致的政治文化。[②] 西方社会民众对民主法治基本原则的认同与遵循,对于维持西方政治制度至关重要。

(一)民主法治的基本思想

"民主"一词源于古希腊语,表达为"Demokratia",是"demos"和"kratos"的组合,前者指的是民众,后者指的是人们的统治,合起来可译为"人民的统治"。民主原则确立了人民主体地位,体现了基本人权。法治是"rule of law",即法的统治,法律至上。法治反对"神治"和"人治",提倡依法办事,避免个人专断。民主与专制相对,法治与人治相对。法治与民主密不可分,两者相辅相成、缺一不可,民主是法治的前提,法治是民主的保障,脱离了民主谈法治或脱离了法治谈民主都是不可行的。

民主法治可以追溯到古希腊时期,但现代民主法治的产生是在14世纪新航路开辟以后。自新航路开辟以来,欧洲海外贸易不断扩大,商品经济发展起来,以英国为代表,产生了新兴的资产阶级。随着他们经济实力的增强,国内的封建制度却日益成为资本主义发展的阻碍,于是产生了民主的诉求。首先在思想领域掀起了启

[①] 参见王乐理《政治文化导论》,中国人民大学出版社2000年版,第19—20页。
[②] 王沪宁:《当代西方政治学分析》,四川人民出版社1988年版,第138—139页。

蒙运动，启蒙运动推崇理性，把科学与理性融合，批判不合理的社会制度，主张自由、平等、民主。狄德罗把宗教迷信和专制统治说成是"拴在人类脖子上的两大绳索"，提出了自然法则理论和天赋人权理论，宣扬"一切人生来平等""自由是天赐的东西"。荷兰的格劳秀斯较早提出遵循自然法和"社会契约"思想，后由法国的伏尔泰、卢梭、狄德罗等人所继承。英国的洛克明确界定和阐明了"主权在民"的思想，发展了"天赋人权"学说，在《政府论》中，他提出政府是公民权利的"守夜人"，政府和人民签订契约以保护公民的个人财产。法国的孟德斯鸠明确提出了立法权、行政权和司法权的三权分立制衡思想。启蒙运动使民主法治观念深入人心，在早期资本主义发展比较充分的国家爆发了资产阶级革命，确立了资产阶级民主制度，并以法律的形式固定下来，之后尽管出现各种各样的民主法治理论，如精英民主、多元民主、协商民主等，但启蒙运动中形成的基本原则仍是大家都认同的。

西方民主法治不是凭空产生的，前提条件是市民社会和市场经济。一是市民社会。市民社会也称"公民社会"。与古代的市民社会不同，近代的市民社会一般是指由独立的个人以契约的形式组成的自治共同体，黑格尔和马克思把市民社会看作是与政治国家相对的概念。市民社会产生于政治国家之前，政治国家保护市民社会，提供了民主法治所需的社会基础，它建立在商品经济基础之上，市民社会中的个人是独立的，以契约的形式组织起来，利益主体呈现独立性和多元性，自然地，法治成为调节人际关系的规范。市民社会反映的资产阶级的利益要求，促进了资产阶级民主法治的发展。二是市场经济。市场经济是西方民主法治产生的经济基础。市场经济遵循价值规律，商品实行等价交换，这就必然要求商品的拥有者是平等的，否则等价交换就不可能实现，平等是市场经济的基本要求。市场经济条件下，人与人之间是独立的个体，不存在人身依附，为了满足自身需要，必然要求自由交换商品，自由便成为市场经济的基本要求。既然如此，市场经济中调节经济行为的方式不可能再是人的权威，而只能是法律的权威，必然要求法律面前人人平等，法治便应运而生。由此可知，市场经济提供了民主法治要求的自由平等，催生了民主政治。反过来，民主法治又维护着市场经济的自由竞争、等价交换原则，两者相得益彰。

民主法治是人类政治文明发展的成果。民主法治的价值显而易见，罗伯特·达尔在其名著《论民主》中就总结了民主的九大好处。[①] 俞可平也指出民主是个好东西。具体来说，主要表现在个人、社会和国家三个层面。

首先，维护个人的权利与尊严。西方民主法治体现了自由、平等的个人价值。因为个人对自由平等的追求被认为是人的本性，洛克指出："人类天生都是自由、平等和独立的，如不得本人的同意，不能把任何人置于这种状态之外，使受制于另一个人的政治权力。"[②] 可见，个人本位是西方民主法治的特点。

其次，体现了公正、秩序、和谐的社会价值。公正，即公平正义，它是人类孜孜以求的一个重要目标。所谓公正，就是在一定社会范围内，通过对社会角色及其权利和义务的公平合理分配使其中每一个成员得其所应得，否认为了一些人拥有更大利益而剥夺另一些人的自由。亚里士多德指出："所谓'公正'，它的真实意义，

[①] 民主的九大优势分别是：(1) 民主能帮助我们避免独裁者残酷和邪恶的统治；(2) 民主能确保它的公民拥有一定数量的基本权利，而这些是非民主体制不会也不可能做到的；(3) 民主政府比任何其他可行的政府形式更能确保公民拥有更广泛的个人自由；(4) 民主有助于人民维护他们的根本利益；(5) 只有民主政府能提供一个最大的机会让人们去践行自主决定的自由，也就是说，生活在自己选择的法律下；(6) 只有民主政府能提供履行道德责任的最大机会；(7) 民主政府比任何其他可行的政府形式更能充分地促进人类发展；(8) 只有民主政府才能促进一个相对较高的政治平等；(9) 民主政府的国家比非民主政府的国家更趋于繁荣。参见 [美] 罗伯特·达尔《论民主》，李风华译，中国人民大学出版社2013年版，第50页。

[②] [英] 洛克：《政府论》（下篇），叶启芳、瞿菊农译，商务印书馆1964年版，第59页。

主要在于'平等'。如果要说'平等的公正',这就得以城邦整个利益以及全体公民的共同善业为依据。"① 没有社会公正就会影响社会的秩序。民主法治就是确立一套规则,有了规则,社会才有可能实现有序的状态。社会的和谐不是没有矛盾,而是及时有效地化解矛盾,在民主法治的框架内,可以使社会全体按照既定的程序参与政治,通过相互沟通,化解利益矛盾,在公平竞争、和平共处的基础上达成共识。

再次,民主法治体现了富强的国家价值。富强即民富国强,一个政权的合法性就在于实现民富国强。民主法治在维护国家制度的先进性、保障政权的平稳发展、促进国家职能的全面实现等方面具有积极作用。亚里士多德在其《政治学》中指出"整个'家务'就在于致富"②,同时,他认为"公民们都有充分的资产,能够过小康的生活,实在是一个城邦的无上幸福"③。否则,"在极端贫困的情况下,必须重新开始争取必需品的斗争,全部陈腐污浊的东西又要死灰复燃"④,民主法治便荡然无存。亨廷顿在《第三波——20世纪后期民主化浪潮》中强调了民主和财富之间的相关性,他指出:"几乎所有的富裕国家都是民主的国家,而且几乎所有的民主国家都是富裕国家。"⑤

1. 民主的基本原则

从民主的含义以及民主思想的历史演进中可以看出,民主的逻辑起点是主权在民,民主涉及人民通过契约建立政府公权力与私权利之间的关系怎样、公权力与私权利如何行使、如何对公民权利进行保护等基本问题,在回答这些问题中确定了民主的原则

---

① [古希腊]亚里士多德:《政治学》,吴寿彭译,商务印书馆1965年版,第157页。
② 同上书,第10页。
③ 同上书,第210页。
④ 《马克思恩格斯选集》第1卷,人民出版社1995年版,第86页。
⑤ [美]塞缪尔·亨廷顿:《第三波——20世纪后期民主化浪潮》,刘军宁译,上海三联书店1998年版,第42页。

作为社会成员共同的遵循。西方现代民主的基本原则主要包括以下方面。

首先,人民主权。人民主权理论是近代西方反封建的理论成果,不仅对法国大革命和美国独立发挥了巨大理论指导作用,而且深刻影响了西方文明进程。人民主权理论主要包括主权论、契约论和权力合法论。也就是回答了主权在君还是主权在民、通过什么形式组织政府、政府的合法性三个问题。

一是"主权在民"而非"主权在君"。布丹认为,主权是不受法律约束的对公民和臣民的统治权,具有绝对性、永久性和不可分性,他首先提出"主权在君"还是"主权在民"的问题。在这个问题上,霍布斯提出了专制主义的主权学说,霍布斯认为人性本恶,据此提出人们处于"自然状态"之中时,人与人之间的关系就像"狼与狼的关系"一样,正是人们对自然状态下普遍存在的畏惧使人们产生了要过和平生活的愿望。实现此愿望便要放弃自我管理的权利,把这个权利交给集体,这个集体就是国家。霍布斯认为,国家不是根据神的意志而是人们通过社会契约创造的;君权也不是神授的,而是人民授予的。他坚持统治者一旦获得授权,人民就要绝对服从,不可反悔。因此,他并不反对君主专制,甚至认为专制政权有干涉臣民财产的权力。洛克不同意霍布斯的"自然状态"下人际关系的观点,认为人与人之间的关系是一种"和平、善意和互相帮助"的关系,提出人们按照契约成立国家的目的是保护私有财产,国家不应干涉公民的私有财产,他认为私有财产是人权的基础,没有私有财产则无人权可言。洛克也赞成君主立宪,但他不认为人们在订立契约以后就把自然权利转让给君主的说法。他认为,君主不过是订约的一方,也要受到契约的约束,有履行契约的义务,必须按照大多数人的意志行事,承认生命、自由、平等和私有财产是人们不可转让的权利,任何人不得侵犯,即使是君主破坏了这种契约,人民也有权推翻他的统治。卢梭明确提出了人民主权论,强调主权不可转让、不可分割和不可代表,主权是公意的体现，他提出无论权力的归属还是权力的行使，人民都是主体，是不可或缺、不可替代的主体。主权在民，人民主权逐渐成为普遍认同。

二是人民通过契约组织政府。霍布斯提出，人们为了摆脱可怕的战争状态而生存下来过上和平的生活，订立契约，共同把权利让渡给一个人或一些人组成的政府，结果是众人意志变为个人意志，这就是公共权力，国家是公共权力的代表。这是专制主义契约论。与霍布斯不同，洛克认为，为了克服自然状态的缺陷，更好保障人身和财产安全，人民相互订立契约，自愿放弃自身的一些权利，契约的参加者也要受契约内容的限制，最终是组成代议制政府，这就与霍布斯的专制主义相区别。卢梭倡导民主共和国，采用直接民主的形式，主张在保护公共利益的前提下，由人民自己制定法律和组织政府。

三是政府合法性的获得。洛克认为政府的合法性来自人民的同意，建立在人民共同签订的契约基础上的国家也才具有合法性，人民同意的标准则遵从多数决定原则。卢梭则认为"公意"是政府合法性的唯一来源，"公意"不是个别意志，也不同于"众意"和团体意志，"公意"是全体人民的共同意志，以公共利益为依归，永远正确。卢梭认为："唯有公意才能够按照国家创制的目的，即公共幸福，来指导国家的各种力量。"[①] 但"众意"的形成的确很难断定，卢梭指出："当人们在人民大会上提议制定一项法律时，他们向人民所提问的，精确地说，并不是人民究竟是赞成这个提议还是反对这个提议，而是它是不是符合公意；这个公意就是他们自己的意志。每个人在投票时都说出了自己对这个问题的意见，于是从票数的计算中就可以得出公意的宣告。"[②] 可见，他也遵从了多数决定的原则。但"公意"的模糊性也被法国大革命期间的集权

---

① [法]卢梭：《社会契约论》，何兆武译，商务印书馆2003年版，第31页。
② 同上书，第136页。

主义者用来作为暴政的武器和借口。

其次，代议制政府。代议制是指公民以选举代表的方式将其权力委托给一定的代议机关，形式上是间接民主制。代议制中的选举和代议机关的运作体现了人民主权原则、法律面前人人平等原则。没有代议制，就没有现代民主，也就没有现代法治。潘恩是代议制理论的开拓者，他认为理性的政府是从社会中产生的，是基于社会的共同利益和人类的共同权利。他不同意政府是统治者与被统治者之间签订契约的说法，他指出："实际情况是，许多个人以他自己的自主权利互相订立一种契约以产生政府。"① 在政府的执行力上，潘恩认为政府是人民选择的结果，不是永恒的，"一国的国民任何时候都具有一种不可剥夺的固有权利去废除任何一种它认为不合适的政府，并建立一个符合它的利益、意愿和幸福的政府"②。在代议制政府存在的合理性上，潘恩认为代议制基于简单民主制并超越了简单民主制，把代议制与民主制结合起来，"可以获得一种能够容纳和联合一切不同利益和不同大小的领土与不同数量的人口"，"集中了社会各部分和整体的利益所必需的知识。它使政府始终处于成熟的状态"③。密尔是代议制理论的集大成者，他从功利主义出发，认为代议制政府是最理想的政府形式，在这种代议制政府形式下，"全体人民共同享有自由""被统治者的福利是政府的唯一目的"④，人民在道德和智力上是进步的，有着最好的法律、最纯洁和最有效的司法、最开明的行政管理、最公平和最不繁重的财政制度。⑤ 密尔认为"真正的民主制"是代表全体的民主制，仅仅代表多数的民主制是"虚假的民主制"，这是防止阶级立法和权力滥用。他指出："现代文明的代议制政府，其自然趋势是朝向集体的

---

① 《潘恩选集》，马清槐译，商务印书馆1981年版，第145页。
② 同上书，第213页。
③ 同上书，第246页。
④ ［英］密尔：《代议制政府》，汪瑄译，商务印书馆1982年版，第27页。
⑤ 同上书，第29页。

平庸，其结果就是将主要权力置于越来越低于最高社会教养水平的阶级手中。"① 这对协商民主有一定借鉴意义。但密尔也看到了代议制政府可能存在的弊端，如行政权力过大而导致对议会的控制、议会中的普遍无知和无能以及少数人利益无法保障等。密尔提出避免代议制的缺陷和风险，有必要建立官僚制、改革选举制度以保护少数人利益等。在立法上，密尔提出议会为了保证立法工作的顺利进行，建立立法委员会负责法律的起草，注重法律体系的合理性，"凡制定的法律必须能和以前存在的法律构成首尾一贯的整体"②。在英国，1689年"光荣革命"后通过的《权利法案》确立了议会的最高地位，1701年的《王位继承法》决定将王位继承人的权力也归于议会，代议制成为近代民主的象征。

再次，政党政治，选举竞争。有学者指出，选举是西方民主制度的基石，政党制度是西方民主制度的枢纽。③ 近代以来，国家政权一般都是由政党掌握的。政党是资产阶级革命的产物。随着资本主义经济的发展、代议制民主的施行、自由民主平等观念的深入人心，阶级矛盾也尖锐起来，为了不使阶级矛盾激化到危害社会本身的程度，各阶级、社会集团需要自己的代言人，来代表自己参与政治活动，政党便应运而生，在英美发展出来了两党制，法德等欧洲国家则发展出来了多党制。不同政党制度下，各政党都要代表选民参与选举竞争，争取执政地位，政党成为沟通民众与政府之间关系的桥梁。洛克描述的英国的政党情况是：在议会中各个代表不同利益集团的派别演进成为政党，议会成为政党活动的场所和党派斗争的舞台，政党之间相互角逐掌握国家权力，同时在监督政府方面发挥作用。随着资本主义制度的不断调整和成熟，西方政党制度逐渐制度化、法治化，在利益表达与整合、社会秩序的维持、政治社会

---

① [英]密尔：《代议制政府》，汪瑄译，商务印书馆1982年版，第112页。
② 同上书，第76页。
③ 应克复等：《西方民主史》，中国社会科学出版社1997年版，第406页。

化等方面发挥独特的功能。

最后，分权制衡。近代分权理论源于古代的混合政体理论，强调把权力要素和阶级利益结合，目的是均衡社会各阶级间的利益分配。近代分权理论侧重于按职能分权，以权力制约权力，防止权力集中并限制权力的扩张，目的是为了使人民的生命、自由、财产权利免受政府侵害。洛克首先提出了国家的三种权力，即立法权、行政权和对外权。其中，立法权是"享有权利来指导如何运用国家的力量以保障这个社会及其成员的权力"[1]，享有最高权力的地位。行政权则是负责执行被制定出来的法律。洛克认为两者之所以产生和必需，是因为可以弥补自然状态的三大缺陷，即缺少共同的是非标准和尺度、缺少一个有权依照法律的公正裁判者和缺少权力来支持正确的裁判，使它得到应有的执行。洛克提出立法权和行政权必须分开，"如果同一批人同时拥有制定和执行法律的权力，这就会给人们的弱点以绝大诱惑，使他们动辄要攫取权力，借以使他们自己免于服从他们所制定的法律，并且在制定和执行法律时，使法律适应于他们自己的私人利益"[2]。第三种权力是对外权，是"包括战争与和平、联合与联盟以及同国外的一切人士和社会进行一切事务的权力"[3]，对外权和执行权虽然有别，但两者均属行政权。从一定意义上讲，洛克的"三权说"实质上是"两权说"，而且没有详细论述司法权，没有认识到三权之间的相互制约关系，而这些在孟德斯鸠那里得到了充分重视。

孟德斯鸠认为，人们有滥用权力的倾向，因此对权力必须进行限制，这种限制就是建立分权和制衡体制。他把国家权力分为立法权、行政权和司法权。其中，立法权体现国家的共同意志，属于全体人民，通过民选代议机构行使。行政权掌握在国王手中。司法权

---

[1] [英]洛克：《政府论》（下篇），叶启芳、瞿菊农译，商务印书馆1964年版，第91页。
[2] 同上。
[3] 同上书，第92页。

独立，由独立的法院和法官行使。三种权力各自分立，独立行使，相互制约。孟德斯鸠指出："立法权和行政权如果集中在一个人或一个机构的手中，自由便不复存在。因为人们担心君主或议会可能会制定一些暴虐的法律暴虐地执行。"① 孟德斯鸠在他的分权学说中增添了制衡理论，认为如果三种权力合三为一则会沦为专制，一切都完了。这是他超越洛克之处。他指出：行政机构有权"制止立法机构越轨图谋的行为"，立法机构"有权审查它所制定的法律的执行情况"②。孟德斯鸠认为司法机关应具有独立性，对违法行为进行独立审判，从而就对立法机关的活动是否符合法律规定以及行政人员执法情况进行监督。他指出："司法权不能交给一个常设的元老院，而应由选自民众的人员执掌。……这样一来，令人敬畏的司法权既然不专属于某个等级或某个职业，在某种意义上就变得看不见乃至不存在了。法官决不会总在人们眼前如影随形，人们惧怕的不是法官，而是司法制度。"③ 孟德斯鸠明确提出了立法、行政和司法权相互制约的思想，奠定了国家权力结构的科学理论，从而成为宪政的基本制度框架，为后世所遵循。

2. 法治的基本原则

法治要求良法善治，早在古罗马时期，亚里士多德就提出，法治包括两方面的意义，"已成立的法律获得普遍的服从，而大家所服从的法律又应该本身是制定的良好的法律"④，揭示出了法治的核心要求，即良法和善治。戴雪在《英宪精义》中提出了著名的法治三原则：一是排除行政权专断，人民非依法定程序，并由普通法院证明其违法，否则不能遭受财产或人身方面的不利处罚。强调

---

① ［法］孟德斯鸠：《论法的精神》（上卷），许明龙译，商务印书馆2012年版，第186页。
② 同上书，第192页。
③ 同上书，第188页。
④ ［古希腊］亚里士多德：《政治学》，吴寿彭译，商务印书馆1965年版，第202页。

法治的要义是防止"人治政府"拥有"极武断"和"极强夺"的权力。二是法律面前人人平等的理念。三是认为英国宪法是英国各法院由涉及私人权利的个案判决所得之结果,是保障人权的结果而非保障人权的来源。① 法治基本原则具体体现在以下几方面。

首先,宪法法律至上。法治区别于人治不在于是否有法律,而在于法律是否有权威。换句话说,"在专制政府中国王便是法律,同样地,在自由国家中法律便应该成为国王"②。宪法法律至上是强调宪法和法律在社会生活中的权威性。西方人对法律的信仰可以追溯到古希腊,他们视人间的法律为上帝或神的意志的体现,正如柏拉图在《法律篇》中所说:"如果一个国家的法律处于从属地位,没有权威,我敢说,这个国家一定要覆灭;然而,我们认为一个国家的法律如果在官吏之上,这个国家就会获得诸神的保佑和赐福。"③ 西方法治有自然法传统,认为自然法是理性、自由、正义的"化身",而且法律与宗教联系在一起。近代以来,人们拿起法律的武器反对中世纪的封建神权,确立了法律的权威,一切行为必须符合法律的规定。法律至上在西方文化中隐含的前提是人性恶,认为权力必然导致腐败,绝对的权力导致绝对的腐败,限制或制约公权力、保护个人权利就要靠法律,未得到法律的授权或许可,哪怕是国王,也被视为违法,会受到法律的制裁。宪法是"母法",被认为是公意的体现,是人民签订的关于成立国家的契约。潘恩指出:"宪法是一样先于政府的东西,而政府只是宪法的产物。一国的宪法不是其政府的决议,而是建立其政府的人民的决议。"④ 1789年法国的《人权宣言》宣布:人们生来是而且始终是自由平等的,法律是公共意志的表现,认

---

① [英]戴雪:《英宪精义》,雷宾南译,中国法制出版社2001年版,第232—244页。
② 《潘恩选集》,马清槐译,商务印书馆1981年版,第35—36页。
③ 《西方法律思想史资料选编》,北京大学出版社1983年版,第25页。
④ 《潘恩选集》,马清槐译,商务印书馆1981年版,第146页。

为"凡权利无保障和分权未确立的社会,就没有宪法"(第十六条)。资产阶级革命后的英美法各国都通过了宪法,最终走上了法治的道路。

其次,法律面前人人平等。法律面前人人平等是法治的基本原则。洛克指出:"法律一经制定,任何人也不能凭他自己的权威逃避法律的制裁;也不能以地位优越为借口,放任自己或任何下属胡作非为,而要求免受法律的制裁。公民社会中的任何人都是不能免受它的法律的制裁的。"① 戴雪在《英宪精义》中对法律面前人人平等思想也做了详细阐述,他指出:"在英格兰四境内,不但无一人在法律之上;而且每一人,不论为贵为贱,为富为贫,须受命于国内所有普通法律,并须安居于普通法院的管辖权之治下。……所有在职官员,自内阁总理以致巡士或征税差役,倘若违法,一律与庶民同罪。"② 1789年法国《人权宣言》第六条明确指出:"法律对于所有的人,无论是施行保护或处罚都是一样的。在法律面前,所有的公民都是平等的,故他们都能平等地按其能力担任一切官职,公共职位和职务,除德行和才能上的差别外不得有其他差别。"

(二) 中国特色社会主义借鉴和体现了民主法治精神

没有抽象的民主和法治,任何一个国家的民主和法治,都离不开这个国家历史文化传统、社会制度和经济发展水平,而且任何一种民主法治模式都不是完美无缺的,西方的民主法治也是如此。

中国特色社会主义民主法治建设批判吸收了西方民主法治原则。首先,中国特色社会主义民主对西方民主原则的吸收借鉴。一是在理念上肯定民主自由平等的价值,吸收人民主权原则,以宪法形式确定了人民的地位。把民主确立为社会主义现代化建设的目

---

① [英]洛克:《政府论》(下篇),叶启芳、瞿菊农译,商务印书馆1964年版,第58页。

② [英]戴雪:《英宪精义》,雷宾南译,中国法制出版社2001年版,第237页。

标，是现代中国的一个重要特征，邓小平指出："没有民主就没有社会主义，就没有社会主义的现代化。"① 把民主与社会主义现代化联系起来，具有鲜明的时代特点，他在《目前的形势和任务》中指出："坚持发展民主和法制，这是我们党的坚定不移的方针。"② 他还指出："我们进行社会主义现代化建设，是要在经济上赶上发达的资本主义国家，在政治上创造比资本主义国家的民主更高更切实的民主。"③ 党的十二大明确提出："建设高度的社会主义民主，是我们的根本目标和根本任务之一。"④ 党的十三大所确立的基本路线，把民主和富强、文明并列，作为社会主义现代化建设的奋斗目标。党的十四大指出："人民民主是社会主义的本质要求和内在属性。"⑤ 同时，社会主义的自由、民主和平等，是建立在公有制基础之上的，又不同于西方的自由、民主和平等。二是在实践上加强制度建设，避免重蹈"文革"破坏民主法治的覆辙。中国特色社会主义民主法治建设结合我国历史和国情的实际，逐步形成了中国特色社会主义法律体系，形成并完善了具有中国特色的政党制度和政治协商制度。

其次，中国特色社会主义法治对西方法治基本原则的吸纳借鉴。这表现在依法治国作为治理国家的基本方略，以有法可依、有法必依、执法必严和违法必究为基本要求，弘扬法治精神，运用法治思维，树立法治权威，加强权力制约，但不采用西方的三权分立，而是坚持党的领导与人民当家做主、依法治国的统一，体现在党必须在法治框架之内活动，实现党的领导不是在法律之上或法律之外，依法治国的目的在于保障人民当家做主的地位和权利，在立法、执法、司法等环节上坚持党的领导，在党的领导下保障人民当

---

① 《邓小平文选》第 2 卷，人民出版社 1994 年版，第 168 页。
② 同上书，第 256—257 页。
③ 同上书，第 322 页。
④ 《十二大以来重要文献选编》（上），人民出版社 1986 年版，第 33 页。
⑤ 同上书，第 28 页。

家做主和法治秩序。邓小平指出："还是要靠法制，搞法制靠得住些。"① 改革开放以来的法治建设，逐步形成了中国特色社会主义法治体系，党的十八届四中全会通过了《中共中央关于全面推进依法治国若干重大问题的决定》，提出中国特色社会主义法治主要由三个层次构成。一是制度层面，是中国特色社会主义法治制度体系和运行体制，包括完备的法律规范体系、高效的法治实施体系、严密的法治监督体系、有力的法治保障体系和完善的党内法规体系。二是行为层面，即一系列环环相扣的行为活动和实践运行，包括科学立法、严格执法、公正司法、全民守法，依法治国、依法执政、依法行政等。三是精神层面，即中国特色社会主义法治的价值理念和精神文化，包括法律意识、法学理论、法治理念、法治精神、法治文化等。三个层次是有机统一的。此外，借鉴我国传统德治思想，把依法治国与以德治国相结合，使法律与道德，外在约束与内在自觉结合起来。江泽民指出："对一个国家的治理来说，法治和德治，从来都是相辅相成、相互促进的。二者缺一不可，也不可偏废。法治属于政治建设、属于政治文明，德治属于思想建设、属于精神文明。二者范畴不同，但其地位和功能都是非常重要的。我们要把法制建设与道德建设紧密结合起来，把依法治国与以德治国紧密结合起来。"② 总之，中国特色社会主义民主法治建设正在逐步走向现代化。

三 科学精神

科学技术在人类文明进程中的重要作用不言而喻。科学精神就是对科学的崇尚与追求。科学精神表现为理性求实精神、批判创新精神、探索精神、献身精神。科学精神是人类共同的精神财富，但

---

① 冷溶、汪作玲：《邓小平年谱：1975—1997》，中央文献出版社2004年版，第1344页。

② 中共中央文献研究室编：《江泽民论有中国特色社会主义（专题摘编）》，中央文献出版社2002年版，第337页。

它在中国传统文化中是缺少的因素,"李约瑟难题"就提出了传统中国在科学精神上的缺失。建立在科学之上是发展中国特色社会主义的必然选择,应吸纳科学精神,弘扬科学精神,遵循科学规律,实施科教兴国战略,建设创新型国家。

(一) 科学精神的基本内涵

科学的发展孕育了科学精神。科学精神蕴含于科学的发展中。一般认为,科学是关于自然、社会和思维的知识体系,既可以指静态的科学知识(包括自然科学、社会科学和思维科学);也可以指一种精神意识,如科学方法、科学精神;还可指一种社会建制,是社会体制的一部分。

科学是人类历史发展的产物。在人类社会发展最初阶段,各种社会活动浑然一体,观念形态的科学还未形成,没有专门从事科学活动的人,科学也不是一个独立的社会部门。随着生产力的发展,科学活动逐渐从物质生产活动中分离出来,出现了专门从事科学活动的知识分子。但早期的科学活动规模还小,设备简陋,知识分子人数极少。17世纪,近代科学兴起,在世界观上,人类开始认识到,自然界是由物质组成的,有其自身的规律。这些规律通过观察、实验、归纳可以为人类所认识和掌握。在方法论上,新的科学方法确立,观察和实验、归纳法成为科学的基本方法。这一场科学革命在天文学、物理学、数学等自然科学以及哲学方面都发生了变革,科学越来越变为一种独立的社会活动,出现了越来越多专门从事科学活动的人。19世纪中期以后,科学活动日益集中于高等学校、工业实验室和科研机构,各种专业科学工作者大量涌现。他们积累了丰富的研究资料,创造出各种先进的实验设备和观察手段,对自然、社会和思维领域进行有组织的广泛深入研究,科学活动日益社会化。20世纪以来,尤其是"二战"以后,科学规模更大、手段更先进、分工更精细,在社会生活中的地位和作用越来越重要。

科学在现代社会发展中的作用非常重要。科学渗透在现代生产力中,影响着社会生活的方方面面,并受到各种社会条件的制约,尤其是物质生产条件的制约。在现代生产中,科学、技术与生产有机融合,科学与技术越来越紧密地结合在一起,甚至走在了技术发展的前面,成为技术进步的先导。也就是说,科学理论发挥着对技术进步的指导作用,人们一般把科学和技术连用,简称为"科技"。近代以来,人类经历了三大科技革命,劳动生产率的提高越来越快,新技术从理论突破到应用的周期越来越短,生产力的提高在科技的作用下呈加速趋势,促进了人类物质文明、政治文明和精神文明的发展。

科学技术也是一把"双刃剑"。科学技术可能成为生态环境的"杀手",导致环境污染、生态失衡,工业生产的废水、废气、废渣,农业中的化学农药的过度使用,矿产资源的枯竭和森林大量被砍伐,沙漠化、石漠化等威胁着人类的生存空间和生活质量。机器的运用和自动化导致了工人失业。医学的进步延长了人的寿命却增加了人口压力。信息技术的进步导致国家安全、人们隐私的被侵犯,等等。如何趋利避害是人类面对科学技术进步的重大课题。

科学精神内涵丰富。科学精神指的是人们在长期的科学实践活动中形成的共同信念、价值取向、思维方式的总称。科学精神孕育于科学的发展中,是人们对科学的崇尚和追求。科学精神具体体现在追求真理的理性求实精神,面向实践的批判创新精神,面对未知的探索精神以及具有人类情怀的献身精神。

首先,科学精神体现为追求真理的理性求实精神。追求真理是科学的最高和唯一的目标,英国近代唯物主义哲学家培根曾经把"要追求真理,要认识知识,更要信赖真理"看作是"人性中最高尚的美德"。德国唯物主义哲学家狄慈根指出:"科学就是通过现象以寻求真实的东西,寻求事物的本质。"真理的客观性内在要求人们扩充正确无误的知识和方法,科学活动的对象是客观存在的,运用的工具方法也是客观的,占有丰富而客观的感性材料才能得出客观的结论,不能无中生有、歪曲和欺诈,要求排除主观意志和偏见,客观真实地探索客观规律。求实精神体现了科学精神的本质。

其次，科学精神体现为面向实践的批判创新精神。科学研究贵在怀疑，决不盲从迷信权威，而是在遵循理性原则基础上在实践中发现问题，大胆怀疑，小心求证，这是进行科学研究应有的态度。亚里士多德有名言："吾爱吾师，吾更爱真理。"笛卡尔提出了"怀疑一切"的怀疑主义。科学发展史表明，科学正是在后人批判前人的基础上发展创新的，但是没有前人的工作也不会有后人的发展。牛顿曾有名言："如果说我所看的比笛卡尔更远一点，那是因为站在巨人肩上的缘故。"哥白尼在怀疑批判"地心说"的基础上提出了"日心说"。爱因斯坦的相对论是在批判牛顿经典力学的基础上创立的。伽利略在实验的基础上推翻了统治人们思想上千年的亚里士多德的经典理论。马克思在批判德国古典哲学、英国古典政治经济学和空想社会主义学说的基础上创立了马克思主义科学理论。

再次，科学精神体现为一种面对未知的探索精神。世界是无限的，是可知的，但世界又有很多未知的东西等待人类去探索去发现。由已知规律去探究未知规律是一切重大科学发现的必由之路。科学探索源于好奇心，好奇心是人类的天性，在好奇心的驱使下人类渴望了解未知的世界。苹果落地这件稀松平常的小事却引起了牛顿的深入思考，最后他提出万有引力定律。探索精神需要不达目的决不罢休的勇气，坚韧不拔的品格，遇到问题迎难而上、遭遇失败毫不气馁反而越挫越勇的气概。爱迪生发明电灯经历了上千次的实验失败后终获成功；航天飞机偶有失事发生，但这不能阻挡人类探索宇宙的脚步。正如马克思所说："在科学上没有平坦的大道，只有不畏劳苦沿着陡峭山路向上攀登的人，才有希望达到光辉的顶点。"[①] 科学探索必须遵循理性原则，必须尊重事实，但尊重事实不能局限于事实，还要对于事实或现象进一步追问：它是否合乎逻辑？是否和已知规律相符合？从而通过现象抓住

---

① 《马克思恩格斯文集》第 5 卷，人民出版社 2009 年版，第 24 页。

本质。

最后，科学精神体现为具有人类情怀的献身精神。科学探索是极为艰苦复杂的活动，需要科学家研究几年、十几年、几十年，甚至要付出毕生的精力或几代人的心血才能实现，有时还会以生命为代价。为了追求真理，他们淡泊世俗名利，放弃闲暇娱乐、家庭生活；面对邪恶势力或危险环境，他们也决不低头，甚至不惜献出自己宝贵的生命。马克思曾经引用但丁的诗来说明这种献身精神："在科学的入口处，正像在地狱的入口处一样，必须提出这样的要求：'这里必须根绝一切犹豫；这里任何怯懦都无济于事。'"[1] 布鲁诺因坚持"日心说"而被教廷烧死在鲜花广场。居里夫人每天做实验以致双手扭曲变形，为了提炼一克纯镭苦战45个月，体重减轻了7公斤。瑞典化学家诺贝尔为了研制一种新型的炸药，被炸得遍体鳞伤仍全身心投入。富兰克林为了弄清闪电的性质，在雷雨天里冒着生命危险用风筝做实验。马克思一生献给了科学研究，他是在饥寒交迫中完成鸿篇巨制《资本论》的，发现和科学认识了资本主义制度的规律，这是对全世界的贡献。

科学精神离不开人文精神。西方文化中的科学精神与人文精神是相互融合的。科学的本质在于求真求实，人文的精髓在于求善至美，自由、平等、开放、包容、公正等人文精神有利于科学精神的塑造和培养，科学精神中的客观求实、批判创新、不断探索、忘我献身的精神丰富了人文精神的内涵。有学者指出："从本体论上讲，科学精神和技术为人文各学科的发展奠定了物质基础和现实依据，从价值论上看，人文精神和理论又为科学技术的进步提供思想、理论的指导和航向。"[2] 可见，科学精神与人文精神可以有机结合，相得益彰。

（二）中国特色社会主义吸收借鉴了科学精神

历史上，中国拥有丰富卓越的技术成果，但囿于小农经济和封

---

[1] 《马克思恩格斯选集》第2卷，人民出版社1995年版，第35页。
[2] 刘泽雨：《论科学精神与人文精神的互动》，《社会科学》2003年第2期。

建皇权专制，中国传统文化中科学精神缺失。直至近代，有识之士才认识到要大力提倡科学和科学精神。陈独秀在《警告青年》一文中看到了科学在近代文明发展中的作用，他指出："近代欧洲之所以优越于他族者，科学之兴，其功不在人权说下，若舟车之有两轮焉。"他还指出："科学者何？吾人对于事物之概念，综合客观之现象，诉之主观之理性而不矛盾之谓也。"主张用科学的态度看待社会问题，认为"凡此无常识之思，惟无理由之信仰，欲根治之，厥惟科学"[①]。胡适在《我们对于西洋近代文明的态度》一文中认为："西洋近代文明的精神方面的第一特色是科学。科学的根本精神在于求真理"，"科学只要求一切信仰须要禁得起理智的评判，须要有充分的证据。凡没有充分证据的，只可存疑，不足信仰"[②]。但当时还只是个别先进人物的提倡，广大民众还没有相应的科学素养和科学精神。

　　中国共产党重视科学的作用，在新民主主义革命时期提出建设民族的、科学的、大众的文化，提出"这种新民主主义的文化是科学的。它是反对一切封建思想和迷信思想，主张实事求是，主张客观真理，主张理论和实践一致的"[③]，即提倡科学精神、实事求是的作风，但在当时的救亡图存的历史条件下，无法安心发展科学技术。新中国成立后，中国共产党提出"向科学进军"的口号，重视科学技术的现代化。改革开放以后，邓小平明确提出了"科学技术是第一生产力"，中央提出了科教兴国战略，提高自主创新能力，建设创新型国家，使科技成为支撑中国发展、提升综合国力的脊梁。

　　中国特色社会主义的产生和发展是遵循科学规律的结果。中国特色社会主义产生于中国的现实，遵循科学社会主义的基本原理，

[①] 《陈独秀文集》第1卷，人民出版社2013年版，第95—96页。
[②] 胡明：《胡适选集》，天津人民出版社1991年版，第191—194页。
[③] 《毛泽东选集》第2卷，人民出版社1991年版，第707页。

探索解决中国问题的方法和途径,体现出发展的科学性。贫穷不是社会主义,愚昧更不是社会主义,发展中国特色社会主义需要弘扬科学精神,运用科学思维方法,大胆探索,求真务实。2000年6月5日,江泽民同志在中国科学院第十次院士大会和中国工程院第五次院士大会上的讲话中把科学精神总结为16个字,即实事求是,探索求知,崇尚真理,勇于创新[1],提出在全社会大量弘扬科学精神。

中国特色社会主义在内容上,提出科学发展观,科教兴国战略。1995年5月6日,《中共中央、国务院关于加速科学技术进步的决定》正式提出"实施科教兴国的战略",指出:"科教兴国,是指全面落实科学技术是第一生产力的思想,坚持教育为本,把科技和教育摆在经济、社会发展的重要位置,增强国家的科技实力及向现实生产力转化的能力,提高全民族的科技文化素质,把经济建设转移到依靠科技进步和提高劳动者素质的轨道上来,加速实现国家的繁荣强盛。"[2] 党的十五大报告指出:"科技进步是经济发展的决定性因素",要"把加速科技进步放在经济和社会发展的关键地位……实现我国技术发展的跨越"[3]。

提高自主创新能力,建设创新型国家,使国家的发展纳入科学轨道。江泽民同志特别强调创新,他多次说过创新是一个民族的灵魂,是一个国家兴旺发达的不竭动力,也是一个政党永葆生机的源泉。2000年6月30日,他为美国《科学》杂志撰写的社论中提出了建设国家创新体系的战略设想,他指出:"中国将致力于建设国家创新体系,通过营造良好的环境,推进知识创新、技术创新和体制创新,提高全社会创新意识和国家创新能力,这是中国实现跨世

---

[1] 江泽民:《论科学技术》,中央文献出版社2001年版,第191—192页。

[2] 中共中央文献研究室编:《十四大以来重要文献选编》(中),中央文献出版社2011年版,第348页。

[3] 中共中央文献研究室编:《十五大以来重要文献选编》(上),中央文献出版社2011年版,第23—24页。

纪发展的必由之路。"① 中国科技水平已有大幅度提升，但拥有核心技术却很少，核心技术是买不来的！必须提高自主创新能力。党的十七大报告提出："提高自主创新能力，建设创新型国家。这是国家发展战略的核心，是提高综合国力的关键。要坚持走中国特色自主创新道路，要把增强自主创新能力贯彻到现代化建设各个方面。"②

  实施人才强国战略，培养具有科学精神的高素质人才，实现人的发展。科教兴国和人才强国有机统一。邓小平从党的事业发展高度强调"尊重知识，尊重人才"，他指出："事情成败的关键就是能不能发现人才，能不能用人才。"③ 他敏锐地发现"国力的强弱，经济发展后劲的大小，越来越取决于劳动者的素质，取决于知识分子的数量和质量"④。江泽民强调指出："人才资源是第一资源。"⑤ 党的十六大首次提出"四个尊重"，党的十六届四中全会通过的《中共中央关于加强党的执政能力建设的决定》指出："全面贯彻尊重劳动、尊重知识、尊重人才、尊重创造的方针，不断增强全社会的创造活力。"⑥ 2002年中央颁布的《2002—2005年全国人才队伍建设规划纲要》中明确提出"实施人才强国战略"。2010年4月1日，我国颁布了第一个《国家中长期人才发展规划纲要（2010—2020年）》，对人才发展做了新的总体部署。改革教育体制，实施素质教育，培养大批高素质创新型人才。总之，让每一个中国人都有成才的机会，做到人尽其才，才尽其用。

  国家的发展需要科学，人的发展也应有科学精神，在全社会进

---

① 江泽民：《论科学技术》，中央文献出版社2001年版，第207页。
② 中共中央文献研究室编：《十七大以来重要文献选编》（上），中央文献出版社2009年版，第17页。
③ 《邓小平文选》第3卷，人民出版社1993年版，第92页。
④ 同上书，第120页。
⑤ 《江泽民文选》第3卷，人民出版社2006年版，第319页，
⑥ 中共中央文献研究室编：《十六大以来重要文献选编》（中），中央文献出版社2006年版，第286页。

行科普工作，普及科学知识、科学方法、科学精神，使人民群众自觉学科学、用科学、爱科学，形成文明健康的生活方式。另外，抵制封建迷信，打击取缔邪教组织和恐怖组织宣扬的歪理邪说，与非科学、反科学的思想做斗争，传播科学的思维方法，在全社会营造崇尚科学的氛围。

四 市场意识

市场化是现代化的基本特征，市场经济是现代各国发展经济的普遍选择。改革开放以来，中国实行市场化改革，确立了社会主义市场经济体制，这就需要树立现代市场意识。现代市场意识要求市场主体具有独立自主、公平竞争和履行契约意识，发展社会主义市场经济应该鼓励这些意识，但要坚持社会主义制度，同时要克服市场经济的弊端，培育符合中国实际和时代特点的市场意识。

（一）市场意识的基本含义

1. 市场意识的制度基础

市场意识生成于市场经济之中。对市场经济的界定主要有两个，一个是制度层面，一个是运行方式层面。从制度层面讲，市场经济是以市场为媒介进行商品生产和交换所形成的一整套社会关系或制度。《现代经济学词典》中认为市场经济是"根据生产者、消费者、工人和生产要素所有者彼此之间自愿交换而形成价格来作出关于资源配置决策和生产决策的一种经济制度"[1]，其发源于资本主义私有制，在很长一段时期里被认为是资本主义制度的特征。从运行层面讲，市场经济被认为是一种资源配置方式。萨缪尔森指出："市场经济是一种个人和私有企业制定关于生产和消费的主要决策的经济。"[2] 也就是市场在资源配置中起主要作用，按市场法

---

[1] 胡代光、周安军：《当代国外学者论市场经济》，商务印书馆1996年版，第38页。
[2] ［美］萨缪尔森：《经济学》（上）（第14版），首都经济贸易大学出版社1996年版，第37页。

则和市场机制进行生产和交换。

市场经济有着自身的规律性。市场经济实质上是商品经济发展的高级阶段，属于商品经济范畴，遵循商品生产和交换的规律：一是价值规律。市场经济遵从价值规律，商品生产者按商品的价值量，实行等价交换，市场主体在市场上自由竞争，优胜劣汰。二是市场机制。市场经济通过市场机制运作起来。具体说来，通过市场价格的波动、市场主体对利益的追求、市场供求关系的变化实现，也就是通过价格机制、供求机制和竞争机制这三种基本的市场机制使市场运行起来，这是市场经济的特性。在市场经济条件下，市场的产生与不断发育，需要社会分工的不断细化以及财产权的明晰，在等价交换中实现各自的利益，满足各自的需要。

市场经济的产生和发展显示了自身的优势。市场经济与自然经济和计划经济相比，市场经济更具活力，具有自身优势，表现在宏观和微观两个层面。

首先是宏观层面。第一，有利于实现人的平等。市场经济是一种非人格经济。它通过非人格的市场机制自动配置社会资源，而不是按命令或"长官意志"配置资源，决定人们社会地位的不再是出身和门第，而是通过个人努力创造的财富数量或经济上的成功。第二，有利于提高社会的开放度。市场经济具有开放性，生产要素在价值规律和市场机制的支配下，总是由效益低的部门和地区流向效益高的部门和地区，这就要求打破部门壁垒和地区封锁，实现资源的自由流动，这样有利于提高社会的开放度，在开放的环境下实现资源优化配置。第三，有利于社会秩序的规范化。市场经济是法治经济，市场主体必须以法律为边界，符合法律规定，树立规则意识，讲诚信。政府的行为也要受到法律的约束，政府不可以参与市场竞争，其主要职责是做好经济的宏观平衡和社会的健康发展，这样有利于建设法治社会，有利于社会秩序的规范化。

其次在微观层面。第一，扩展了市场主体的活动空间。市场经济是自主经济，市场经济的微观基础是拥有法人财产权的独立企业，这些企业自主决策、自负盈亏，拥有充分的经济活动空间。生产什么、生产多少、怎么生产都面向市场，以市场需要为导向，各种生产要素的产权人通过自由契约双向选择，生产要素在市场上自由流动、自由组合，实现优化配置，避免了计划经济下政府管得过多过死的弊端。第二，激发市场主体竞争意识和效率意识。市场主体在市场中是平等的一员，机会均等，谁的生产效率高，谁对市场信息反应快，谁的产品物美价廉，谁就会在市场中获益，这就激发了市场主体的竞争意识和效率意识，有利于增强社会活力。

同时需要指出的是，市场经济也具有自身的缺陷，一是市场失灵。市场失灵造成资源浪费，导致经济危机。二是外部不经济，企业主要在乎自身利益而容易忽视社会利益，可能导致恶性竞争，造成外部不经济。三是两极分化。市场竞争中优胜劣汰容易导致两极分化，也容易导致垄断，反而抑制市场积极作用的发挥。四是范围有限。市场调节的范围不可能是社会的所有领域，有些领域如教育、医疗等，不宜只靠市场调节。五是人的异化。机器大工业使人变为机器的奴隶，金钱成为衡量人生价值的唯一标准，人成为金钱的奴隶，人变成了单向度的人，人的价值淹没在机器和金钱里面。

2. 市场意识的基本内涵

市场意识是市场经济生发出来的精神产物。它有狭义和广义之分。狭义的市场意识是指市场经济运行过程中内部的必然的相互联系和关系在观念形态上的反映，如效益观念、效率观念、竞争观念、信息观念、知识观念、人才观念等，其核心是商品等价交换观念。广义的市场意识还包括在市场经济发展过程中形成的适应发展市场经济需要的社会思想意识、道德观念与行为规范、民主、自由观念、社会习俗、思维方式、人际关系以及人们的思想政治觉悟等。[①] 本书是从狭义上认识和阐述市场意识的。具体说来，市场意

[①] 李宏运、吴保民：《树立正确的市场意识》，《山西师大学报》（哲学社会科学版）1994年第3期。

识主要包括市场主体所具有的独立自主意识、公平竞争意识和履行契约意识。

（1）独立自主意识。首先，市场经济注重人的平等。前资本主义社会里，人与人之间存在着严密的等级制，人和人之间高低贵贱之分阻碍了社会成员积极性的发挥和财富的创造。资本主义市场经济下"人的依赖纽带、血统差别、教养差别等等事实上都被打破了，被粉碎了"①，人的独立性和自主性显现出来，每个人都以平等地位参与社会经济生活，正如英国著名法律史学家梅因所说的："所有进步社会的运动，到此处为止，是一个'从身份到契约'的运动。"②市场经济条件下商品交换遵循的是等价交换原则，作为商品交换媒介的货币是天生的平等派，必然要把这种平等原则贯彻到社会生活的各个方面和全过程，人们以平等的身份和地位进行商品生产和商品交换，拒绝任何形式的强制和排斥。其次，市场经济确立了人的独立地位。前资本主义社会主要是人的依赖性阶段，人身依附压制了社会活力，"市场经济将人从一切非经济的依附关系中解放出来，还人以独立自主的现实性存在"③，市场主体独立自由地参与市场竞争，根据市场信号对商品生产和消费做出灵活反应，自由进行交换，这必然有利于人的创造性与个性的展开，有利于形成平等竞争意识。

（2）公平竞争意识。竞争是市场经济的基本特征，也是市场机制的基本内容。优胜劣汰是无情的市场法则。市场竞争是资本的本性的外在表现。资本的本性是要求不断增值，表现为资本之间、劳动之间以及资本与劳动之间的竞争。市场主体只有不断提高效率，使个别劳动时间低于社会必要劳动时间，才能在竞争中生存下来，并在资本增值中分享利润，谁能取得质量上的优势、谁能有成

---

① 《马克思恩格斯文集》第8卷，人民出版社2009年版，第58页。
② ［英］梅因：《古代法》，沈景一译，商务印书馆2011年版，第112页。
③ 邹广文：《论市场经济的文化内蕴》，《天津社会科学》1993年第5期。

本与价格的优势,谁就能占领市场。资本主义所崇尚的自由竞争思想在亚当·斯密的《国富论》中得到了有力阐述,他提出了自由贸易和自由市场的理论,反对政府对经济事务的任何干预,认为允许个人在自由竞争条件下追求自己的利益,发挥自由市场这只"看不见的手"的作用可以促进社会繁荣和整体利益。当然,这种竞争不是无序的、恶性的、不公平的,市场竞争在没有法治保障下可能变为"恶性厮杀",结果损害竞争本身,所以各国法律都禁止不公平竞争、不正当竞争和垄断性竞争,不能为少数人的利益而伤害整个市场经济肌体。

(3) 契约意识。市场经济注重契约,强调诚信,保障了有序竞争,保持了市场经济效率和活力。启蒙运动以来,社会契约论把契约精神扩展到西方社会的所有领域,政治领域是如此,经济领域也是如此。契约双方按照一定的条件,以自愿互利为原则,以独立人的身份达成协议,"它以双方普遍接受和认同的规约为基础,把双方的平衡点和契合点作为彼此联结的纽带,以最大限度地体现双方的基本利益"[①]。正如伟大的文学家莎士比亚在《哈姆雷特》中写道:"我照契约行事。"其点出了西方市场经济的神髓。市场经济是"陌生人经济",人际关系靠契约维护,诚实守信是保障契约履行的重要前提。马克斯·韦伯说过:"善付钱者主宰着别人的钱包。以信守承诺及时还贷而为人所共知的人,无论何时,无论何事,都能筹集到朋友们的所有余资。"[②] 他告诫道:"影响一个人信用的行为,哪怕最是微不足道,也应注意。"[③] 市场经济主体都是理性的"经济人",以追求自身利益最大化为原则参与市场经济活动,一方面提倡自由平等,另一方面又反对经济行为的任意、放任和妄为,如果个人追求自身最大利益的同时不顾及他人或社会利

---

① 汪中求:《契约精神》,新世界出版社 2009 年版,第 11 页。
② [德] 马克斯·韦伯:《新教伦理与资本主义精神》,李修建、张云江译,中国社会科学出版社 2009 年版,第 28 页。
③ 同上书,第 29 页。

益，最终就会伤害到整个市场秩序和每一个人的利益，这就需要契约规范。契约的履行明确契约双方的权利义务，使交易活动具有了明确性和可预期性，有效解决了生产和交易活动中的各种利益冲突。

（二）中国特色社会主义学习借鉴了市场意识

中国特色社会主义实行社会主义市场经济体制，这在人类历史上是一项前所未有的制度变革。社会主义市场经济的发展离不开学习吸收西方现代市场经济的合理因素以实现自身的完善。改革开放以来，中国的市场化改革既是反思计划经济弊端和走出小农经济窠臼的新尝试，也是学习借鉴西方市场经济经验的探索。中国作为一个奋力实现现代化的社会主义国家，市场化改革方向不会变，社会主义市场经济也在发展中形成了自身的特点，其中以公有制为主体和共同富裕是社会主义市场经济坚持的原则。具体来说就是做到了"五个结合"：一是社会主义基本制度与市场经济的结合，同时发挥社会主义制度优势和市场优势；二是市场的作用与政府的作用相结合，即"无形之手"与"有形之手"的有机统一，抑制市场经济的自发性；三是生产力发展与人的发展的统一，社会主义市场经济既要见物，又要见人，根本目的是促进人的发展；四是提高效率与促进公平的统一，在国家宏观调控下，既合理地拉开差距，又避免造成两极分化；五是独立自主与积极融入经济全球化相结合，这些都是社会主义市场经济的优势所在。社会主义市场经济的产生和发展吸收借鉴了自主精神、公平竞争精神和契约精神，但又坚持集体主义以克服个人主义弊端，坚持共同富裕克服两极分化，坚持以人为本克服人的异化，使社会主义市场经济在诸多方面显现出自身优势和特点。

坚持集体主义克服个人主义弊端。西方市场经济是以私有制为基础的，市场经济的"经济人"假设是彻底以个人利益为出发点的，其中维护个人利益容易滑向极端个人主义。这种个人主义认为自私是人的本性，崇尚个人利益至上，为了个人利益而不择手段，不惜损害他人或集体利益。社会主义市场经济的性质是社会主义，应当坚持集体主义原则。邓小平指出："在社会主义社会中，国家、集体和个人的利益在根本上是一致的，如果有矛盾，个人的利益要服从国家和集体的利益。"① 社会主义的根本原则一个是公有制为主体，一个是共同富裕。公有制是社会主义的经济制度的基础，马克思主义经典作家提出了在公有制基础上对社会生产进行有计划的调节的科学设想，目的在于实现社会生产的按比例发展，有效地配置社会资源，促进人的全面发展和实现共同富裕。集体主义精神是我们的文化传统，在计划经济体制下存在过分强调集体主义而忽视合理个人利益诉求的问题。同时，在当前社会主义市场经济条件下又存在极端个人主义抬头的倾向，这需要重建集体主义，注重合理个人利益，把集体利益与个人利益结合好。

坚持共同富裕克服两极分化。竞争是市场经济的基本法则，价值规律是市场经济的基本规律，市场竞争和价值规律决定了竞争必有成败，分出优劣，优胜劣汰，遵从大鱼吃小鱼的丛林法则。可见，市场经济提倡竞争和创新，优胜劣汰，可以促进效率的提高，但也会造成贫富不均，产生富者愈富、穷者愈穷的"马太效应"。社会主义是让"所有人共同享受大家创造出来的福利"②。社会主义市场经济在实践中坚持共同富裕的社会主义价值取向，统筹兼顾经济社会和人的发展，中国30多年市场化改革是先让一部分人富起来，先富带后富，最终实现共同富裕，但现在已经出现贫富差距悬殊的问题，基尼系数已经超过国际警戒线。邓小平当年告诉我们："如果导致两极分化，改革就算失败了。"③ 公平正义也是社会主义和谐社会的基本要求之一。效率可以通过市场机制实现，公平就得依靠政府调控。社会主义国家强大的宏观调控能力和社会保障

---

① 《邓小平文选》第2卷，人民出版社1994年版，第337页。
② 《马克思恩格斯选集》第1卷，人民出版社1995年版，第243页。
③ 《邓小平文选》第3卷，人民出版社1993年版，第139页。

体系，能够兼顾个人利益与集体利益、眼前利益和长远利益，做到机会公平、规则公平和结果公平。

坚持以人为本克服人的异化。发展社会主义市场经济既要见物，又要见人。资本主义市场经济中人与人的关系被物化了，货币成了衡量一切价值的尺度，劳动者被物化为资本，成了"一种自我牺牲、自我折磨的劳动"。资本的逐利性使资本家千方百计追求剩余价值的最大化，人的主体性被资本淹没，人沦为金钱的奴隶，人的全面自由发展无从谈起。弗洛姆认为：资本主义市场经济社会"创造了一个前所未有的人造物的世界。人建成了一个管理着人所创造的技术机器的复杂的社会机器，然而，他的这种全部创造却高于他，站在他之上。他并不觉得自己是创造者和中心，而只觉得是一个他双手创造的机器人的奴隶。他发挥出来的力量越是有力和巨大，他越是觉得自己无力成为人"①。马克思指出："物的世界的增值同人的世界的贬值成正比。"② 马尔库塞也提出资本主义市场经济下人成为单向度的人。尼采认为资本主义市场经济社会中那种急促的生活节奏，是典型的自我沦丧现象，人们为了生计而忙碌，不再关注自己的内心世界，人的意义便没了着落。正如《共产党宣言》中描述的："资产阶级在它已经取得了统治的地方把一切封建的、宗法的和田园诗般的关系都破坏了。它无情地斩断了把人们束缚于天然尊长的形形色色的封建羁绊，它使人和人之间除了赤裸裸的利害关系，除了冷酷无情的'现金交易'，就再也没有任何别的联系了。"③ 社会主义市场经济摒弃商品拜物教，社会主义生产的目的不是剩余价值的最大化，而是满足人民日益增长的物质文化需要，实现人的全面发展。马克思指出："通过社会生产，不仅可能保证一切社会成员有富足的和一天比一天充裕的物质生活，而且还

---

① [德] 弗洛姆：《资本主义下的异化问题》，《哲学译丛》1981 年第 4 期。
② 《马克思恩格斯文集》第 1 卷，人民出版社 2009 年版，第 156 页。
③ 《马克思恩格斯文集》第 2 卷，人民出版社 2009 年版，第 33—34 页。

可能保证他们的体力和智力获得充分的自由的发展和运用。"① 市场这个与人的发展对立的异己之物在社会主义市场经济条件下应变成满足人们需要、促进人的全面发展的手段。总之，大力培育现代市场意识，避免犯市场经济的先天"通病"，趋利避害才是明智选择。回到过去的计划经济或者抛弃社会主义只能是死路一条，坚持市场化改革的社会主义方向才是正途。

综上所述，现代化是人类文明进步的标志，中国特色社会主义的形成和发展，是不断吸纳借鉴现代化的有益成果，自身越来越呈现现代性特征的过程。西方现代文化是西方现代化的产物，是资本主义制度和价值理念的反映，其中的民主法治、自由平等人权、市场经济、科学精神是人类文明进步的成果。现代化的趋势大致相同，但每一个国家实现现代化的途径和方法各有不同，只有符合本国实际的现代化之路才是正道。中国特色社会主义没有离开人类文明发展大道，而是积极吸收借鉴西方现代化思想成果，同时发挥中国特色社会主义制度和价值理念的优势，有所创新，为世界增添了新的文明因素。

---

① 《马克思恩格斯选集》第3卷，人民出版社1995年版，第757页。

结语　强化中国特色社会主义的文化底蕴

强化中国特色社会主义的文化底蕴，是中国共产党的文化使命之一。中国共产党应增强理论创造的文化自觉，始终引领先进文化发展，推进文化现代化，为理论创造提供丰富的文化资源和丰厚的文化滋养。努力提高全民族文化素养，注重提升党员领导干部的理论素养，使理论与文化发展相得益彰。

强化中国特色社会主义的文化底蕴，需要注重文化精神的传承与发扬，并且使中华文化精神成为中国共产党理论创造的灵魂。张岱年先生指出："文化的精神即思想。就字源来讲，精是细微之义，神是能动的作用之意。文化的基本精神就是文化发展进程中的精微的内在动力，也即是指导民族文化不断前进的基本思想。"[1]习近平强调："把跨越时空、超越国度、富有永恒魅力、具有当代价值的文化精神弘扬起来"[2]，体现出中华民族的自觉、自尊、自信和自强，"使中华民族几千年来创造的文明成果，在社会主义现代化建设中获得新的生命，放出新的光彩"[3]。中国特色社会主义也会在文化精神的浸润中生机勃勃。

---

[1] 张岱年、程宜山：《中国文化与文化论争》，中国人民大学出版社1990年版，第17页。

[2] 《习近平谈治国理政》，外文出版社2014年版，第161页。

[3] 中共中央文献研究室编：《十三大以来重要文献选编》（中），人民出版社1991年版，第1050页。

结语　强化中国特色社会主义的文化底蕴

　　强化中国特色社会主义的文化底蕴，需要科学地吸纳一切有益的现代文化成果，促进中华文化的创新发展。首先，坚持中华文化主体性。中华文化不等同于传统文化，是对传统文化、红色文化和西方现代文化的精华的融合，包括传统文化和现代文化两部分。坚持中华文化的主体性是要在科学理论指导下实现中华文化的自我更新。其次，坚持以马克思主义中国化为指导。从历史上看，马克思主义在中国大地上生根发芽是历史的选择，在20世纪初的中国各种思潮激荡中脱颖而出，深刻影响了中国历史文化走向，成为改造中国传统文化和批判西方思潮的武器，推进了中国的现代化进程。从理论上看，马克思主义"是一种内在的反叛和超越西方近代思想、蕴含着非西方价值与关怀、并直接指向人类共同未来的现当代思想文化。也正是其面向时代的开放性与深刻的人类性，使得马克思主义成为包括中国在内的东方社会获得现代性身份的思想武器"[①]。此外，马克思主义中国化本身要求马克思主义与中华文化相结合，使中国化的马克思主义成为有着文化韵味的理论。再次，坚持综合创新。文化只有交流互鉴才能不断发展繁荣。列宁说过："无产阶级文化应当是人类在资本主义社会、地主社会和官僚社会压迫下创造出来的全部知识合乎规律的发展。"[②] 古人云："欲求超胜，必先会通。"张岱年先生提出了文化综合创新论，提出创造性的综合和综合中的创造就是"会通以求超胜"之道[③]，即"综合中西文化之所长，融会中西优秀文化为一体"[④]。我们应该有这样的文化自信，以中国智慧融会贯通"中—西—马"。中国特色社会主

　　[①] 邹诗鹏：《马克思主义中国化与中国现代性的重建》，《中国社会科学》2005年第1期。

　　[②] 《列宁选集》第4卷，人民出版社1995年版，第285页。

　　[③] 张岱年、程宜山：《中国文化与文化论争》，中国人民大学出版社1990年版，第308页。

　　[④] 张岱年：《综合、创新，建立社会主义新文化》，《清华大学学报》（哲学社会科学版）1987年第2期。

义将会在文化会通中彰显中国气派。

　　总之，中国特色社会主义在延续中华民族文化血脉中开拓前进，在与各种文明交流交融中创新发展，将会不断增强其文化底蕴，将会进一步展示其文化精神，显示其文化力量。

参考文献

一 著作类

（一）马克思主义经典著作

[1] 《马克思恩格斯选集》第1—4卷，人民出版社1995年版。

[2] 《马克思恩格斯文集》第1卷，人民出版社2009年版。

[3] 《马克思恩格斯文集》第3卷，人民出版社2009年版。

[4] 《马克思恩格斯文集》第10卷，人民出版社2009年版。

[5] 《马克思恩格斯全集》第39卷，人民出版社1974年版。

[6] 《列宁选集》第1卷，人民出版社1995年版。

[7] 《列宁选集》第4卷，人民出版社1995年版。

[8] 《列宁专题文集·论辩证唯物主义和历史唯物主义》，人民出版社2009年版。

[9] 《列宁专题文集·论无产阶级政党》，人民出版社2009年版。

[10] 《毛泽东选集》第1—4卷，人民出版社1991年版。

[11] 《毛泽东文集》第3卷，人民出版社1996年版。

[12] 《毛泽东文集》第4卷，人民出版社1993年版。

[13] 《毛泽东文集》第7卷，人民出版社1999年版。

[14] 《毛泽东文集》第8卷，人民出版社1999年版。

[15] 《毛泽东早期文稿》，湖南出版社1990年版。

[16] 《建国以来毛泽东文稿》第7册，中央文献出版社1992

年版。

［17］《邓小平文选》第1—2卷，人民出版社1994年版。

［18］《邓小平文选》第3卷，人民出版社1993年版。

［19］中共中央文献研究室编：《邓小平文集：一九四九——一九七四年》（上卷），人民出版社2014年版。

［20］中共中央文献研究室编：《邓小平思想年谱（1979—1997）》，中央文献出版社1998年版。

［21］《江泽民文选》第1—3卷，人民出版社2006年版。

［22］江泽民：《论科学技术》，中央文献出版社2001年版。

［23］中共中央文献研究室编：《江泽民论有中国特色社会主义（专题摘编）》，中央文献出版社2002年版。

［24］中共中央文献研究室编：《十三大以来重要文献选编（中）》，人民出版社1991年版。

［25］中共中央文献研究室编：《十四大以来重要文献选编（上）》，人民出版社1996年版。

［26］中共中央文献研究室编：《十四大以来重要文献选编（下）》，人民出版社1999年版。

［27］中共中央文献研究室编：《十七大以来重要文献选编（上）》，中央文献出版社2009年版。

［28］中共中央文献研究室编：《习近平关于实现中华民族伟大复兴的中国梦论述摘编》，中央文献出版社2013年版。

［29］《习近平谈治国理政》，外文出版社2014年版。

（二）古籍类

［1］（魏）王弼注，楼宇烈校译：《老子道德经注校译》，中华书局2008年版。

［2］（明）黄宗羲：《明夷待访录》，古籍出版社1955年版。

［3］（汉）高诱注，（清）毕沅校，徐小蛮标点：《吕氏春秋》，上海古籍出版社2014年版。

［4］杨伯峻译注：《论语译注》，中华书局2006年版。

［5］（宋）程颢、程颐著，王孝鱼点校：《二程集》，中华书局 1981 年版。

［6］万丽华、蓝旭译注：《孟子》，中华书局 2006 年版。

［7］赵守正：《管子译注》（上册），广西人民出版社 1982 年版。

［8］蒋南华等注译：《荀子全译》，贵州人民出版社 1995 年版。

［9］杨天宇：《礼记译注》，上海古籍出版社 2004 年版。

［10］杨天才、张善文译注：《周易》，中华书局 2011 年版。

［11］（汉）董仲舒撰，（清）凌曙注：《春秋繁露》，中华书局 1975 年版。

［12］（明）王阳明撰，于自立、孔薇、杨骅骁注译：《传习录》，中州古籍出版社 2008 年版。

［13］（汉）贾谊撰，闫振益、钟夏校注：《新书校注》，中华书局 2000 年版。

［14］（清）唐甄著，吴泽民编校：《潜书：附诗文录》，中华书局 1955 年版。

［15］程俊英译注：《诗经译注》，上海古籍出版社 2014 年版。

［16］张觉等撰：《韩非子译注》，上海古籍出版社 2007 年版。

［17］方勇译注：《庄子》，中华书局 2010 年版。

［18］石磊译注：《商君书》，中华书局 2009 年版。

（三）国内学术论著

［1］中共中央党史研究室：《中国共产党历史》第 1 卷，中共党史出版社 2010 年版。

［2］童世骏：《中国发展的精神因素》，上海人民出版社 2008 年版。

［3］傅铿：《文化：人类的镜子——西方文化理论导引》，上海人民出版社 1990 年版。

［4］冯天瑜、何晓明、周积明：《中华文化史》，人民出版社

2010年版。

［5］唐君毅：《文化意识与道德理性》，台湾学生书局1978年版。

［6］唐君毅：《心物与人生》，台湾学生书局1975年版。

［7］庞朴：《文化的民族性与时代性》，中国和平出版社1988年版。

［8］费孝通：《文化与文化自觉》，群言出版社2010年版。

［9］方克立、李锦全：《现代新儒家学案》（中），中国社会科学出版社1995年版。

［10］徐复观：《问录选粹》，台湾学生书局1980年版。

［11］梁漱溟：《东西文化及其哲学》，商务印书馆2010年版。

［12］梁漱溟：《中国文化要义》，学林出版社1987年版。

［13］张岱年：《中国伦理思想研究》，江苏教育出版社2005年版。

［14］《孙中山全集》第9卷，中华书局1986年版。

［15］《李大钊文集》（下册），人民出版社1984年版。

［16］陈晋：《毛泽东的文化性格》，中国青年出版社1991年版。

［17］张岱年、程宜山：《中国文化与文化论争》，中国人民大学出版社1990年版。

［18］吕思勉：《中国文化思想史九种》（下），上海古籍出版社2009年版。

［19］白寿彝：《中国通史纲要》（上），中国友谊出版社2012年版。

［20］金耀基：《从传统到现代》，文化出版社1989年版。

［21］《鲁迅全集》第6卷，人民文学出版社2005年版。

［22］李宗桂：《中国文化概论》，中山大学出版社1988年版。

［23］刘长林：《中国系统思维》，中国社会科学出版社1990年版。

［24］韩延明：《红色文化与社会主义核心价值体系建设研究》，人民出版社 2013 年版。

［25］王树增：《解放战争》（上），人民文学出版社 2009 年版。

［26］叶笃初、王作成：《党员干部艰苦奋斗作风读本》，红旗出版社 2003 年版。

［27］罗荣渠：《现代化新论：世界与中国的现代化进程》，商务印书馆 2004 年版。

［28］何传启：《东方复兴：现代化的三条道路》，商务印书馆 2003 年版。

［29］陈会颖：《大国崛起的文化解读》，凤凰出版社 2009 年版。

［30］李步云：《论人权》，社会科学文献出版社 2010 年版。

［31］夏勇：《人权概念起源：权利的历史哲学》，中国社会科学出版社 2007 年版。

［32］徐显明：《人权法原理》，中国政法大学出版社 2008 年版。

［33］吴忠民：《社会公正论》（第 2 版），山东人民出版社 2004 年版。

［34］应克复等：《西方民主史》，中国社会科学出版社 1997 年版。

［35］《西方法律思想史资料选编》，北京大学出版社 1983 年版。

［36］汪中求：《契约精神》，新世界出版社 2009 年版。

［37］俞可平、黄卫平：《全球化的悖论》，中央编译出版社 1998 年版。

［38］李泽厚：《中国古代思想史论》，生活·读书·新知三联书店 2008 年版。

［39］余英时：《中国思想传统的现代诠释》，江苏人民出版社

2003 年版。

[40] 林毓生：《中国传统的创造性转化》，生活·读书·新知三联书店 1988 年版。

[41]《陈独秀文章选编》（中册），生活·读书·新知三联书店 1984 年版。

[42]《郭嵩焘日记》第 3 卷，湖南人民出版社 1982 年版。

[43] 夏东元：《郑观应集》（上册），上海人民出版社 1988 年版。

[44] 王栻：《严复集》第 5 册，中华书局 1986 年版。

（四）国外学术论著

[1]［英］泰勒：《原始文化》，上海文艺出版社 1992 年版。

[2]［美］克拉克洪：《文化与个人》，浙江人民出版社 1986 年版。

[3]［美］施拉姆：《毛泽东的思想》，田松年、杨德等译，中国人民大学出版社 2005 年版。

[4]［美］英格尔哈特：《现代化与后现代化：43 个国家的文化、经济与政治变迁》，严挺译，社会科学文献出版社 2013 年版。

[5]［英］马丁·雅克：《当中国统治世界：中国的崛起和西方世界的衰落》，张莉、刘曲译，中信出版社 2010 年版。

[6]［美］亨廷顿：《文明的冲突与世界秩序的重建》，周琪等译，新华出版社 2009 年版。

[7]［德］诺贝特·埃利亚斯：《文明的进程》，王佩莉译，生活·读书·新知三联书店 1998 年版。

[8]［美］哈里森·索尔兹伯里：《长征——前所未闻的故事》，解放军出版社 1986 年版。

[9]［美］罗兹曼：《中国的现代化》，江苏人民出版社 2003 年版。

[10]［美］西里尔·E. 布莱克：《比较现代化》，杨豫、陈祖洲译，上海译文出版社 1996 年版。

［11］［美］C. E. 布莱克：《现代化的动力——一个比较史的研究》，景跃进、张静译，浙江人民出版社1989年版。

［12］［美］塞缪尔·亨廷顿：《现代化——理论与历史经验的再探讨》，罗荣渠译，上海译文出版社1993年版。

［13］［英］洛克：《政府论》（下篇），叶启芳、瞿菊农译，商务印书馆1964年版。

［14］［古希腊］亚里士多德：《政治学》，吴寿彭译，商务印书馆1965年版。

［15］［美］塞缪尔·亨廷顿：《第三波——20世纪后期民主化浪潮》，刘军宁译，上海三联书店1998年版。

［16］［美］潘恩：《潘恩选集》，马清槐译，商务印书馆1981年版。

［17］［法］卢梭：《社会契约论》，何兆武译，商务印书馆2003年版。

［18］［英］以赛亚·伯林：《自由论》，胡传胜译，译林出版社2003年版。

［19］［英］密尔：《论自由》，许宝骙译，商务印书馆1959年版。

［20］［英］阿克顿：《自由与权力》，侯健、范亚峰译，商务印书馆2001年版。

［21］［英］穆勒：《论自由》，孔凡礼译，广西师范大学出版社2011年版。

［22］［美］E. 博登海默：《法理学：法律哲学与法律方法》，邓正来译，中国政法大学出版社1999年版。

［23］［美］穆迪莫·艾德勒：《六大观念》，郗庆华、薛笙译，生活·读书·新知三联书店1991年版。

［24］［法］孟德斯鸠：《论法的精神》（上卷），许明龙译，商务印书馆2012年版。

［25］［法］托克维尔：《论美国的民主》（下卷），董果良译，

商务印书馆 2004 年版。

[26] [古希腊] 希罗多德：《历史》（下册），王以铸译，商务印书馆 2005 年版。

[27] [美] 萨托利：《民主新论》，冯克利，闫克文译，上海人民出版社 2008 年版。

[28] [英] 密尔：《代议制政府》，汪瑄译，商务印书馆 1982 年版。

[29] [英] 戴雪：《英宪精义》，雷宾南译，中国法制出版社 2001 年版。

[30] [美] 杰里米·里夫金：《第三次工业革命：新经济模式如何改变世界》，张体伟，孙豫宁译，中信出版社 2012 年版。

[31] [英] 梅因：《古代法》，沈景一译，商务印书馆 2011 年版。

[32] [德] 马克斯·韦伯：《新教伦理与资本主义精神》，李修建、张云江译，中国社会科学出版社 2009 年版。

[33] [德] 埃里希·弗洛姆：《逃避自由》，陈学明译，中国工人出版社 1987 年版。

二　论文期刊类

[1] [美] 约瑟夫·格利高里·迈哈内：《通往和谐之路：马克思主义、儒家与和谐概念》，铁阉摘译，《国外理论动态》2009 年第 12 期。

[2] [韩] 赵英南、郑钟昊：《中国的软实力：讨论、资源和前景》，《国外理论动态》2009 年第 4 期。

[3] [美] 爱德华·萨义德：《文化与帝国主义》，《马克思主义与现实》1999 年第 4 期。

[4] 骆郁廷、史姗姗：《论意识形态安全视域下的文化话语权》，《思想理论教育导刊》2014 年第 4 期。

[5] 云杉：《文化自觉　文化自信　文化自强——对繁荣发展

中国特色社会主义文化的思考》（上），《红旗文稿》2010年第15期。

[6] 习近平：《与时俱进的浙江精神》，《哲学研究》2006年第4期。

[7] 侯惠勤：《意识形态的变革与话语权——再论马克思主义在当代的话语权》，《马克思主义研究》2006年第1期。

[8] [美] 杜维明：《儒家传统的现代转化》，《浙江大学学报》（人文社会科学版）2004年第2期。

[9] [美] 杜维明：《中国的崛起需要文化的支撑》，《中国特色社会主义研究》2011年第6期。

[10] 冯务中：《中国特色社会主义的价值目标》，《山东社会科学》2010年第12期。

[11] 余金成：《中国特色社会主义的文化解读》，《科学社会主义》2009年第2期。

[12] 欧阳康、张冉：《中华传统文化：中国特色社会主义道路的文化资源》，《江汉论坛》2009年第6期。

[13] 王红艳：《中国特色社会主义共同理想的传统文化渊源》，《山西高等学校社会科学学报》2009年第11期。

[14] 周荫祖：《论中国共产党的文化精神》，《南京社会科学》2011年第10期。

[15] 刘林元：《论中国共产党的执政理念》，《中国延安干部学院学报》2013年第1期。

[16] 徐崇温：《中国特色社会主义道路是人类追求文明进步的新路》，《理论参考》2012年第10期。

[17] 董四代、刘文华：《对中国特色社会主义的文化思考》，《天津市财贸管理干部学院学报》1999年第4期。

[18] 杨静：《中国特色社会主义发展道路的价值诉求》，《理论界》2011年第3期。

[19] 李承宗、张宗良、谢翠蓉：《论中国特色社会主义道路

的价值目标》,《湘潭大学学报》(哲学社会科学版) 2009 年第 1 期。

[20] 夏兴有:《现代性的历史境遇与中国特色社会主义道路的拓展》,《中共中央党校学报》2013 年第 1 期。

[21] 郭小说:《中国特色社会主义道路发展旨归》,《实事求是》2013 年第 3 期。

[22] 刘奇葆:《关于中国特色社会主义理论体系的几点认识》,《党建》2013 年第 8 期。

[23] 秦刚:《中国特色社会主义理论体系对社会主义的坚持和发展》,《社会主义研究》2011 年第 2 期。

[24] 李贵忠:《中国特色社会主义理论体系与中国优秀传统文化的关系》,《内蒙古师范大学学报》(哲学社会科学版) 2011 年第 5 期。

[25] 陈海英:《中国特色社会主义理论体系与中国传统文化》,《保定学院学报》2013 年第 3 期。

[26] 徐剑雄:《论传统文化在中国特色社会主义理论体系发展中的作用》,《当代世界与社会主义》2011 年第 1 期。

[27] 徐剑锋:《渊源、动力、纽带:传统文化与中国特色社会主义理论体系》,《理论经纬》2010 年。

[28] 许青春:《中国特色社会主义理论体系的传统文化基础研究》,博士学位论文,山东大学,2012 年。

[29] 刘晓楠:《中国特色社会主义理论体系的文化视野》,《中共中央党校学报》2013 年第 2 期。

[30] 赵传海:《中国特色社会主义理论体系的民族文化特质》,《学习论坛》2013 年第 2 期。

[31] 郭新和:《论邓小平理论的文化意蕴》,《求实》2000 年第 5 期。

[32] 朱艾雨、胡传法:《邓小平理论的中国传统文化意蕴》,《钦州学院学报》2007 年第 4 期。

[33] 章征科：《邓小平理论的文化特性研究》，《河南师范大学学报》（哲学社会科学版）2001年第2期。

[34] 武夷樵：《全面建设小康社会的历史文化底蕴和现代化内涵》，《前沿》2004年第12期。

[35] 朱人求：《全球化背景下的社会主义文化自觉——"三个代表"的文化哲学诠释》，《中共福建省委党校学报》2003年第10期。

[36] 彭海堂：《"三个代表"重要思想的价值观解读》，《三峡大学学报》（人文社会科学版）2003年第2期。

[37] 周荫祖：《"三个代表"与党的文化精神》，《求实》2002年第3期。

[38] 郭树芹：《依法治国与以德治国的文化意义》，《人大研究》2001年第6期。

[39] 查有梁：《科学发展观的文化渊源》，《中华文化论坛》2006年第4期。

[40] 周军：《论科学发展观的文化学基础》，《学术交流》2005年第9期。

[41] 张谨：《科学发展观的文化意蕴》，《学术交流》2011年第10期。

[42] 葛英杰：《以人为本的马克思主义人学底蕴探析》，《辽宁医学院学报》（社会科学版）2009年第8期。

[43] 陈尚志：《准确把握以人为本的科学内涵》，《北京大学学报》（哲学社会科学版）2005年第2期。

[44] 韩庆祥：《关于以人为本的若干重要问题》，《哲学研究》2005年第2期。

[45] 张奎良：《以人为本的世界历史意义》，《天津社会科学》2006年第3期。

[46] 朱颖原：《中国特色社会主义制度的价值取向》，《当代世界与社会主义》2012年第3期。

[47] 程竹汝：《论中国特色社会主义制度的基本价值》，《晋阳学刊》2014年第1期。

[48] 朱可辛：《中国特色社会主义制度的文化支撑》，《科学社会主义》2011年第5期。

[49] 邹升平：《中国特色社会主义制度的文化特征及其文化生态建设》，《学术论坛》2013年第6期。

[50] 汪涛、郑云天、施惠：《论中国特色社会主义制度的价值统一性》，《理论建设》2012年第5期。

[51] 范伟：《中国特色社会主义协商民主制度的文化渊源》，《天津市社会主义学院学报》2013年第1期。

[52] 周利兴：《论中国特色社会主义制度的民族特色》，《学术探索》2013年第6期。

[53] 冯雷：《海外人士论中国特色的社会主义》，《当代世界与社会主义》1997年第1期。

[54] 洪朝晖：《"中国特殊论"颠覆西方经典理论》，《廉政瞭望》2006年第10期。

[55] 张汝伦：《文化研究三题议》，《复旦大学学报》1986年第3期。

[56] 黄楠森：《论文化的内涵和外延》，《新华文摘》1998年第3期。

[57] 衣俊卿：《论哲学视野中的文化模式》，《北方论丛》2001年第1期。

[58] 宋定国：《反和平演变的锐利武器——毛泽东关于反对和防止和平演变的思想》，《中国青年政治学院学报》1992年第1期。

[59] 肖贵清、李永进：《邓小平与中国特色社会主义话语体系的构建》，《思想理论教育导刊》2014年第8期。

[60] 韩庆祥：《全球化背景下"中国话语体系"建设与"中国话语权"》，《中共中央党校学报》2014年第5期。

［61］贾建芳：《论整体性的马克思主义》，《马克思主义研究》2015年第3期。

［62］李宗桂：《试论中国优秀传统文化的内涵》，《学术研究》2013年第11期。

［63］朱谐汉：《洪秀全的社会理想与太平天国的兴衰》，《北京工业大学学报》（社会科学版）2002年第2期。

［64］谭德贵、李纪岩：《中国古代的"为公"思想》，《理论学习》2002年第10期。

［65］史国瑞：《论康有为的变法思想》，《人文杂志》1985年第5期。

［66］刘润为：《红色文化：中国人的精神脊梁》，《红旗文稿》2013年第18期。

［67］陈新、曾耀荣：《试论红色精神与党的思想建设之关系》，《江西社会科学》2011年第2期。

［68］卫建林：《党的历史是形成和完善群众路线的历史》，《中国社会科学》2011年第4期。

［69］韩庆祥、陈远章：《马克思主义中国化时代化大众化要论》，《马克思主义与现实》2013年第3期。

［70］韩云川：《坚持人权的普遍性和特殊性的统一》，《湖北社会科学》2000年第4期。

［71］孙伟平、齐友：《略论科学的价值》，《哲学研究》1996年第3期。

［72］刘泽雨：《论科学精神与人文精神的互动》，《社会科学》2003年第2期。

［73］邹广文：《论市场经济的文化内蕴》，《天津社会科学》1993年第5期。

［74］李宏运、吴保民：《树立正确的市场意识》，《山西师范大学学报》（哲学社会科学版）1994年第3期。

［75］翟昌民：《国外学者对"中国特色社会主义"的解读》，

《天津师范大学学报》（社会科学版）2011年第4期。

［76］李维武：《从"孔夫子到孙中山"：我们应当如何继承?》，《马克思主义与现实》2009年第6期。

［77］张岱年：《中国文化的基本精神》，《齐鲁学刊》2003年第5期。

［78］邹诗鹏：《马克思主义中国化与中国现代性的重建》，《中国社会科学》2005年第1期。

［79］张岱年：《综合、创新，建立社会主义新文化》，《清华大学学报》（哲学社会科学版）1987年第2期。

三 报纸类

［1］王湘江：《中国经验值得发展中国家借鉴》，《人民日报海外版》2008年9月13日第2版。

［2］丁建庭：《为金砖国家合作贡献"中国智慧"》，《南方日报》2014年7月17日第2版。

［3］刘庭华：《抗日战争中的敌后战场》，《学习时报》2005年8月22日第7版。

［4］周忠轩：《中国特色社会主义理论体系需要优秀传统文化支撑》，《学习时报》2012年7月9日第3版。

［5］蒋国林：《"三个代表"中的文化精神》，《社会科学报》2002年3月7日第4版。

［6］王真等：《科学发展观的文化蕴涵》，《解放军报》2006年9月14日第6版。

［7］周忠轩：《中国特色社会主义理论体系需要优秀传统文化支撑》，《学习时报》2012年7月9日第3版。

四 论文集

［1］王新颖主编：《奇迹的建构：海外学者论中国模式》，中央编译出版社2011年版。

［2］胡代光、周安军编：《当代国外学者论市场经济》，商务印书馆1996年版。

［3］上海市邓小平理论和"三个代表"重要思想研究中心编：《关键抉择：上海市纪念改革开放三十周年理论研讨会文集》，上海人民出版社2008年版。

后　记

　　本书是在我博士论文的基础上修改整理而成的。读博三年，自己在学术的道路上苦苦探索，回想起自己从对做学问懵懵懂懂、自以为是到现在的如临深渊、如履薄冰，收获最大的是注重形塑自己的理论思维，从以前的教科书式思维逐渐转向研究式思维。此时此刻，感觉自己做得还很不够，非再接再励不可。

　　该课题还有很大的研究空间。夯实文化基础，树立文化自信，把优秀传统文化与马克思主义中国化结合起来，实现中国优秀传统文化的创造性转换和创新性发作，都需要更进一步的探索。我们还需要进一步挖掘红色文化或红色精神，关注西方现代文化的发展现状与趋势。我的这本书只是这一课题研究的开始和基础，仅仅是浅薄之见，其中许多问题还有待更多的人用更长来回答。此刻，我感觉自己的研究才刚刚开始，以后仍需努力钻研。

　　本书之所以能与读者们见面，首先要感谢我的导师贾建芳教授以及中央党校马克思主义理论教研部的各位老师，在他们的悉心指导下，博士论文几经波折才得以完成并通过答辩。此外，要感谢河南师范大学马克思主义学院的领导，以丛书的方式给大家出版，这是为大家办了一件大好事。本书作为2015年度河南师范大学博士启动课题资助"中国特色社会主义的文化底蕴研究"（编号：qd15158）的阶段性成果。需要感谢的人很多，这里不能一一致谢了。由于作者才疏学浅，本书中的一些论述和观点还是比较幼稚，甚至是错误的，希望读者原谅和斧正。

冯思淇
2016 年 12 月 16 日